Die Verfassungsgerichte der Länder Brandenburg, Mecklenburg-Vorpommern, Sachsen, Sachsen-Anhalt und Thüringen (Hrsg.)

20 Jahre Verfassungsgerichtsbarkeit in den neuen Ländern

BWV • BERLINER WISSENSCHAFTS-VERLAG

Bibliografische Information der Deutschen Nationalbibliothek

Die Deutsche Nationalbibliothek verzeichnet diese Publikation in der Deutschen Nationalbibliografie; detaillierte bibliografische Daten sind im Internet über http://dnb.d-nb.de abrufbar.

ISBN 978-3-8305-3308-5

2014 BWV • BERLINER WISSENSCHAFTS-VERLAG GmbH,
Markgrafenstraße 12–14, 10969 Berlin
E-Mail: bwv@bwv-verlag.de, Internet: http://www.bwv-verlag.de
Printed in Germany.

Vorwort

Die Verfassungsgerichte der fünf neuen Bundesländer begehen in den Jahren 2013 bis 2015 jeweils ihr 20-jähriges Bestehen. Obwohl es kein exakt übereinstimmendes Gründungsdatum gibt, haben sich diese Gerichte entschlossen, ihren runden Geburtstag am 3. April 2014 gemeinsam mit einem Festakt in Leipzig zu feiern. Aus diesem Anlass erscheint die vorliegende Festschrift.

Diese Jubiläen könnten nicht ohne die friedliche Revolution des Jahres 1989 gefeiert werden – sie führte zum Untergang der DDR und schaffte damit die Voraussetzung für die Wiedererrichtung der 1952 abgeschafften Länder Brandenburg, Mecklenburg-Vorpommern, Sachsen, Sachsen-Anhalt und Thüringen. Die daher eigentlich gar nicht neuen Bundesländer haben zu Beginn der 90er-Jahre in intensiven Beratungen ihre jeweils eigene verfassungsrechtliche Identität gesucht. Diese Prozesse waren übereinstimmend von dem Willen der Bürger geprägt, nach 40 Jahren Diktatur ihr staatliches und politisches Schicksal selbst in die Hand zu nehmen. Die Reife und Professionalität, mit denen in den Verfassungsberatungen die Erfahrungen der Vergangenheit in die zukunftsorientierte Gestaltung eines modernen demokratischen Rechtsstaates eingebracht wurden, verdienen höchsten Respekt. In allen genannten Ländern sind so durchaus individuell geprägte Verfassungen entstanden, die seither bewiesen haben, dass sie ein tragfähiges Fundament für das Gemeinwesen bilden. Alle fünf Verfassungen sind Vollverfassungen, das heißt sie enthalten nicht nur staatsorganisatorische Regelungen, sondern jeweils auch einen eigenen – teilweise über die Garantien des Grundgesetzes hinausgehenden – Grundrechtskatalog. In das Selbstverständnis dieser Verfassungen, die mit föderalem Selbstbewusstsein ihre Eigenstaatlichkeit im Gefüge der Bundesrepublik Deutschland umfassend regeln, fügt es sich nahtlos ein, dass in allen neuen Ländern die Auslegung der Verfassungen und die Entscheidung landesverfassungsrechtlicher Streitigkeiten jeweils in die Hände eines eigenen Landesverfassungsgerichts gelegt werden.

Nach nunmehr 20 Jahren kann festgestellt werden, dass für die Errichtung dieser Verfassungsgerichte ganz offenbar ein Bedürfnis bestand. Die zahlreichen Verfahren, in denen die Gerichte angerufen wurden, zeigen, dass die jungen Verfassungen praktisch gelebt werden, dass die am Verfassungsleben Beteiligten sich der konstitutionellen Prinzipien und Rechte bewusst sind und diese auch in den hierfür vorgesehenen Verfahren durchsetzen. Neben der Entwicklung einer jeweils eigenständigen verfassungsgerichtlichen Rechtsprechung ist auf diese Weise vor allem das Bewusstsein der Bürger für die eigene Landesverfassung geschärft worden. Hierzu hat sicherlich wesentlich beigetragen, dass es sich bei diesen Landesverfassungsgerichten nicht um reine Staatsgerichtshöfe handelt, sondern dass in allen genannten Ländern – wenn auch in unterschiedlicher Ausgestaltung – die Individualverfassungsbeschwerde gegen Akte öffentlicher Gewalt möglich ist.

Die Strukturen und Zuständigkeiten der fünf Gerichte weisen viele Gemeinsamkeiten und doch auch eine Reihe von bemerkenswerten Unterschieden auf. Eine detaillierte Darstellung der Besonderheiten der für die einzelnen Verfassungsgerichte geltenden Regelungen findet sich – ebenso wie statistisches Material zum jeweiligen Verfahrensaufkommen – am Schluss dieses Buches. Die Zusammenstellung hat der Referent beim Thüringer Verfassungsgerichtshof, Herr Sebastian von Ammon, gefertigt, dem hierfür der besondere Dank der Herausgeber gilt.

Zu danken ist aber vor allem den Autoren für ihre Beiträge zu dieser Festschrift. Diese spiegeln die Vielfalt der Themenkomplexe wider, mit denen die Landesverfassungsgerichte befasst werden. Dem Verhältnis von Landes- und Bundesverfassungsrecht hat sich Herr Professor Dr. Manfred Baldus zugewandt. Mit seinen Untersuchungen zu Normenkollisionen sowie zum verfassungsgerichtlichen Prüfungsgegenstand und -maßstab geht er Fragen nach, die für die Landesverfassungsgerichte von ebenso grundsätzlicher wie aktueller Bedeutung sind. Der Beitrag von Herrn Professor Dr. Maximilian Wallerath greift ein Thema auf, das die fünf neuen Bundesländer besonders betrifft: die kommunalen Gebietsreformen. Der demografische Wandel hinterlässt gerade in diesen Ländern deutliche Spuren. Als Reaktion auf die veränderten Bevölkerungsstrukturen gab es hier in den letzten Jahren bereits mehrfach Gebietsreformen, die den Landesverfassungsgerichten in Brandenburg, Mecklenburg-Vorpommern, Sachsen, Sachsen-Anhalt und Thüringen sämtlich zur Überprüfung vorgelegt wurden. Der Beitrag zeigt die Gemeinsamkeiten, aber auch individuellen Akzente in der Rechtsprechung dieser Gerichte auf. Mit dem Spannungsfeld zwischen knappen öffentlichen Kassen und der Garantie kommunaler Selbstverwaltung setzt sich Herr Professor Dr. Winfried Kluth auseinander. Er geht dabei vor allem der hochaktuellen Frage nach, welche Auswirkungen die Einführung einer Schuldenbremse für die Finanzierung der Selbstverwaltungsträger hat.

Der Beitrag von Herrn Professor Dr. Heinrich Amadeus Wolff und Herrn Dr. Daniel Mundil greift die politische Debatte über die Verstärkung plebiszitärer Elemente auf. Er stellt die in den Landesverfassungen bereits eröffneten Möglichkeiten zur substantiellen Mitwirkung an der Gesetzgebung in den Mittelpunkt und setzt sich insbesondere mit der Bedeutung der Haushaltsvorbehalte auseinander, unter denen diese Plebiszite stehen. Herr Professor Dr. Hans-Heinrich Trute nimmt schließlich die in den Verfassungen der neuen Länder explizit ausgeformten Auskunfts- und Fragerechte der Abgeordneten zum Anlass für eine Untersuchung über die aktuelle Bedeutung und Funktionsweise parlamentarischer Kontrolle. Sein Beitrag setzt sich sowohl mit der Vervielfältigung medialer Kommunikationsformen als auch mit den Veränderungen auseinander, die sich für die Regierungsverantwortung aus neuen Formen der Aufgabenwahrnehmung und dem fortschreitenden Europäisierungsprozess ergeben. Das breite Spektrum und die intensive Durchdringung der angesprochenen Themen machen die vorliegende Festschrift für den verfassungsrechtlich interessierten Leser sicherlich zu einer gewinnbringenden Lektüre.

Potsdam, Greifswald, Leipzig,
Dessau-Roßlau, Weimar,
im April 2014

Jes Albert Möller, Hannelore Kohl, Birgit Munz
Winfried Schubert, Joachim Lindner

Inhalt

Landesverfassungsrecht und Bundesverfassungsrecht – Wie fügt sich das Gegenstrebige?

*Manfred Baldus**

I. Landesverfassungsrecht

1. Staatlichkeit und Verfassungsautonomie der Länder

Die Länder der Bundesrepublik Deutschland, so sieht es das Bundesverfassungsgericht, sind als Glieder des Bundes Staaten mit eigener, nicht vom Bund abgeleiteter, sondern anerkannter, wenn auch gegenständlich beschränkter staatlicher Hoheitsmacht.[1] Diese Lehre von der Staatlichkeit der Länder, so überkommen und herrschend sie auch sein mag, sieht sich allerdings erheblichen Zweifeln ausgesetzt. Vielleicht lässt sich tatsächlich noch von einem Volk des jeweiligen Landes sprechen; der Bund verfügt seit 1994 nicht mehr über die konkurrierende Kompetenz zur Regelung der „Staatsangehörigkeit in den Ländern".[2] Doch schon bei einem Blick auf das zweite Kriterium moderner Staatlichkeit, nämlich auf das des Staatsgebietes, wird deutlich, dass es sich bei der „Staatlichkeit der Länder" um eine ganz eigentümliche Staatlichkeit handeln muss. Denn eigenständig über ihr Staatsgebiet entscheiden können die Länder nicht; dies untersagt ihnen das Grundgesetz (Art. 29 GG). Außerdem verfügen sie nicht über ein völkerrechtliches Sezessionsrecht; Träger des völker-

---

* Der Verfasser ist Professor für Öffentliches Recht und Neuere Rechtsgeschichte an der Universität Erfurt und Mitglied des Thüringer Verfassungsgerichtshofs.

1 BVerfGE 1, 14 (34); 34, 9 (19 f.); 36, 342 (360 f.); 60, 175 (207). Wesentliche Passagen des nachfolgenden Textes finden sich auch in dem Beitrag „Thüringer Landesverfassungsrecht und Bundesverfassungsrecht" in: Linck/Baldus/Lindner/Poppenhäger/Ruffert (Hrsg.), Die Verfassung des Freistaates Thüringen, 2013, S. 101 ff.

2 Gesetz zur Änderung des GG vom 27.10.1995 (BGBl I, S. 3146).

rechtlichen Selbstbestimmungsrechts ist das deutsche Volk als Nation,[3] nicht das Volk eines Gliedstaates als Teil des deutschen Volkes.[4] Zieht man darüber hinaus noch in Betracht, dass die Staatsgewalt der Länder in einer sehr umfassenden Weise bei der rechtlichen Gestaltung ihrer Grundordnung durch die Bundesverfassung gebunden ist[5], so ist eine Erkenntnis unausweichlich: Die Staatsgewalt, die das Bundesverfassungsgericht den Ländern zuschreibt, ist eine Staatsgewalt ohne Souveränität.[6] Einer politischen Gemeinschaft, die über ihre Grundordnung nicht selbst bestimmen kann, sondern erheblichen rechtlichen Bindungen und Grenzen unterliegt, fehlt die Kompetenz-Kompetenz.

Dennoch leitet das Bundesverfassungsgericht aus der Staatsqualität der Länder deren Freiheit zur selbstbestimmten Verfassungsgebung ab.[7] Doch wie überzeugend diese Sicht des Bundesverfassungsgerichts auch immer ist: Das Recht der Länder, sich eine Vollverfassung zu geben, lässt sich aus Art. 28 Abs. 1 GG ableiten.[8] Dies bedeutet indessen zugleich: Die Verfassungsautonomie der Länder[9] ist bundesverfassungsrechtlich umrahmt. Frei in der Ausgestaltung ihrer Verfassung waren und sind die Länder nur, soweit das Grundgesetz nicht bindet und begrenzt.[10] Verfassungsgebung in den Ländern ist daher Verfassungsgesetzgebung unter der Geltung des Grundgesetzes.

Das Grundgesetz begrenzt die Verfassungsautonomie der Länder, indem es einmal in Gestalt des in Art. 28 Abs. 1 GG enthaltenen Homogenitätsgebotes

3 BVerfGE 36, 1 (17).

4 *Storr*, Verfassungsgebung in den Ländern, 1995, S. 132 ff.

5 Siehe Art. 1 bis 19; 20 Abs. 2 und 3, 28 Abs. 1, 31, 33, 48 Abs. 3, 83, 101 bis 104, 105, 142 GG.

6 Gegen die Staatsqualität der Länder argumentiert *März*, Bundesrecht bricht Landesrecht, 1989, S. 176 f. mit Fn. 321; ähnlich *Dreier*, in: ders., GG, Bd. II, 2. Aufl., 2006, Art. 28, Rn. 53 (Ländern fehlten Insignien nationaler Souveränität). Dagegen nimmt *Hesse*, Grundzüge des Verfassungsrechts der Bundesrepublik Deutschland, 20. Aufl., 1995, Rn. 217, eine Staatlichkeit der Länder im Zusammenspiel mit dem Bund an. Vgl. auch etwa *Dittmann*, in: HStR, Bd. 6, 3. Aufl., 2008, § 127, Rn. 9: „Staaten im Sinne und nach Maßgabe der Bundesverfassung".

7 BVerfGE 1, 14 (34); 36, 342 (361); 60, 175 (207).

8 Ähnlich *Sachs*, in: FS-Stern, 1997, 475 (497 ff.): Kompetenz der Länder zur Verfassungsgebung in 28 Abs. 1 GG und Art. 70 ff. GG implizit enthalten.

9 BVerfGE 90, 60 (84).

10 BVerfGE 60, 187, 208; 96, 345 (368 f.); 103, 332 (350). *Möstl*, AöR 2005, 350 (352): Verfassungshoheit der Länder von vornherein nur nach Maßgabe der Bundesverfassung.

fordert, dass die verfassungsmäßige Ordnung in den Ländern den Grundsätzen des republikanischen, demokratischen und sozialen Rechtsstaates im Sinne des Grundgesetzes entspricht und dass in den Ländern, Kreisen und Gemeinden das Volk eine Vertretung haben muss, die aus allgemeinen, unmittelbaren, freien, gleichen und geheimen Wahlen hervorgegangen ist. Das Grundgesetz verlangt mithin eine „gewisse Übereinstimmung der Bundesverfassung und der Landesverfassungen".[11] Mit dieser Norm beschränkt das Grundgesetz die Verfassungsautonomie der Länder und liefert die nötige Legitimation; Landesverfassungsrecht, das außerhalb des durch Art. 28 Abs. 1 GG gezogenen Rahmens liegt, verliert seine Geltung.[12] Zudem ziehen zahlreiche andere Normen des Grundgesetzes der verfassungsgebenden Gewalt unmittelbare Grenzen (sogenannte „Durchgriffsnormen" wie etwa die Art. 1 bis 19, 20 Abs. 2 und 3, 33, 34, 48 Abs. 3, 83, 101 bis 104, 105, 142 GG). Es handelt sich um Normen, die sowohl an die Staatsgewalt des Bundes wie auch an die der Länder gerichtet sind. Schließlich findet Landesverfassungsrecht auch eine – nicht unmittelbare, sondern durch Art. 31 GG vermittelte – Grenze an der Kompetenzordnung des Grundgesetzes: Kollidieren Normen des Landesverfassungsrechts mit bundesrechtlichen Normen im Rang unterhalb des Grundgesetzes, die der Bund in Wahrnehmung der ihm vom Grundgesetz zugewiesenen Kompetenzen erlassen hat, so werden diese landesverfassungsrechtlichen Normen gemäß Art. 31 GG durch Bundesrecht gebrochen und verlieren mithin ihre Geltung.

Demzufolge wurden die Landesverfassungen nicht jeweils durch eine verfassungsgebende Gewalt geschaffen – zumindest dann nicht, wenn man die herrschende Definition dieses Grenzbegriffs des Verfassungsrechts zugrunde legt und sie als Kraft versteht, die den verfassungslosen Zustand zu beenden imstande ist, indem sie eine Verfassung schafft und sie mithin als eine gegenüber dem positiven Recht ungebundene und unabhängige, ihm vorausliegende Gewalt begreift.[13] Denn dies war und ist bei den Ländern nicht der Fall.[14] Ihre

11 BVerfGE 60, 175, 207 f. m. w. N. aus der früheren Rspr.

12 A.A. *Nierhaus*, in: Sachs, GG, 6. Aufl., 2011, Art. 28, Rn. 7 m. w. N. in Fn. 32 (Begrenzung und „Anerkennung" einer offenbar als „vor-bundesverfassungsrechtlich" gedachten Verfassungsautonomie der Länder).

13 Vgl. *Böckenförde*, Die verfassunggebende Gewalt des Volkes – ein Grenzbegriff des Verfassungsrechts, 1986, S. 10 f.; *Zippelius*, Allgemeine Staatslehre, 14. Aufl., 2003, S. 68; A. A. *Schneider*, in: HStR VII, 1. Aufl., 1992, § 158, Rn. 24 ff.

14 Ebenso *Huber*, in: Sachs, GG, 6. Aufl., 2011, Art. 31, Rn. 16 (Verfassungsgebung in den Ländern nur innerhalb des grundgesetzlichen Rahmens); *März*, in: von Mangoldt/

Verfassungsautonomie und damit ihre Gewalt, sich eine Verfassung zu geben, findet Grund und Grenzen in der Bundesverfassung. Geltungsbedingung der Landesverfassungen ist deren Vereinbarkeit mit dem Grundgesetz.

2. Funktionen der Landesverfassungen

Die Verfassung eines Landes teilt die Funktionen einer jeden Verfassung. Sie begründet und legitimiert hoheitliche Gewalt, sie bindet diese an ranghöchste Normen und gibt dem politischen Prozess einen disziplinierenden Rahmen. Darüber hinaus integriert sie das jeweilige Gemeinwesen, dessen Grundordnung sie ist. Sie fixiert den Konsens der verfassten Gemeinschaft über ihre gemeinsamen Grundüberzeugungen sowie die Art ihres Zusammenlebens und sie verbindet, wenn ihre Regeln für die Austragung von Konflikten aktiviert und zur Geltung gebracht werden.[15]

Zu den Besonderheiten der Verfassung eines Landes der Bundesrepublik Deutschland gehört, dass sie nicht nur das Grundgesetz bei der verfassungsrechtlichen Normierung des bundesstaatlichen Ganzen ergänzt.[16] Sie ist darüber hinaus auch im Verfassungsrecht ein sichtbares Zeichen föderaler Vielfalt. Insbesondere wenn eine Landesverfassung Grundrechte zusichert, die mit dem Rechtsbehelf der Verfassungsbeschwerde vor einem Landesverfassungsgericht eingeklagt werden können, dient sie dem grundgesetzlich erwünschten Konkurrenzföderalismus.[17] Insgesamt betrachtet, trägt eine Landesverfassung zur Identität, Individualität und Legitimation eines Landes bei.[18]

In den Verfassungen der neuen Bundesländer spiegelt sich in besonderem Maße der Wunsch wider, sich von den vorrechtsstaatlichen Elementen der DDR-Ver-

---

Klein/Starck, Bd. 2, 6. Aufl., 2010, Art. 31, Rn. 84 m. w. N. in Fn. 89 (dort Verweis auf *Stiens*, Landesverfassungen, 1997, S. 27: Landesverfassungsgebung „kein eruptiver Akt ungebundener verfassunggebender Entscheidungsgewalt"); *Dreier*, (Fn. 6), Rn. 53 (keine nach „Sieyèes'schem Muster zu denkende, inhaltlich absolut freie, voraussetzungs- und bindungslose Urgewalt"); *Sacksofsky*, NVwZ 1993, 235 (235).

15 Zu den Funktionen einer Verfassung etwa: *Hesse*, (Fn. 6); *Vosskuhle*, AöR, 1994, 35 (46 ff.); *Depenheuer*, Funktionen der Verfassung, in: ders./Grabenwarter, Verfassungstheorie, 2010, § 16.

16 *Sachs*, DVBl 1987, S. 857 (863).

17 Vgl. *Dreier*, in: ders., GG, Bd. 1, 2. Aufl., 2004, Vorb., Rn. 62 m. w. N. in Fn. 244.

18 *Klein*, DVBl 1993, 1329 (1331, 1333), *Dreier*, Grundrechtsschutz durch Landesverfassungsgerichte, 2000, S. 9.

gangenheit zu distanzieren und einen Neuanfang freiheitlicher Verfassungsstaatlichkeit zu dokumentieren. Sie knüpfen an die friedliche Revolution im Herbst 1989 an und bekräftigen insbesondere mit eigenen Grundrechtskatalogen und eigener Landesverfassungsgerichtsbarkeit, dass das Recht nicht mehr nur eine beliebig veränderbare Größe einer gewaltenmonistischen Staatsorganisation sein soll.[19]

3. Bundesverfassungsrecht als Teil des Landesverfassungsrechts

Das Landesverfassungsrecht besteht nicht nur aus Normen, die auf der textlichen Grundlage der Landesverfassungen entwickelt und begründet werden. Die Verfassung eines Gliedstaates ist nach der Lehre des Bundesverfassungsgerichts sowie einiger Landesverfassungsgerichte nicht in der Landesverfassungsurkunde allein enthalten; in die jeweilige Landesverfassung wirken auch Elemente der Bundesverfassung hinein, so dass erst beide Elemente zusammen die Verfassung eines Gliedstaates ausmachen[20] („Hineinwirkungslehre"). Allerdings ist die Frage, welche Elemente der Bundesverfassung in die Landesverfassungen hineinwirken, nur mit Zurückhaltung zu beantworten: Dem Bundesverfassungsgericht zufolge würde die Verfassungsautonomie und damit die Staatlichkeit der Länder nachhaltig beschädigt und das föderale Prinzip als Eckpfeiler der Bundesrepublik Deutschland untergraben, je mehr Prinzipien oder Normen der Bundesverfassung in eine Landesverfassung hineingelesen werden.[21]

Es handelt sich bei dem in die Landesverfassung hineinwirkenden Bundesverfassungsrecht um allgemeine verfassungsrechtliche Grundsätze, so etwa die Bindung des Gesetzgebers an die verfassungsmäßige Ordnung (Art. 20 Abs. 3 GG), den Primat des Völkerrechts (Art. 25 GG) oder die Gleichheit vor dem Gesetz (Art. 3 Abs. 1 GG).[22] Dazu gezählt werden aber auch die verfassungsrechtlichen Garantien der Mitwirkung von Parteien an der politischen Willens-

---

19 *Wallerath*, NdsVwBl 2005, 43 (43 f.) m. w. N.

20 BVerfGE 36, 342 (360 f.); 103, 332 (352 f.). Kritisch zu dieser Lehre: *Rozek*, Das Grundgesetz als Prüfungs- und Entscheidungsmaßstab der Landesverfassungsgerichte, 1993, S. 100 ff.; *Storr*, Staats- und Verfassungsrecht, 1998, Rn. 70 ff.; *Dreier*, (Fn. 6), Rn. 54.

21 BVerfGE 103, 332 (357).

22 BVerfGE 103, 332 (353).

bildung (Art. 21 GG)[23], der Freiheit des Rundfunks (Art. 5 Abs. 1 GG)[24] oder des Schutzes der Menschenwürde (Art. 1 Abs. 1 GG)[25]. Ausschlaggebendes Motiv für die Entwicklung dieses Konzepts des in die Landesverfassung hineinwirkenden Bundesverfassungsrechts dürfte die Frage gewesen sein, was zu geschehen hat, wenn die vom Grundgesetz durch Art. 28 Abs. 1 GG geforderte Übereinstimmung von Bundes- und Landesverfassung fehlen würde.[26]

Zu diesem hineinwirkenden Bundesverfassungsrecht ist allerdings nicht Art. 28 Abs. 1 GG zu zählen. Diese Norm des Grundgesetzes ordnet zwar an, dass die verfassungsmäßige Ordnung in den Ländern den Grundsätzen des republikanischen, demokratischen und sozialen Rechtsstaates im Sinne des Grundgesetzes entsprechen muss. Doch es handelt sich dabei um eine Regelung des Grundgesetzes *für* die Gestaltung des Landesverfassungsrechts; Art. 28 GG gilt nicht „in den Ländern“, sondern „nur für die Länder“.[27]

Auch die Bestimmungen der Kompetenzordnung des Grundgesetzes gehören grundsätzlich nicht zu dem in die Landesverfassung hineinwirkenden Bundesverfassungsrecht. Dies ergibt sich schon aus den Art. 70ff. GG selbst, berechtigen diese doch die *einfachen* Gesetzgeber von Bund *und* Ländern unmittelbar zur Gesetzgebung, so dass es keiner Transformation auf der Ebene der Landesverfassung bedarf. Eine Ausnahme gilt jedoch dann, wenn eine Norm der Landesverfassung selbst anordnen sollte, dass Bestimmungen des Grundgesetzes und damit auch dessen Kompetenzordnung Bestandteil der Landesverfassung sein sollen. Die Kompetenzordnung des Grundgesetzes gilt dann als Landesverfassungsrecht aufgrund einer landesverfassungsgesetzlichen Inkorporationsnorm.[28] Bloße Gliedstaatenklauseln in den Landesverfassungen ge-

---

23 BVerfGE 60, 53 (61); 66, 107 (114).

24 BVerfGE 13, 54 (80).

25 VerfGH Berl, NJW 1993, 515 (516).

26 *Möstl*, AöR 2005, 350 (359f. m. w. N. in Fn. 66).

27 BVerfGE 6, 104 (111).

28 BVerfGE 103, 332 (357). Beispiele für solche Inkorporationsnormen sind etwa Art. 153 Abs. 1 HessVerf oder Art. 2 Abs. 5 BbgLVerf. Prüft ein Landesverfassungsgericht im Falle einer solchen Inkorporationsnorm die Vereinbarkeit eines Landesgesetzes mit Kompetenznormen des Grundgesetzes, so steht ihm aber aufgrund des klaren Wortlauts von Art. 93 Abs. 1 Nr. 2 sowie Art. 100 Abs. 1 GG keine Verwerfungskompetenz zu; es muss dem Bundesverfassungsgericht vorlegen (so auch *Benda/Klein*, Verfassungsprozessrecht, 3. Aufl., 2012, § 2, Rn. 55; *Nierhaus*, (Fn. 12), Rn. 6).

nügen dagegen nicht, die Kompetenznormen des Grundgesetzes als Teil des materiellen Landesverfassungsrechts auszuweisen.[29]

II. Vielfalt in Einheit, getrennt und verflochten

1. Die Verfassungsräume von Ländern und Bund

Die Verfassungsbereiche von Ländern und Bund stehen grundsätzlich nebeneinander.[30] Allerdings darf die Trennung dieser Verfassungsräume nicht als Bezugslosigkeit aufgefasst werden; ein Einwirken des Grundgesetzes auf den landesverfassungsrechtlichen Raum ist nicht ausgeschlossen.[31] Die Verfassungsräume von Ländern und Bund sind getrennt und doch zugleich durch das Grundgesetz in vielfältiger Weise miteinander verbunden. Diese ausgesprochen komplexen und bislang nicht restlos geklärten[32] Verbindungen zeigen sich insbesondere bei bundesverfassungsrechtlichen Normen, die in das Landesverfassungsrecht hineinwirken, das Landesverfassungsrecht begrenzen, eine bundesrechtskonforme Auslegung fordern oder Bundes- und Landesverfassungsgerichtsbarkeit miteinander verschränken.

Vor allem kann die Rede von den getrennten Verfassungsbereichen von Ländern und Bund nicht darüber hinwegtäuschen, dass die Landesverfassungen unter einem bundesrechtlichen Geltungsvorbehalt stehen. Dieser Vorbehalt resultiert aus den grundgesetzlichen Grenzen der landesverfassungsrechtlichen

29 Sehr deutlich BVerfGE 103, 332 (357 f.) mit Blick auf die Gliedstaatenklausel in Art. 1 Abs. 1 SchlHVerf; ebenso StGH Bremen, Urteil vom 12.04.2013 – St 1/12, Juris, Rn. 48 ff. Anders etwa noch VerfGH NW, NVwZ 1993, 57 (59) mit Blick auf Art. 1 Abs. 1 Satz 1 Verf NW und VerfGH Rh-Pf, NVwZ 2001, 553 (554) mit Blick auf Art. 74 Abs. 1 Verf Rh-Pf. Zudem vermag auch das in einer Landesverfassung enthaltene Rechtsstaatsprinzip das Hineinwirken grundgesetzlicher Kompetenznormen in eine Landesverfassung nicht zu begründen (so aber BayVerfGHE 45, 33 (41); 51, 94 (99 f.): Ein Verstoß gegen das Rechtsstaatsprinzip liege dann vor, wenn offenbar die Kompetenznormen des Grundgesetzes oder sonstiges Bundesrecht verletzt seien und deshalb der Landesgesetzgeber ohne Rechtssetzungsbefugnis tätig geworden sei).

30 BVerfGE 1, 14 (34); 36, 346 (361); 41, 88 (118 f.); 96, 231 (242); 96, 345 (368 f.); 103, 332 (350).

31 BVerfGE 103, 332 (352).

32 *Bull*, NordÖR 2008, S. 49 (50); *Möstl*, (Fn. 26), 350 m. w. N. in Fn. 30.

Normen und ihrem Geltungsverlust im Falle einer Verletzung dieser Grenzen. Indem das Bundesrecht im Einzelnen die Grenzen festlegt, die ein Landesverfassungsgeber zu beachten hat, statuiert es die Bedingungen, die erfüllt sein müssen, damit geltendes Landesverfassungsrecht erzeugt werden und gültig bleiben kann. Wird solches Recht unter Missachtung dieser Bedingungen geschaffen, so ist es nichtig. Die Geltung einer Landesverfassung, die in Übereinstimmung mit den genannten Normen der Bundesverfassung steht, *beruht* mithin auf der Bundesverfassung.

Gleichwohl: Auch wenn das Landesverfassungsrecht unter bundesverfassungsrechtlichem Geltungsvorbehalt steht, existiert ein Kernbereich der Verfassungsstaatlichkeit der Länder, der von den Ländern ohne Ingerenzmöglichkeit des Gesamtstaates ausgefüllt und gestaltet werden kann. Es handelt sich um einen Bereich, den der Gesamtstaat wegen Art. 79 Abs. 3 GG auch nicht durch Verfassungsänderung an sich ziehen könnte. Die Kompetenz-Kompetenz des Gesamtstaates findet insofern in Art. 79 Abs. 3 GG eine unüberwindliche Mauer. Konkret sichert Art. 79 Abs. 3 GG den Ländern neben der Garantie der verfassungskräftigen Zuweisung eines angemessenen Anteils am Gesamtsteueraufkommen im Bundesstaat „die freie Bestimmung“ über ihre „Organisation einschließlich der in der Landesverfassung enthaltenen organisatorischen Grundentscheidungen“.[33] Andererseits schützt Art. 79 Abs. 3 GG allerdings auch vor der gegenläufigen Entwicklung, dass eine zu starke Betonung der „Eigenstaatlichkeit der Länder“ eine Entwicklung weg vom Bundesstaat und hin zu einem Staatenbund in Gang setzt.[34]

2. Bundesverfassungsrechtliche Grenzen des Landesverfassungsrechts

a) Homogenitätsgebot (Art. 28 Abs. 1 GG)

Nach Art. 28 Abs. 1 GG muss die verfassungsmäßige Ordnung in den Ländern den Grundsätzen des republikanischen, demokratischen und sozialen Rechtsstaates im Sinne des Grundgesetzes entsprechen; zudem muss in den Ländern, Kreisen und Gemeinden das Volk eine Vertretung haben, die aus allgemeinen, unmittelbaren, freien, gleichen und geheimen Wahlen hervorgegangen ist. Es

33 BVerfGE 34, 9 (20).

34 *Dreier*, (Fn. 6), Rn. 55 m. w. N.

handelt sich um eine „Normativbestimmung der Bundesverfassung für die Gestaltung des Landesverfassungsrechtes“, sie gilt nicht in den Ländern, sondern für die Länder.[35] Art. 28 Abs. 1 GG formuliert nicht nur eine Vorgabe für das in der Verfassungsurkunde niedergelegte „formelle“ Verfassungsrecht, sondern für das gesamte, also auch einfache Landesrecht. Ansonsten könnten die Länder sich den Bindungen des Art. 28 Abs. 1 GG dadurch entziehen, dass sie den Grundsätzen widersprechende Landesgesetze unterhalb des Rangs der Landesverfassung erließen.[36]

Allerdings fordert Art. 28 GG nur „nur ein gewissen Maß an Homogenität“. Dieses Maß ist auf die genannten Staatsstruktur- und Staatszielbestimmungen und innerhalb dieser wiederum auf deren Grundsätze beschränkt.[37] Die konkreten Ausgestaltungen, die diese Grundsätze im Grundgesetz gefunden haben, sind für die Landesverfassungen nicht verbindlich.[38] Insbesondere Art. 28 Abs. 1 Satz 1 GG lässt umfangreiche Variationsmöglichkeiten offen, handelt es sich bei den in dieser Bestimmung enthaltenen Begriffen doch um Typenbegriffe mit geringer Normierungsdichte.[39]

Es bietet sich an, diese Grundsätze mit Hilfe einer rechtsvergleichenden Methode zu ermitteln, die das Grundgesetz und die Länderverfassungen in den Blick nimmt.[40] Die Anwendung dieser Methode darf sich allerdings nicht darin erschöpfen, die konkreten Ausgestaltungen dieser Grundsätze nach der Mehrheitsregel zu beurteilen.[41] Vielmehr kann der Verfassungsvergleich nur zur Gewinnung eines Arguments führen, das sich gegenüber anderen möglichen Argumenten zu bewähren hat. Zu berücksichtigen ist dabei auch, dass zu diesen Grundsätzen, auf die das Homogenitätsgebot des Art. 28 GG beschränkt ist, und zur Vielfalt der Variationsmöglichkeiten eine umfangreiche konkretisie-

35 BVerfGE 6, 104 (111).

36 *Dreier*, (Fn. 6), Rn. 60.

37 BVerfGE 103, 332 (350).

38 BVerfGE 90, 60 (85).

39 ThürVerfGH, Urteil vom 16.12.1998 – 20/95, Juris, Rn. 88.

40 BVerfG 1, 208 (249). Für eine „länderfreundliche Interpretation“ aus der Literatur: *Dittmann*, (Fn. 6), Rn. 15 m. w. N.

41 Zutreffend *Huber*, in: ders. (Hrsg.), Thüringer Staats- und Verwaltungsrecht, 2000, Rn. 77.

rende Rechtsprechung des Bundesverfassungsgerichts sowie der Landesverfassungsgerichte existiert.[42]

Die Rechtsfolge eines Verstoßes gegen Art. 28 Abs. 1 GG ergibt sich aufgrund des Vorrangs der spezielleren Norm nicht aus Art. 31 GG.[43] Vielmehr ist die Rechtsfolge einer Verletzung des Art. 28 Abs. 1 GG dieser Bestimmung selbst zu entnehmen.[44] Dabei erscheint mit Blick auf die Gewährleistungspflicht des Bundes gemäß Art. 28 Abs. 3 GG die Auffassung sinnträchtig, Art. 28 Abs. 1 GG begründe eine Verpflichtung der Länder, grundgesetzwidriges Landesverfassungsrecht zu beseitigen und durch grundgesetzkonforme Regelungen zu ersetzen.[45] Das Bundesverfassungsgericht scheint hingegen von der Nichtigkeit einer gegen Art. 28 Abs. 1 GG verstoßenden landesrechtlichen Norm auszugehen.[46] Für die Nichtigkeitsfolge kann das Dogma der Rechtsungültigkeit und damit Nichtigkeit rechtswidriger genereller Normen angeführt werden, außerdem das Argument, dass damit die Balance zwischen der begrenzten Verfassungsautonomie der Länder und der Suprematie des Bundes gewahrt wird.[47]

Sollte ein Land in einem konkreten Fall entgegen dieser Nichtigkeitsfolge eine gegen Art. 28 Abs. 1 GG verstoßende landesrechtliche Norm dennoch weiter anwenden, trifft den Bund gemäß Art. 28 Abs. 3 GG die Pflicht zu gewährleisten, dass das Land einen grundgesetzkonformen Zustand herbeiführt. Dabei kann der Bund die „notwendigen Maßnahmen" im Sinne des Art. 37 Abs. 1 GG durchführen, einschließlich des Bundeszwanges (Art. 37 Abs. 2 GG), diesen aber gewiss nur als ultima ratio.

42 Dazu Nachweise bei *Jarass/Pieroth*, GG, 12. Aufl., 2012, Art. 28, Rn. 3 ff.; *Dreier*, (Fn. 6), Rn. 63 ff., 70 ff.

43 BVerfGE 36, 342 (362).

44 Ebenso *Dittmann*, (Fn. 6), Rn. 27.

45 *Böckenförde/Grawert*, DÖV 1971, 119 (125 f.).

46 BVerfGE 83, 60 (61): Das BVerfG erklärte in dieser Entscheidung, eine das Wahlrecht für Ausländer regelnde Vorschrift der Hansestadt Hamburg sei mit Art. 28 Abs. 1 Satz 1 in Verbindung mit Art. 20 Abs. 2 GG „unvereinbar und nichtig". Eine über diese Feststellung hinausgehende Begründung gibt das Gericht nicht.

47 *Dreier*, (Fn. 6), Rn. 82 m. w. N. Zum Streitstand in der Literatur: *Nierhaus*, (Fn. 12), Rn. 28 ff.

b) Unmittelbar verpflichtendes Bundesverfassungsrecht

Nicht nur in Art. 28 Abs. 1 GG, der das Recht der Länder zur Verfassungsgebung (mit-)begründet, findet die verfassungsgebende Gewalt der Länder und damit das Landesverfassungsrecht eine Grenze. Darüber hinaus findet die verfassungsgebende Gewalt der Länder ihre Grenzen auch in Normen des Grundgesetzes, die sich nicht nur unmittelbar an die Staatsgewalt des Bundes, sondern auch an die Staatsgewalt der Länder in allen ihren Erscheinungsformen richten. Es handelt sich dabei um sogenannte Durchgriffsnormen, durch die Landesgewalt einschließlich deren verfassungsgebende Gewalt gebunden wird.[48]

Zu den auf die Landesstaatsgewalt durchgreifenden, sie unmittelbar bindenden Normen zählen etwa Art. 1 Abs. 3 GG[49] in Verbindung mit den Grundrechten und grundrechtsgleichen Rechten, Art. 20 Abs. 2[50] und Abs. 3[51], 26, 31, 33[52], 35[53], 34[54], 80 Abs. 1 Satz 2[55], 92 und 97 GG.[56] Die Kompetenznormen der Art. 70ff. GG zählen nicht dazu.[57] Wäre dies anders und die Länder im Moment der Verfassungsgebung an die Kompetenznormen gebunden, widerspräche dies

48 Vgl. *Huber*, (Fn. 41), Rn. 84; *Möstl*, (Fn. 26), 360 m. w. N. in Fn. 70; *Nierhaus*, (Fn. 12), Rn. 4; *März*, (Fn. 14), Rn. 95.

49 BVerfGE 97, 298 (315); 103, 332 (347 f.); *Starck*, Die Verfassungen der neuen deutschen Länder, 1994, S. 15; *Wittreck*, DVBl 2000, 1492 (1494); *Groß*, in: FS Zezschwitz, 2005, S. 16 (19); *Korioth*, in: Maunz/Dürig, Art. 31, Rn. 10.

50 *Nierhaus*, (Fn. 12), Rn. 4, Fn. 18. A. A. *Tettinger/Schwarz*, in: von Mangoldt/Klein/Starck, GG, Bd. 2, 6. Aufl., 2010, Art. 28, Rn. 30; *Dreier*, (Fn. 6), Rn. 53.

51 BVerfGE 1, 208 (223); 2, 380 (403). Offenlassend dagegen BVerfGE 90, 60 (86). Wie hier: *Nierhaus*, (Fn. 12), Rn. 4, Fn. 18. A. A. *Tettinger/Schwarz*, (Fn. 50), Rn. 30, *Dreier*, (Fn. 6), Rn. 53.

52 Zu Art. 33 Abs. 5 GG: BVerfGE 4, 115 (135); 64, 367 (378).

53 *Starck*, (Fn. 49), S. 15.

54 *Starck*, (Fn. 49), S. 15.

55 Zu Art. 80 Abs. 1 Satz 2 GG: BVerfGE 41, 251 (266); 54, 143 (144); 55, 207 (226); 73, 388 (400).

56 Vgl. dazu auch *März*, (Fn. 14), Rn. 95 f. m. w. N. in Fn. 120; *Nierhaus*, (Fn. 12), Rn. 4 m. w. N. in Fn. 18; *Dittmann*, (Fn. 6), Rn. 33.

57 Ebenso: *Jutzi*, KritV 1996, 138 (139 f.); *Boehl*, Verfassungsgebung im Bundesstaat, 1997, S. 193 f.; *Storr*, (Fn. 20), Rn. 180; *Dreier*, (Fn. 6), Art. 28, Rn. 53; Art. 31, Rn. 29 m. w. N. in Fn. 99; *Bernhardt/Sacksofsky*, in: BK, Art. 31, Rn. 17 ff.; *März*, (Fn. 14), Rn. 86. A. A. *Huber*, (Rn. 14), Art. 31 Rn. 17; *Korioth*, (Fn. 49), Rn. 24; *Dittmann*, (Fn. 6), Rn. 33.

dem in ihrer Verfassungsautonomie wurzelnden Recht, sich eine Vollverfassung zu geben. Adressaten der Kompetenznormen sind die einfachen Gesetzgeber von Bund und Ländern; die dadurch bestehende Möglichkeit von Kollisionen zwischen landesverfassungsrechtlichen und bundesrechtlichen Normen ist dann gemäß Art. 31 GG zu lösen.[58] Auch die Norm des Art. 28 Abs. 1 GG zählt nicht zu den Durchgriffsnormen, da diese Bestimmung des Grundgesetzes sich ausschließlich an die Länder und nicht – wie die Durchgriffsnormen – an Bund *und* Länder richtet. Schließlich ist die Menge der Durchgriffsnormen nicht deckungsgleich mit den sogenannten Bestandteilsnormen.[59] Durchgriffsnormen begrenzen die verfassungsgebende Gewalt der Länder und damit das Landesverfassungsrecht; sie sind nicht Bestandteil dieses Rechts. Folglich können sie auch nicht unmittelbar als Prüfungsmaßstab bei landesverfassungsgerichtlichen Entscheidungen herangezogen werden.

Verstoßen Bestimmungen der Landesverfassung gegen Durchgriffsnormen, so ergibt sich ihre Unwirksamkeit und damit Nichtigkeit unmittelbar aus der Unvereinbarkeit mit dem Grundgesetz.[60] Das Grundgesetz ist Geltungsbedingung des Landesverfassungsrechts. Ist diese Bedingung nicht erfüllt, kann die verfassungsgebende Gewalt eines Landes keine wirksamen Normen schaffen. Dies steht mit dem aus der Verfassungsautonomie der Länder fließenden Recht, sich eine Vollverfassung zu geben, in Einklang. Denn dieses Recht ist ein durch das Grundgesetz bedingtes und begrenztes Recht.

---

58 Daher kann auch das Argument, die Länder könnten bei fehlender Bindung an die Kompetenzvorschriften des Grundgesetzes diese dadurch unterlaufen, dass sie einer beliebigen Regelung die Qualität eines Verfassungssatzes verleihen würden (so *Huber*, (Fn. 14), Rn. 16), nicht überzeugen. Denn dann wäre zwar eine kollidierende Norm des Landesverfassungsrechts in der Welt, die allerdings wegen Art. 31 GG sogleich als nichtig zu erkennen wäre.

59 Wie hier: *Nierhaus*, (Fn. 12), Rn. 4 f. A.A. *März*, (Fn. 14), Rn. 95.

60 *März*, (Fn. 14), Rn. 96, 101; *Dreier*, (Fn. 6), Art. 31, Rn. 22; *Huber*, (Fn. 14), Rn. 11; *Korioth*, (Fn. 49), Rn. 10 a. E. Vgl. zum Nichtigkeitsdogma in der Rechtsprechung etwa BVerfGE 61, 149 (151); 101, 54 (55); Nachweise zu den anerkannten Ausnahmen: *Schlaich/Korioth*, Das Bundesverfassungsgericht, 9. Aufl., 2012, Rn. 395 ff.

c) Bundesgrundrechte

aa) Bundesgrundrechte als unmittelbar verpflichtendes Bundesverfassungsrecht

Die Staatsgewalt der Länder ist durch Art. 1 Abs. 3 GG unmittelbar an die Grundrechte des Grundgesetzes gebunden. Von dieser Bindung ist mithin auch die *verfassungsgebende Gewalt* der Länder erfasst.[61] Zugleich sind die Länder allerdings mit dem Recht ausgestattet, sich eine Vollverfassung zu geben. Demzufolge bedarf es einer Klärung, wie Konstellationen zu handhaben sind, in denen die verfassungsgebenden Gewalten der Länder Landesgrundrechte statuieren, die von Bundesgrundrechten abweichen oder mit einfachem Bundesrecht kollidieren.

bb) Landesgrundrechte: Voraussetzungen ihrer Geltung

Stimmen Landesgrundrechte mit Bundesgrundrechten überein, so bleiben sie in Geltung. Dies ergibt sich daraus, dass bei einer solchen Übereinstimmung die ihrem Wortlaut nach einschlägige Kollisionsnorm des Art. 31 GG („Bundesrecht bricht Landesrecht") nicht anwendbar ist: Nach inzwischen herrschendem Verständnis setzt Art. 31 GG nicht nur voraus, dass es sich bei kollidierenden Normen um – für sich genommen – geltende, weil kompetenzgemäß und auch im Übrigen verfassungsgemäß erlassene Normen handelt; zum Tatbestand der Kollisionsnorm des Art. 31 GG gehört auch, dass die jeweils kollidierenden Normen bei ihrer Anwendung zu verschiedenen Ergebnissen führen.[62] Sind hingegen die Rechtsfolgen bundes- und landesgrundrechtlicher Gewährleistungen miteinander vereinbar, etwa weil eine Inhaltsgleichheit dieser Grundrechte festzustellen ist, werden Landesgrundrechte nicht gemäß Art. 31 GG durch Bundesrecht gebrochen.[63]

Dieses Verständnis des Art. 31 GG hat Konsequenzen für den normativen Gehalt des Art. 142 GG, wonach Bestimmungen der Landesverfassungen „ungeachtet der Vorschrift des Art. 31 GG … auch insoweit in Kraft" bleiben, „als sie in Übereinstimmung mit den Artikeln 1 bis 18" des Grundgesetzes „Grund-

---

61 *Boehl,* (Fn. 57), S. 206; *März,* (Fn. 14), Rn. 100 m. w. N. in Fn. 133.

62 BVerfGE 36, 342 (363); 96, 345 (364); 98, 145 (159); 121, 317 (348). Dazu *März,* (Fn. 14), Rn. 42, m. w. N. in Fn. 55.

63 BVerfGE 36, 342 (363 ff.); 40, 296 (327); 96, 345 (364 f.).

rechte gewährleisten".[64] Da Art. 31 GG allein den Fall miteinander unvereinbarer Landes- und Bundesgrundrechte erfasst, kommt Art. 142 GG nur mehr eine deklaratorische Bedeutung zu.[65] Indem sich der Anwendungsbereich des Art. 31 GG nicht auf Landesgrundrechte erstreckt, die mit Bundesgrundrechten vereinbar sind, fehlt es an einer bundesverfassungsrechtlichen Norm, die der Geltung solcher Landesgrundrechte entgegensteht. Mithin bestätigt und bekräftigt Art. 142 GG das Recht der Länder zur Verfassungsgebung im Grundrechtsbereich,[66] ohne selbst eine Bedingung für die Geltung von Landesgrundrechten zu sein.

cc) *Voraussetzung einer „Übereinstimmung" von Bundesgrundrechten und Landesgrundrechten*

Eine Übereinstimmung von Bundes- und Landesgrundrechten ist dann anzunehmen, wenn der Gewährleistungsbereich der jeweiligen Landes- und Bundesgrundrechte sowie ihre Schranken einander nicht widersprechen, was bei inhaltsgleichen Grundrechten der Fall ist, also solchen, die „den ‚gleichen Gegenstand in gleichem Sinne, mit gleichem Inhalt und in gleichem Umfang' re-

---

64 Der Anwendungsbereich dieser Norm ist aufgrund ihres Zweckes, nämlich Schutz der Grundrechte auch durch die Landesverfassungsgerichte zu gewährleisten, über den Wortlaut hinaus auf alle mit der Verfassungsbeschwerde nach Art. 93 Abs. 1 Nr. 4a GG geltend zu machenden Grundrechte und grundrechtsgleichen Gewährleistungen zu erstrecken; so BVerfGE 96, 345 (364).

65 Das BVerfG spricht davon, dass Art. 142 die Verfassungsrechtslage für den Fall „konkretisiert", dass die Landesverfassungen Grundrechte in Übereinstimmung mit dem Grundgesetz gewährleisten. Wie hier: *Starck*, in: HStR, Bd. 6, 3. Aufl., 2008, § 130, Rn. 118: Bestätigung des Art. 31 GG; *März*, (Fn. 14), Rn. 107 m. w. N. in Fn. 144: Art. 142 GG als Bestätigung der Grundsatznorm des Art. 31 GG: keine Ausnahme der Regel, sondern (entbehrlicher) Ausdruck der Regel; *Dreier*, (Fn. 6), Art. 31, Rn. 41 m. w. N. in Fn. 132; *Korioth*, (Fn. 49), Rn. 13; *Sacksofsky*, (Fn. 65), S. 237: Klarstellung. Ähnlich wohl *Sachs*, ThürVwBl 1993, 121 (124). A. A. etwa *Jutzi*, DÖV 1983, 836 (838): Art. 142 GG habe konstitutive Bedeutung insoweit, als diese Norm weiterreichende Grundrechtsgewährleistungen der Länder zulasse. Solche weiterreichenden Ländergewährleistungen werden aber von Art. 31 GG nicht erfasst, sofern sie mit bundesverfassungsrechtlichen Grundrechtsgewährleistungen vereinbar sind; zudem steht in einem solchen Fall Art. 1 Abs. 3 GG nicht entgegen, da der bundesverfassungsrechtliche Grundrechtsstandard nicht unterschritten wird. Die Geltung des landesverfassungsrechtlichen weiterreichenden Grundrechts beruht auf der Verfassungsautonomie der Länder, die in den Grenzen der Bundesverfassung wahrgenommen wurde.

66 *Dreier*, in: ders., GG, Bd. 3, 2. Aufl., 2008, Art. 142 Rn. 31 m. w. N. in Fn. 101.

geln".[67] Da sprachliche Abweichungen nicht entscheidend sind,[68] führt dies zu durchaus nicht einfachen Problemen angesichts der Frage, wann Übereinstimmung im Sinne sachlicher Identität trotz nichtidentischem Wortlaut angenommen werden kann.[69]

Wenn ein Landesgrundrecht einen geringeren Schutz gewährleistet, etwa sein Schutzbereich kleiner ist oder es in stärkerem Maße eingeschränkt werden kann, liegt eine Übereinstimmung von Landesgrundrecht und Bundesgrundrecht aber indessen dann noch vor, wenn das engere Grundrecht als Mindestgarantie zu verstehen ist und ihm nicht der Normbefehl entnommen werden kann, einen weitergehenden Schutz durch das Bundesgrundrecht zu unterlassen.[70] Dies führt insgesamt nicht zu einer Minderung des Grundrechtsschutzes. Über Art. 1 Abs. 3 GG gelten die weitergehenden Bundesgrundrechte ohnehin, so dass das engere Landesgrundrecht im Einklang mit dem Bundesgrundrecht erweiternd auszulegen ist; denn soweit ein Gegenstand in den Schutzbereich der Grundrechte des Grundgesetzes fällt, darf sich die Auslegung und Anwendung der Landesverfassung nicht in Widerspruch zu diesen Grundrechten setzen.[71] Eine Übereinstimmung wäre nur dann zu verneinen, wenn das Landesgrundrecht, das hinter dem entsprechenden Grundrecht des Grundgesetzes zurückbleibt, auch den Sinn hätte, einen weitergehenden Schutz durch andere Grundrechte auszuschließen – was aber selten der Fall sein dürfte. Dieser Ansatz, der die Geltung von Landesgrundrechten auch bei Mindergewährleistungen bejaht, ist von der Idee getragen, dass ein geringerer landesgrundrechtlicher

67 BVerfGE 96, 345 (365). Zur Vielschichtigkeit dieser Vorstellung von Inhaltsgleichheit: *Dreier,* (Fn. 18), S. 19.

68 *Jarass/Pieroth*, (Fn. 42), Rn. 3 m. w. N.

69 *Dreier*, (Fn. 66), Rn. 43.

70 BVerfGE 96, 345 (365).

71 BVerfGE 97, 298 (314 f.). Zu dieser Entscheidung: *Lindner*, BayVBl 2004, 641 (646): Direktive des Bundesverfassungsgerichts; vgl. zudem *Dreier*, (Fn. 66), Rn. 49. Sehr zutreffend ist dabei auch der Hinweis von *Jutzi*, in: Hendler/Hufen/Jutzi (Hrsg.), Landesrecht Rheinland-Pfalz, 6. Aufl., 2012, § 1, Rn. 38, dass diese aufgrund von Art. 1 Abs. 3 GG gebotene bundesgrundrechtskonforme Auslegung von Landesgrundrechten der „Ergänzungslehre" entspricht, die in der frühen Phase des Grundgesetzes vertreten wurde; in jüngerer Zeit wird diese Auslegung von Landesgrundrechten etwa vom VerfGH Rh-Pf praktiziert (vgl. Urteil vom 29.01.2007 – VGH B 1/06, Juris, Rn. 105 f.; ebenso ThürVerfGH, Urteil vom 21.11.2012, 19/09, Juris, Rn. 234).

Standard wegen der damit gewährleisteten Rechtswegmöglichkeiten günstiger als sein völliges Fehlen ist.[72]

Eine Übereinstimmung im Sinne einer Widerspruchsfreiheit ist ebenfalls dann gegeben, wenn Landesgrundrechte gegenüber dem Grundgesetz einen weitergehenden Schutz verbürgen.[73] Dies kann der Fall sein, wenn das Bundesverfassungsrecht eine landesgrundrechtliche Gewährleistung in sachlicher oder persönlicher Hinsicht nicht kennt oder wenn die Einschränkungsmöglichkeiten des Landesgrundrechts gegenüber einem entsprechenden Bundesgrundrecht geringer sind.[74]

Zu bedenken ist allerdings, dass eine weitergehende Gewährleistung von Landesgrundrechten in drei- oder mehrpoligen Rechtsverhältnissen zu einer Verkürzung des bundesgrundrechtlichen Schutzes anderer Beteiligter („Dritter") führen kann. Freiheitsmaximierungen der einen bedeuten regelmäßig Freiheitsminimierungen der anderen oder Beeinträchtigungen der Allgemeinheit. Lässt ein Bundesgrundrecht eine Einschränkung der Grundrechte Dritter, die mit einer Mehrgewährleistung durch ein Landesgrundrecht einhergeht, nicht zu, ist eine Nicht-Übereinstimmung von Landesgrundrecht und Bundesgrundrecht festzustellen.

dd) Rechtsfolgen bei Nicht-Übereinstimmung von Bundesgrundrechten und Landesgrundrechten

Stimmen Bundesgrundrechte und Landesgrundrechte überein, so bleiben die Landesgrundrechte in Kraft. Die Rechtsfolge im Falle einer Übereinstimmung besteht in der Geltung von Grundrechten der Landesverfassungen.[75] Übereinstimmende Landesgrundrechte werden nicht gebrochen.[76] Art. 31 GG ist auf den Fall übereinstimmender Bundes- und Landesgrundrechte nicht anwendbar, da diese Kollisionsnorm miteinander unvereinbare Bundes- und Landesgrundrechte voraussetzt.

72 Weitere Argumente bei *Dreier*, (Fn. 66), Rn. 48.

73 BVerfGE 96, 345 (365).

74 *Jarass/Pieroth*, (Fn. 42), Rn. 3 m. w. N.

75 BVerfGE 96, 345 (364 f.).

76 BVerfGE 36, 342 (363 ff.); 40, 296 (327); 96, 345 (364 f.).

Im Falle einer Nicht-Übereinstimmung von Bundes- und Landesgrundrechten sind die Landesgrundrechte hingegen gemäß Art. 1 Abs. 3 GG nichtig.[77] Die verfassungsgebende Gewalt der Länder ist auch bei der Statuierung von Landesgrundrechten gemäß Art. 1 Abs. 3 GG an die Bundesgrundrechte gebunden. Diese Norm des Grundgesetzes ist als Durchgriffsnorm Geltungsbedingung des Landesverfassungsrechts; die Verletzung einer solchen Durchgriffsnorm durch Landesrecht hat dessen Nichtigkeit zur Folge. Art. 31 GG ist auch hier *nicht* anwendbar.[78] Im Falle nicht übereinstimmender Bundes- und Landesgrundrechte ist Art. 1 Abs. 3 GG die gegenüber Art. 31 GG speziellere Norm. Zudem setzt Art. 31 GG kompetenz- und im Übrigen verfassungsmäßige Normen voraus; gerade an dieser Voraussetzung fehlt es aber beim Verstoß einer landesgrundrechtlichen Norm gegen Art. 1 Abs. 3 GG.

Ein Landesgrundrecht kann allerdings dann durch Art. 31 GG verdrängt werden, wenn der Regelungsgehalt eines solchen Landesgrundrechts, das aufgrund seiner Übereinstimmung mit Bundesgrundrechten fortgilt, mit einfachem Bundesrecht kollidiert, das keinen Spielraum für die Anwendung von Landesgrundrechten lässt.[79] Denn die verfassungsgebende Gewalt der Länder ist nicht an das einfache Bundesrecht gebunden, so dass es im Falle einer Kollision von einfachem Bundesrecht und Landesgrundrechten der Kollisionsnorm des Art. 31 GG bedarf.

d) Einfaches Bundesrecht

Das Landesverfassungsrecht findet Grenzen auch im sonstigen Bundesrecht, das im Rang unter dem Grundgesetz steht. Dies ergibt sich aus Art. 31 GG.[80] Diese Norm, die Widersprüche zwischen Bundes- und Landesrecht erfasst, bestimmt das Rangverhältnis für alle Arten von Rechtssätzen jeder Rangstufe,

77 Ebenso *März*, (Fn. 14), Rn. 101; *Dreier*, (Fn. 6), Art. 1 Abs. 3 GG, Rn. 37 (Bindung zumindest der nachkonstitutionellen verfassunggebenden Gewalt), Art. 31, Rn. 22 (Bindung der gesamten Landesstaatsgewalt an Art. 1 Abs. 3 GG).

78 *März*, (Fn. 14), Rn. 101 (anders ders. aber in: *März*, (Fn. 14), Rn. 107: „Jenseits inhaltlich übereinstimmender Grundrechte kommt Art. 31 zur Anwendung"); *Dreier*, (Fn. 6), Art. 1 Abs. 3 GG, Rn. 37; Art. 31, Rn. 22 (andererseits aber ders. (Fn. 6), Art. 31, Rn. 53). A.A. *Jarass/Pieroth*, (Fn. 42), Rn. 4 m. w. N.; *Huber*, (Fn. 14), Art. 142, Rn. 13.

79 BVerfGE 96, 345 (365).

80 BVerfGE 36, 342 (363).

nicht aber für Einzelfallentscheidungen.[81] Art. 31 GG erfasst Kollisionen von Normen, nicht die Rechtsanwendung im Einzelfall.

aa) Kollision von einfachem Bundesrecht und Landesverfassungsrecht – Voraussetzungen und Rechtsfolgen der Kollisionsnorm des Art. 31 GG

Als Kollisionsnorm setzt Art. 31 GG allerdings zunächst *geltendes* Bundesrecht und Landesrecht voraus. Kompetenzwidrig oder im Übrigen verfassungswidrig erlassenes Bundes- oder Landesrecht kann nicht miteinander kollidieren.[82] Landesverfassungsrecht, das gegen Normen der Bundesverfassung verstößt, ist verfassungswidrig und schon aus diesem Grunde nichtig. Da das Grundgesetz grundsätzlich keine „Doppelzuständigkeit" kennt, auf deren Grundlage Bund und Länder ein und denselben Gegenstand in unterschiedlicher Weise regeln könnten[83], scheidet eine Kollision zwischen *einfachem* Bundesrecht und *einfachem* Landesrecht regelmäßig aus. Eine Kollision von *einfachem* Bundesrecht und Landes*verfassungs*recht ist dagegen möglich. Da die Länder zum Erlass einer Vollverfassung befugt sind, können Normen der Landesverfassung mit Normen des einfachen Bundesrechts kollidieren, die in Wahrnehmung der dem Bund zugewiesenen Gesetzgebungszuständigkeiten ergangen sind.

Art. 31 GG fordert zweitens, dass gültiges Bundesrecht und Landesverfassungsrecht auf denselben Sachverhalt anwendbar ist.[84] Regelungsgegenstand und Regelungsadressat der jeweiligen Normen müssen also identisch sein.

Schließlich müssen das einfache Bundesrecht und das Landesverfassungsrecht bei ihrer Anwendung zu verschiedenen Ergebnissen führen.[85] Einfaches Bundesrecht und Landesverfassungsrecht müssen mithin Rechtsfolgen aussprechen, die nicht miteinander zu vereinbaren sind;[86] eine der beiden Normen muss „A", die andere „Non-A" anordnen. Mit anderen Worten: Das Landesverfassungs-

81 BVerfGE 96, 345 (364).

82 BVerfGE 98, 145 (159).

83 BVerfGE 36, 193 (202 f.). Eine Ausnahme bilden die Gemeinschaftsaufgaben nach Art. 91a ff. GG.

84 BVerfGE 96, 345 (364); 98, 145 (159).

85 BVerfGE 36, 342 (363); 96,345 (364); 98, 145 (159); 121, 317 (348).

86 *Dreier*, (Fn. 6), Art. 31, Rn. 39 m. w. N. in Fn. 126: Formel von den unvereinbaren Normbefehlen.

recht muss Rechtsfolgen vorsehen, deren Beachtung mit einer Verletzung von Bundesrecht einhergeht. Führen Bundesrecht und Landesrecht bei der Regelung desselben Sachverhaltes hingegen zu gleichen Ergebnissen, ist die Kollisionsnorm des Art. 31 GG jedenfalls dann nicht anwendbar, wenn es sich bei dem Landesrecht um Landesverfassungsrecht handelt.[87] Dies dürfte immer dann der Fall sein, wenn das Landesverfassungsrecht Handlungsoptionen eröffnet, die mit bundesrechtlichen Vorgaben kompatibel sind; eine Ergebnisdifferenz im Sinne der Rechtsprechung liegt dann nicht vor.

Als Rechtsfolge ordnet Art. 31 GG bei einer Kollision von Bundesrecht und Landesrecht an, dass das Bundesrecht das Landesrecht „bricht"; dies bedeutet: Geltungsverlust des kollidierenden Landesrechts,[88] Derogation des Landesrechts, also endgültiger Verlust seiner Regelungskraft („ipso jure Nichtigkeit"), mithin nicht nur Suspension.[89] Bestehendes Landesrecht, einschließlich des Landesverfassungsrechts, wird aufgehoben, zukünftiges gesperrt.[90] Gebrochenes Landes(verfassungs)recht lebt nach einem Wegfall entgegenstehenden Bundesrechts damit auch nicht wieder auf.[91]

Über diesen Fall einer Kollision zwischen einfachem Bundesrecht und Landesverfassungsrecht hinaus erfasst Art. 31 GG im Übrigen die weiteren eher sel-

87 BVerfGE 36, 342 (363 ff.); 40, 206 (327); 96, 345 (364).

88 Vgl. BVerfGE 96, 345 (364).

89 Vgl. dazu BVerfGE 123, 267 (398): „Das Bundesrecht bricht aufgrund der grundgesetzlichen Anordnung entgegenstehendes Landesrecht (vgl. Art. 31 GG). Eine solche rechtsvernichtende, derogierende Wirkung entfaltet das supranational begründete Recht nicht"; HessStGH, Beschluss vom 14.04.1999 – P.St. 1323, Juris, Rn. 7. Aus der Literatur: *März*, (Fn. 14), Art. 31, Rn. 43 ff. mit ausführlicher Darstellung der Diskussion, wobei das überzeugendste Argument für die Nichtigkeitsfolge das Gebot der Rechtsklarheit im Sinne der Eindeutigkeit und Kontinuität der Rechtslage sein dürfte; *Wittreck*, (Fn. 49), S. 1495: genetische und systematische Argumentation. A. A. etwa *Sacksofsky*, (Fn. 14), S. 239: lediglich Verdrängung der Landesnorm im konkreten Fall; *Starck*, (Fn. 49), S. 16 (Suspension genüge, damit im Falle der Aufhebung des kollidierenden Bundesrechts Landesverfassung nicht wieder auf schwierigem Wege der Verfassungsänderung um nichtig gewordene Bestimmung ergänzt werden müssten; zudem blieben den Landesverfassungsgerichten Prüfmaßstäbe erhalten); *Möstl*, (Fn. 26), 360 f., m. w. N. in Fn. 72: bloße Unanwendbarkeit; *Pietzcker*, in: HStR, Bd. 6, 3. Aufl., 2008, § 134, Rn. 64.

90 Vgl. *Jarass/Pieroth*, (Fn. 42), Rn. 5 m. w. N.

91 *Dreier*, (Fn. 6), Art. 31, Rn. 44.

tenen Fälle[92], in denen das Grundgesetz Kompetenzüberschneidungen möglich sein lässt, wenn etwa Sach- und Steuergesetzgebungskompetenzen zusammentreffen,[93] wenn der Bund seine Kompetenzen gemäß Art. 73 und 74 GG nicht ausgeschöpft, wohl aber den Ländern inhaltliche Vorgaben für die Konkretisierung gemacht hat,[94] oder wenn Landesrecht der Europäischen Menschenrechtskonvention widerspricht[95]. Nicht erfasst wird durch Art. 31 GG indessen die Grundsatzgesetzgebung (Art. 91a Abs. 2, 109 Abs. 3 GG), da ein Landesgesetz, das gegen die vom Bund aufgestellten Grundsätze verstößt, wegen des Fehlens einer gliedstaatlichen Kompetenz unwirksam ist.[96]

bb) Der Sonderfall: Kollisionen von einfachem Bundesrecht und Landesgrundrechten

Der spezielle Fall einer Kollision von einfachem Bundesrecht und Landesgrundrechten, die, wie Art. 142 bestätigt, aufgrund ihrer Übereinstimmung mit den Grundrechten des Grundgesetzes in Kraft bleiben, wird ebenfalls von Art. 31 GG erfasst.[97] Art. 1 Abs. 3 GG in Verbindung mit dem jeweiligen Bundesgrundrecht scheidet als Kollisionsnorm aus, da hier eine Kollision nicht zwischen Landesgrundrecht und Bundesgrundrecht, sondern von Landesgrundrecht und einfachem Bundesrecht in Frage steht.

Daher schließt Art. 142 GG eine solche Kollision auch nicht aus. Art. 142 GG thematisiert nur den Fall einer Kollision zwischen Bundesgrundrechten und Landesgrundrechten. Diese Norm bestätigt und bekräftigt, dass Landesgrundrechte vor einem Geltungsverlust durch Art. 31 GG bewahrt bleiben, wenn sie inhaltlich mit Bundesgrundrechten übereinstimmen oder darüber hinausgehen.

92 Zu den Rechtsgebieten, in denen sich Konfliktfelder ergeben können: *Dreier*, (Fn. 6), Art. 31, Rn. 60.

93 BVerfGE 98, 83 (98); 98, 106 (118).

94 *Jarass,* NVwZ 1996, 1041 (1043, 1047); *Huber*, (Fn. 14), Art. 31, Rn. 29. A.A. *Pietzcker*, (Fn. 89), § 99, Rn. 28.

95 *Dreier*, (Fn. 6), Art. 31, Rn. 12 mit dem zutreffenden Hinweis, dass sich die Nichtigkeit des Landesrechts regelmäßig auch durch Art. 1 Abs. 3 GG ergeben dürfte, da die Gewährleistungen der Europäischen Menschenrechtskonvention sich meist mit denen des Grundgesetzes deckten.

96 *März*, (Fn. 14), Art. 31, Rn. 74 ff.; *Dreier,* (Fn. 6), Art. 31, Rn. 27. A.A. *Huber*, (Fn. 14), Art. 31, Rn. 29.

97 BVerfGE 96, 345 (365).

Bleiben solche übereinstimmenden Grundrechte aber in Kraft, können sie dann jedoch durch Art. 31 GG verdrängt werden, sofern ihr Regelungsgehalt mit einfachem Bundesrecht kollidiert; denn der Bundesgesetzgeber hat lediglich die Bundesverfassung zu beachten.[98]

Eine Kollision von einfachem Bundesrecht und fortgeltenden Landesgrundrechten ist nach der Rechtsprechung des BVerfG dann allerdings ausgeschlossen, wenn Bundesgrundrecht und Landesgrundrecht inhaltsgleich sind, d.h. wenn sie „einen bestimmten Gegenstand in gleichem Sinne und mit gleichem Inhalt regeln".[99] Der „Respekt vor einer Landesverfassung" stehe der Anwendung des Art. 31 GG entgegen, wenn einfaches Bundesrecht mit Landesgrundrechten kollidiert, die mit dem Grundgesetz inhaltsgleich sind.[100] Zudem können nur in diesem Sinne inhaltsgleiche Verfassungsrechte eine konkrete Rechtslage widerspruchsfrei gestalten.[101]

Nicht ausgeschlossen ist hingegen eine Kollision von einfachem Bundesrecht und fortgeltenden inhaltsverschiedenen Landesgrundrechten, also solchen, die mehr oder weniger Schutz als Bundesgrundrechte verbürgen – was etwa dann der Fall ist, wenn das einfache Bundesrecht zwar dem engeren Gewährleistungsbereich eines Bundesgrundrechts, nicht aber dem weiteren eines Landesgrundrechts genügt. Das Landesgrundrecht, das mehr oder weniger Schutz als ein Bundesgrundrecht verbürgt, wird dann von der Kollisionsnorm des Art. 31 GG erfasst und durch entgegenstehendes einfaches Bundesrecht gebrochen.[102]

98 BVerfGE 96, 345 (365).

99 BVerfGE 96, 345 (365).

100 BVerfGE 36, 342 (366).

101 BVerfGE 96, 345 (365).

102 BVerfGE 96, 345 (366): „Gemäß Art. 31 GG gilt in diesem Fall" – gemeint ist der Fall, dass einfaches Bundesrecht Landesgrundrechten widerspricht, „die mehr oder weniger Schutz als das Bundesgrundrecht verbürgen" (a.a.O., 365) – „nur Bundesrecht". Der damit für den allgemeinen Fall eines Widerspruchs zwischen einfachem Bundesrecht und Landesgrundrecht ausgesprochene Geltungsverlust bedeutet Nichtigkeit des Landesgrundrechts; a.A. etwa *Jutzi*, (Fn. 71), § 1, Rn. 37 (nur Anwendungsvorrang des Bundesrechts).

cc) *Die Ausnahme vom Sonderfall: Einfaches Bundesrecht mit Spielräumen für die Anwendung von Landesgrundrechten*

Der Sonderfall der durch einfaches Bundesrecht verdrängten Landesgrundrechte, die gegenüber den Bundesgrundrechten inhaltsverschieden sind, kennt wiederum eine Ausnahme: Ausgeschlossen ist dem Bundesverfassungsgericht zufolge eine Kollision zwischen einem Landesgrundrecht, das mehr Schutz als das Grundgesetz gewährt, und einer bundesrechtlichen Regelung dann, wenn diese Regelung Spielräume für die Berücksichtigung von weitergehendem Landesrecht lässt.[103] Soweit Landesgrundrechte in Kraft bleiben, mithin nicht gemäß Art. 31 GG durch Bundesrecht verdrängt werden, beanspruchen sie Beachtung durch die Träger der Landesstaatsgewalt dort, wo hierfür Raum bleibt.[104]

Die Landesgrundrechte werden dadurch allerdings nicht zum Maßstab für das Bundesrecht und dessen Vollzug. Für die Landesgrundrechte ist beim Vollzug von Bundesrecht nur Raum, sofern das Bundesrecht das Handeln der Landesstaatsgewalt nicht abschließend determiniert. Eröffnet das Bundesrecht bei seiner Anwendung durch Landesorgane keinerlei Spielräume, so bleiben die Landesgrundrechte ohne Relevanz.[105] Zudem werden rechtswidrige, d. h. gegen das bundesgesetzliche Normprogramm verstoßende Behörden- und Gerichtsentscheidungen der Länder von dieser Spielraumdogmatik nicht erfasst. Da solche Entscheidungen genau genommen wegen ihrer Rechtswidrigkeit nicht auf Bundesrecht beruhen, können solche Akte der Landesstaatsgewalt durchaus Landesgrundrechte verletzen, sofern diese tatbestandlich einschlägig sind.[106]

Das Bundesverfassungsgericht hat, soweit ersichtlich, bislang zwei Fallgruppen anerkannt, in denen bei der Anwendung von Bundesrecht, das Spielräume eröffnet, Landesgrundrechte durch die Landesstaatsgewalt zu berücksichtigen sind: einmal den Fall des Landesverordnungserlasses aufgrund bundesgesetzlicher Ermächtigung[107], sodann den einer Anwendung von Bundesprozessrecht durch Landesgerichte.[108] So bleibt den Landesgerichten insbesondere dann

103 BVerfGE 96, 345 (366).

104 BVerfGE 96, 345 (366).

105 In diesem Sinne *Huber*, (Fn. 14), Art. 142, Rn. 14.

106 *Huber*, (Fn. 14), Art. 31, Rn. 9.

107 BVerfGE 18, 407 (418 f.).

108 BVerfGE 96, 345 (367).

Raum für die Beachtung von Landesgrundrechten, wenn Normen, die zu Eingriffen in ein Grundrecht ermächtigen, mit ihren abstrakten Voraussetzungen zwar einen Eingriff rechtfertigen können, das betroffene Grundrecht aber gebietet, dass die Gerichte diese Voraussetzungen im Einzelfall nicht überspannen. Vor allem haben die Landesrichter bei der Anwendung des Verfahrensrechts im jeweiligen Rechtsstreit den Geboten rechtlichen Gehörs, des gesetzlichen Richters, einer fairen Verfahrensgestaltung und eines effektiven Rechtsschutzes sowie dem Willkürverbot zu genügen.[109]

Ein tragfähiger Grund, warum diese Spielraumdogmatik über diese beiden bislang anerkannten Fallgruppen hinaus nicht generell, d. h. auch beim Vollzug materiellen Bundesrechts durch sämtliche Landesbehörden gilt, ist bislang nicht ersichtlich.[110] Spielräume in bundesrechtlichen Normen, die eine Anwendung von Landesgrundrechten ermöglichen, sind indessen in mehreren Konstellationen denkbar: Verordnungsermessen bei bundesrechtlichen Verordnungsermächtigungen an das Land; Anwendung von Bundesprozessrecht; Vollzug materiellen Bundesrechts, insbesondere durch Verwaltungsbehörden, bei nicht abschließenden Regelungen, Verwaltungsermessen oder unbestimmten Rechtsbegriffen.[111]

Werden allerdings Landesgrundrechte innerhalb des bundesrechtlich begrenzten Spielraumes angewendet, ist wiederum zu berücksichtigen, dass bei mehrpoligen Rechtsverhältnissen landesgrundrechtliche Gewährleistungen bundesgrundrechtlich geschützte Rechtspositionen Dritter beeinträchtigen können.[112] Das Bundesverfassungsgericht hat diese Frage allerdings bislang offen gelassen. Weitgehend unbegründet ist allerdings die Sorge, die Spielraumdogmatik laufe auf einen regional differenzierten Vollzug des Bundesrechts hinaus, obwohl der Bundesgesetzgeber solche regionalen Differenzierungen gerade

---

109 BVerfGE 96, 345 (366 f.).

110 Für eine Erweiterung dieses Ansatzes sprechen sich etwa aus: *Jutzi*, in: Linck/Jutzi/Hopfe, Verfassung des Freistaates Thüringen, 1994, Vorbemerkung, Rn. 7; *Erbguth/Wiegand*, DV 1996, 159 (167 ff.): Berücksichtigung nicht nur von Landesgrundrechten, sondern auch von Staatszielbestimmungen des Landesverfassungsrechts bei Planungs- und Ermessensentscheidungen, sofern „echte Handlungsspielräume" begründet seien; *Huber*, (Fn. 14), Art. 142, Rn. 8 und 15 (Raum für Landesgrundrecht insoweit, als Bundesrecht keine abschließende Regelung getroffen hat); *Lindner*, (Fn. 71), 648 ff.; *Möstl*, (Fn. 26), 383.

111 *Möstl*, (Fn. 26), 382.

112 *Dreier*, (Fn. 6), Art. 142, Rn. 52.

nicht wollte, da er doch anderenfalls Vollzugsspielräume für die Behörden von Bund und Ländern vorgesehen habe.[113] Denn die Spielräume, die der Ansatz des Bundesverfassungsgerichts für die Geltung von weitergehenden Landesgrundrechten eröffnet, werden sich praktisch kaum in Gestalt einer Rechts- und Vollzugszersplitterung auswirken. Denn das Bundesverfassungsgericht hat den Landesverfassungsgerichten eine Befugnis für die Überprüfung von landesstaatlichen Akten, die in Anwendung von Bundesrecht ergingen, sowie eine entsprechende Kompetenz zur Kassation dieser Akte nur zugebilligt, soweit das Landesverfassungsrecht zu demselben Ergebnis wie das Grundgesetz führt.

III. Institutionelle Verbundenheit von Landes- und Bundesverfassungsrecht durch die Verfassungsgerichtsbarkeiten der Länder und des Bundes

1. Landesverfassungsgerichtsbarkeit als oberstes Verfassungsorgan

Die Verfassungsgerichtsbarkeit der Länder wurzelt in deren „Staatlichkeit" und das Grundgesetz setzt sie in den Art. 100 Abs. 1 und Abs. 3 GG explizit voraus.[114] In der Landesverfassungsgerichtsbarkeit lässt sich mithin ein Attribut dieser Länderstaatlichkeit erblicken[115], ja vielleicht sogar die „Krönung" ihrer Verfassungsautonomie.[116] Auf jeden Fall aber sichert sich der Gliedstaat mit seiner eigenen Verfassungsgerichtsbarkeit die Interpretationshoheit über seine konstitutionellen Grundlagen.[117] Bundesstaatlichen Sinn erfährt die Landesverfassungsgerichtsbarkeit darin, föderale Vielfalt auch im Verfassungsrecht,

113 *Huber*, (Fn. 14), Art. 31, Rn. 8.

114 BVerfGE 96, 345 (368 f.).

115 *Wallerath*, NdsVwBl 2005, 43 (44); ähnlich *Groß,* (Fn. 49), S. 22; vgl. auch *Sodan*, LKV 2010, 440 (442).

116 Vgl. *Häberle*, JöR 1997, 89 (104). Skeptisch-kritisch dagegen *Huber*, ThürVwBl 2004, 73 (77 f.).

117 So zutreffend *Groß*, (Fn. 49), S. 18 unter Verweis auf *Schneider*, DÖV 1987, 749 ff.; *Grawert*, NJW 1987, 2329 ff., *Wahl*, AöR 1987, 26 (28, Fn. 4); *Starck*, (Fn. 65), Rn. 9.

im Staatsorganisationsrecht wie im Recht des Grundrechtsschutzes[118] zu ermöglichen.

Innerhalb der Verfassungsordnung eines Landes ist ein Landesverfassungsgericht ebenso ein oberstes Verfassungsorgan wie das Bundesverfassungsgericht innerhalb der Verfassungsordnung des Bundes. Ein Landesverfassungsgericht ist ebenso wie das Bundesverfassungsgericht im Rahmen rechtlicher Bindungen „Herr seiner Verfahren".[119] Ein Landesverfassungsgericht muss deshalb über die prozessuale Zulässigkeit seiner Verfahren bestimmen können, ohne befürchten zu müssen, vom Bundesverfassungsgericht korrigiert zu werden.[120]

2. Prüfungsgegenstand und -maßstab der Landesverfassungsgerichtsbarkeit

Prüfungsgegenstand landesverfassungsgerichtlicher Entscheidungen sind grundsätzlich Akte der Landesstaatsgewalt, die unter Anwendung von Normen des Landesrechts ergehen.[121] Nur ausnahmsweise können Landesverfassungsgerichte auch die Anwendung von Bundesverfahrensrecht durch Landesgerichte überprüfen, nämlich dann, wenn das einfache Bundesrecht keine abschließende Regelung enthält, sondern Spielräume für die Anwendung von Landesrecht lässt.

Prüfungsmaßstab der Landesverfassungsgerichte sind die Normen der jeweiligen Landesverfassung. Zieht das Landesverfassungsgericht Bundesverfassungsrecht heran, das in die Landesverfassung hineinwirkt, bleiben landesverfassungsrechtliche Normen Prüfungsmaßstab, da im Falle des in die Landesverfassung hineinwirkenden Bundesverfassungsrechts dieses zu einem „Bestandteil" eben der Landesverfassung wird.[122] Problematisch ist dagegen, die sogenannten Durchgriffsnormen des Grundgesetzes als Teil des Landes-

118 Insbesondere zu den kompetitiven und pluralistischen Elementen des Grundrechtschutzes: *Dreier,* (Fn. 18), S. 24; *Bethge*, in: Maunz/Schmidt-Bleibtreu, BVerfGG, § 85, Rn. 26.

119 BVerfGE 36, 342 (357); 60, 175 (213).

120 BVerfGE 36, 342 (357).

121 BVerfGE 96, 345 (371).

122 BVerfGE 103, 332 (353). Ablehnend: *Dreier*, (Fn. 6), Art. 28, Rn. 57 m. w. N.

verfassungsrechts zu deuten und als Prüfungsmaßstab heranzuziehen.[123] Denn sie binden die Landesstaatsgewalt unmittelbar, ohne damit zum Verfassungsrecht des Landes zu werden. Auch die Kompetenznormen des Grundgesetzes sind – von der Ausnahme einer Inkorporation in Landesverfassungsrecht abgesehen – nicht zum materiellen Landesverfassungsrecht zu zählen. Eine Rüge von Landesrecht, die sich unmittelbar auf den Vorwurf der Kompetenzordnungswidrigkeit des Landesrechts stützt, könnte daher allein vor dem Bundesverfassungsgericht erhoben werden.[124]

Unabhängig davon geht Art. 100 Abs. 3 GG davon aus, dass ein Landesverfassungsgericht zur Auslegung des Grundgesetzes befugt ist, dieses daher Gegenstand der Rechtsfindung von Landesverfassungsgerichten sein kann.[125] Diese Bestimmung ordnet nämlich an, dass ein Landesverfassungsgericht, das das Grundgesetz auslegt, eine Entscheidung des Bundesverfassungsgerichts einzuholen hat, sofern es bei dieser Auslegung von der Rechtsprechung des Bundesverfassungsgerichts oder des Verfassungsgerichts eines anderen Landes abweichen will. Eine solche Konstellation tritt immer dann auf, wenn ein Landesverfassungsgericht die Grundgesetzmäßigkeit seines Prüfungsmaßstabes zu klären und deshalb im Vorfeld die anzuwendenden Bestimmungen der Landesverfassung auf ihre Vereinbarkeit mit dem Grundgesetz zu ermitteln hat.[126]

3. Der Sonderfall: Landesverfassungsgerichte als Prüfinstanz bei Anwendung von Bundesrecht durch Landesstaatsgewalt

Ausnahmsweise kann ein Landesverfassungsgericht auch die Anwendung von Verfahrensrecht des Bundes durch die Landesgerichte auf die Einhaltung von Grundrechten der Landesverfassung überprüfen.

a) Die Konzeption des Bundesverfassungsgerichts

Dem Bundesverfassungsgericht zufolge verleiht das Grundgesetz dem Landesgesetzgeber die Kompetenz, Landesverfassungsgerichten die Befugnis ein-

---

123 So aber für Art. 28 Abs. 2 GG: ThürVerfGH, ThürVBl 1996, 209 (209 f.); 1996, 281 (281). Zu Recht ablehnend: *Dreier*, (Fn. 6), Art. 28, Rn. 57.

124 Zu dieser Thematik *Starke*, SächsVBl 2004, 49 ff.; dort auch Nachweise zur a. A.

125 Vgl. BVerfGE 103, 332 (355); vgl. dazu auch *Kluth*, NdsVwBl 2010, 134 ff.

126 Zu dieser Konstellation BVerfGE 103, 332 (352).

zuräumen, im Rahmen einer zulässigen Verfassungsbeschwerde zu prüfen, ob die Anwendung bundesrechtlich geregelten Verfahrensrechts durch Gerichte des Landes mit Grundrechten oder grundrechtsgleichen Gewährleistungen vereinbar ist, die im Grundgesetz und in der Landesverfassung parallel verbürgt, mithin inhaltsgleich sind.[127]

Diese Befugnis der Landesverfassungsgerichte, die Anwendung bundesrechtlich geregelten Verfahrensrechts durch Landesgerichte zu überprüfen, schließt die Befugnis zur Kassation gerichtlicher Entscheidungen ein – dies allerdings nur dann, wenn sichergestellt ist, dass die Subsidiarität gegenüber dem fachgerichtlichen Rechtsweg Voraussetzung einer Landesverfassungsbeschwerde ist. Nur soweit es für die Verwirklichung des Zweckes der Verfassungsbeschwerde unerlässlich ist, kann den Landesverfassungsgerichten die Befugnis eingeräumt werden, Entscheidungen von Landesgerichten aufzuheben, die nach den bundesrechtlichen Verfahrensordnungen formell und materiell rechtskräftig sind. Zudem darf in der Sache noch kein Bundesgericht entschieden haben.[128]

Die Landesverfassungsgerichte haben dabei allerdings ein engmaschiges Prüfprogramm durchzuführen. Zuerst hat das Landesverfassungsgericht zu prüfen, ob die gerügte Verfahrensgestaltung im Ausgangsverfahren einen Anwendungsfall für ein Landesgrundrecht begründet, d. h. das Bundesrecht einen Spielraum für die Anwendung von Landesgrundrechten lässt, die im Sinne von Art. 142 GG fortgelten (1). Sodann muss das Landesverfassungsgericht prüfen, zu welchem Ergebnis die Anwendung des Grundgesetzes im Ausgangsverfahren führen musste, um feststellen zu können, ob das vom Beschwerdeführer als verletzt gerügte Landesgrundrecht mit einem entsprechenden Recht des Grundgesetzes inhaltsgleich ist (2). Schließlich ist zu prüfen und zu entscheiden, ob das gerügte Landesverfassungsrecht im zu entscheidenden Fall zu demselben Ergebnis wie das Grundgesetz führt (3).[129]

Bei der Prüfung der Vorfrage, zu welchem Ergebnis die Anwendung des Grundgesetzes im Ausgangsverfahren führen muss, hat das Landesverfassungsgericht das Grundgesetz auszulegen, ohne dass dies selbst Prüfungsmaßstab ist; dabei ist es an die Rechtsprechung des Bundesverfassungsgerichts gemäß § 31

127 BVerfGE 96, 345 (372 f.); ist die Inhaltsgleichheit zu verneinen, ist die Landesverfassungsbeschwerde schon unzulässig (a. a. O., 374).

128 BVerfGE 96, 345 (363, 370, 371 f.).

129 BVerfGE 96, 345 (373 f.).

BVerfGG gebunden. Der Bindung an die Rechtsprechung des Bundesverfassungsgerichts genügt es auch, wenn es die Auslegungsfragen nach Art. 100 Abs. 3 GG vorlegt. [130]

b) Kritik und Bewertung

Das vom Bundesverfassungsgericht entwickelte Konzept hat zum Teil scharfe Kritik auf sich gezogen: Es stehe zu befürchten, die Landesverfassungsgerichte würden gleichgeschaltet;[131] es sei fraglich, ob Art. 100 Abs. 3 GG bei flächendeckender Einbeziehung landesverfassungsrechtlicher Maßstäbe eine hinreichend stabile Klammer liefere, um Rechtseinheit im Bundesgebiet zu gewährleisten;[132] es bestünden Zweifel, ob die ehrenamtlich arbeitenden Landesverfassungsgerichte für die Aufgabe gerüstet seien;[133] das Bundesverfassungsgericht habe vor allem eine Entlastungsstrategie verfolgt;[134] die Entscheidung leide an einem inneren Widerspruch, da das Erfordernis, das Landesgrundrecht müsse zum exakt gleichen Ergebnis führen wie das entsprechende Bundesgrundrecht, kaum zusammenstimme mit der Prämisse, Landesgrundrechte dürften auch weiter oder weniger weit reichen als ihr Bundespendant und könnten zum Zuge kommen, soweit das Bundesrecht hierfür Spielräume belasse, was doch offenbar auch die Möglichkeit eröffne, diese unterschiedlich auszufüllen[135].

Gleichwohl ist festzustellen, dass der Ansatz des BVerfG nicht zu nennenswerten Schwierigkeiten geführt hat.[136] Zudem verstärkt er den Grundrechtsschutz, da bei Landesverfassungsbeschwerden in der Regel kein Annahmeverfahren besteht oder wenn doch, dann ein solches mit weniger engen Voraussetzungen.[137] Und auch wenn das, was an Grundrechtsföderalismus

130 BVerfGE 96, 345 (374).

131 *Hain*, JZ 1998, 620 (621).

132 *Huber*, (Fn. 14), Art. 31, Rn. 8.

133 *Huber*, (Fn. 14), Art. 142, Rn. 17.

134 *Lange*, NJW 1999, 1278 (1282); *Tietje*, AöR 1999, 282 (285 ff.).

135 *Wittreck*, DÖV 1999, 634 (636 ff.); *Dreier*, (Fn. 18), S. 30 f.; *Möstl*, (Fn. 26), 363 f.

136 Zutreffend: *Huber*, (Fn. 14), Art. 142, Rn. 17.

137 *Menzel*, Landesverfassungsrecht, 2002, S. 550; *Möstl*, (Fn. 26), 388; *Vosskuhle*, in: von Mangoldt/Klein/Starck, GG, Bd. 3, 6. Aufl., 2011, Art. 93, Rn. 77. *Krieger*, NdsVwBl 2010, 134 (137), fordert gar eine „selbstbewußte Wahrnehmung der Auslegungsspielräume".

und damit -vielfalt in Aussicht gestellt wird, sogleich wieder wegen der Vorgaben für die landesverfassungsgerichtliche Kontrolle auf das bundesgrundrechtliche Maß zurück genommen wird: Die Anwendung einer so komplexen Konstruktion eröffnet immer auch die Möglichkeit zu eigenen Akzentuierungen und Konkretisierungen dieser Rechtsprechung durch die Landesverfassungsgerichte, die sich nie in vollem Umfang disziplinieren lässt. Insoweit ist die Feststellung einzuschränken, die Ausstrahlung der Landesgrundrechte auf Auslegung und Handhabung der Verfahrensnormen des Bundes decke sich vollkommen mit der der Bundesgrundrechte.[138] Als Beispiel dafür lässt sich etwa die Fortentwicklung der Rechtsprechung zur Frage des Umfangs der Kassation von Entscheidungen der Landesgerichte nennen, durch die der Anspruch auf rechtliches Gehör verletzt wurde.[139]

4. Landesverfassungsgerichtsbarkeit und Bundesverfassungsgerichtsbarkeit

So wie die Verfassungsbereiche des Bundes und der Länder grundsätzlich nebeneinander stehen, stehen auch die Verfassungsgerichtsbarkeiten des Bundes und der Länder nebeneinander.[140] Das Bundesverfassungsgericht ist keine zweite Instanz über den Landesverfassungsgerichten, die befugt wäre, deren Urteile in vollem Umfang zu überprüfen.[141] Vielmehr muss der Bereich der Verfassungsgerichtsbarkeit der Länder vom Bundesverfassungsgericht möglichst unangetastet bleiben und das Bundesverfassungsgericht darf die Landesverfassungsgerichtsbarkeit nicht in größere Abhängigkeit bringen, als es nach dem Bundesverfassungsrecht unvermeidbar ist.[142] Begründen lässt sich diese Bestimmung des Verhältnisses von Bundes- und Landesverfassungsgerichts-

138 So aber *Dreier,* (Fn. 18), S. 24.

139 Vgl. ThürVerfGH, Beschluss vom 07.09.2011 – 13/09, Juris, Rn. 42 ff.; das zu dieser Entscheidung abgegebene Sondervotum (Juris, Rn. 59 ff.) beruht hingegen auf der Auffassung, der einfache (Bundes-)Gesetzgeber sei befugt, normgeprägte Grundrechte „abschließend" auszugestalten; diese Auffassung verkennt aber u. a., dass der Vorrang der verfassungsgesetzlichen Grundrechtsnorm vor dem einfachen Gesetz auch bei normgeprägten Grundrechten bestehen bleibt.

140 BVerfGE 1, 14 (34); 36, 346 (361); 41, 88 (118 f.); 96, 231 (242); 96, 345 (368 f.); 103, 332 (350).

141 BVerfGE 6, 445 (449); 60, 175 (208).

142 BVerfGE 60, 175 (209); 96, 231 (242).

barkeit damit, dass im Bundesstaat Bund und Länder die gemeinsame Pflicht trifft, die grundgesetzmäßige Ordnung in allen Teilen und Ebenen des Gesamtstaates zu wahren und herzustellen[143] und diese Pflicht auch den Bereich der Verfassungsgerichtsbarkeit erfasst.[144]

a) Nachprüfung von Entscheidungen der Landesverfassungsgerichte durch das Bundesverfassungsgericht

Die Nachprüfung der vom Landesgesetzgeber erlassenen Gesetze auf ihre Vereinbarkeit mit der Landesverfassung ist grundsätzlich Sache der Landesverfassungsgerichte.[145] Einer Aushöhlung der Landesverfassungsgerichtsbarkeit käme es gleich, wenn etwa über den Umweg des Art. 2 Abs. 1 GG die Prüfung der Vereinbarkeit von Landesrecht mit der Landesverfassung durch das Bundesverfassungsgericht zugelassen würde. Daher ist das Bundesverfassungsgericht darauf beschränkt, eine landesrechtliche Norm auf ihre Übereinstimmung mit bundesrechtlichen Normen zu prüfen.[146]

Freilich kann das Bundesverfassungsgericht aber gegen Entscheidungen der Landesverfassungsgerichte im Wege der Verfassungsbeschwerde gemäß Art. 93 Abs. 1 Nr. 4a GG angerufen werden.[147] Auch die Landesverfassungsgerichte sind als öffentliche Gewalt aufgrund Art. 1 Abs. 3 und 20 Abs. 3 GG an die Grundrechte und grundrechtsgleichen Rechte des Grundgesetzes gebunden.[148] Seine Jurisdiktions- und Kontrollkompetenz nimmt das Bundesverfassungsgericht aber dann nicht wahr, wenn ein Übergriff auf die Landesverfassungsgerichtsbarkeit vermeidbar ist.

Die Voraussetzungen, unter denen ein Übergriff des Bundesverfassungsgerichts auf die Landesverfassungsgerichtsbarkeit vermeidbar ist, unterscheiden sich je nach VerfahrensArt. In der frühen Rechtsprechung sah das Bundesver-

143 BVerfGE 8, 122 (138); 9, 268 (276); 12, 205 (254); 56, 298 (322).

144 *Tietje*, (Fn. 134), 301 m. w. N. in Fn. 107.

145 BVerfGE 6, 376 (382); 60, 175 (210).

146 BVerfGE 41, 88 (119 f.); 45, 400 (413); 60, 175 (209); 64, 301 (317 f.); BVerfG-K, NVwZ 2002, 73; Beschluss vom 21.11.2011 – 2 BvR 2333/11, Juris, Rn. 2.

147 Zahlreiche Nachweise zur Rechtsprechung des Bundesverfassungsgerichts, die grundsätzliche Zulässigkeit einer Verfassungsbeschwerde gegen Entscheidungen der Landesverfassungsgerichte betreffend, bei *Dreier*, (Fn. 66), Art. 142, Rn. 90, Rn. 271.

148 BVerfGE 96, 231 (242).

fassungsgericht einen Übergriff auf die Landesverfassungsgerichtsbarkeit nicht als geboten an, solange die Länder – wie dies bei der Bundesrepublik Deutschland der Fall sei – bei der Einrichtung ihrer Landesverfassungsgerichte die Homogenitätsanforderungen des Art. 28 Abs. 1 GG beachteten.[149] In der jüngeren Rechtsprechung sieht es seine Zuständigkeit ausgeschlossen in Verfahren, in denen Beteiligte nicht als Grundrechtsträger auftreten, sondern als „gesetzlich bestimmte Funktionsträger im Verfassungsleben" eines Landes; Betroffenen ist dabei auch die Rüge einer Verletzung grundgesetzlicher Verfahrensgarantien versperrt.[150] Die Jurisdiktion des Bundesverfassungsgerichts könnte in einer solchen Konstellation allenfalls bei einer potentiellen Verletzung der Homogenitätsklausel des Art. 28 Abs. 1 GG aktiviert werden.[151]

Dieser Linie entspricht es weitgehend, wenn das Bundesverfassungsgericht eine Zuständigkeit verneint in Verfahren, in denen die Zulassung von Volksbegehren begehrt wird,[152] Gemeinden ihr Recht auf kommunale Selbstverwaltung rügen[153] oder eine Überprüfung landeswahlrechtlicher Regelungen wegen einer mutmaßlichen Verletzung der Wahlrechtsgleichheit erstrebt wird.[154] Hingegen sieht das Bundesverfassungsgericht einen Übergriff auf die Landesverfassungsgerichtsbarkeit dann als notwendig an, wenn ein Landesverfassungsgericht Grundrechtsträgern den weitergehenden Schutz eines Bundesgrundrechts vorenthält.[155]

b) Verdoppelung der Verfassungsbeschwerdeverfahren

Aus der Prämisse, dass auch die Verfassungsgerichtsbarkeiten von Bund und Ländern grundsätzlich nebeneinander stehen, folgt, dass bei einer Verfassungsbeschwerde vor dem Bundesverfassungsgericht nicht das Recht berührt wird, eine Verfassungsbeschwerde an ein Landesverfassungsgericht nach dem Recht

149 BVerfGE 96, 231 (244).

150 BVerfGE 96, 231 (243 f.).

151 BVerfGE 96, 231 (244).

152 BVerfGE 96, 231 ff.

153 BVerfG NVwZ 1994, 58 (59).

154 BVerfGE 99, 1 ff.

155 BVerfGE 97, 298 (314 f.).

der Landesverfassung zu erheben (§ 90 Abs. 3 BVerfGG). Bundes- und Landesverfassungsbeschwerde stehen selbständig nebeneinander.[156]

Demzufolge kann auch die Möglichkeit der Landesverfassungsbeschwerde nicht unter den Begriff des Rechtsweges als Zulassungsvoraussetzung einer Bundesverfassungsbeschwerde (§ 90 Abs. 2 BVerfGG) subsumiert werden.[157] Entsprechend beginnt die Frist für die Einlegung einer Verfassungsbeschwerde vor dem Bundesverfassungsgericht bereits mit der Zustellung der letztinstanzlichen Entscheidung, also nicht erst mit der Zustellung der Entscheidung des Landesverfassungsgerichts.[158] Dies führt dazu, dass in den Ländern, die die Verfassungsbeschwerde vor dem Landesverfassungsgericht bei Erhebung bzw. der Möglichkeit einer Bundesverfassungsbeschwerde ausgeschlossen haben,[159] der Betroffene wählen muss.[160]

Problematisch ist indessen, wenn bei parallel laufenden Verfassungsbeschwerdeverfahren Bundes- und Landesverfassungsgericht unterschiedlich entscheiden. Würde das Bundesverfassungsgericht etwa bei einer Urteilsverfassungsbeschwerde eine obergerichtliche Entscheidung aufheben, stellt sich die Frage, ob damit das landesverfassungsgerichtliche Verfahren mangels Erschöpfung des Rechtsweges unzulässig wäre.[161] Allerdings ist bislang noch ungeklärt, nach welchen Regeln ein solcher Konfliktfall entschieden werden soll, insbesondere, ob sich immer die Entscheidung durchsetzen soll, die den angefochtenen Akt aufhebt.[162] Der prozessrechtliche Grundsatz der fortwährenden Zuständigkeit des einmal angerufenen Gerichts ist im Verhältnis von Bundes- und Landesverfassungsgerichtsbarkeit jedenfalls nicht anwendbar, würde er doch dazu führen, dass das primär angerufene Verfassungsgericht Entscheidungskompetenzen des anderen Verfassungsgerichts aushebeln könnte.[163]

---

156 BVerfGE 22, 267 (270 ff.). Zu anderen Konstellationen paralleler Zuständigkeit: *Vosskuhle*, (Fn. 137), Rn. 74 ff.

157 BVerfG-K, NJW 1996, 1464.

158 BVerfG-K, NJW 1996, 1464.

159 Nachweise dazu bei *Stern*, FS BayVerfGH, 1997, S. 241 (249 f.); *Tietje*, (Fn. 134), 293, Fn. 67.

160 BVerfG-K, NJW 1996, 1464.

161 Bejahend: *Storr*, ThürVBl 2007, 232 (233); *Dreier*, (Fn. 66), Art. 142, Rn. 78.

162 Dazu m. w. N.: *Dreier*, (Fn. 66), Art. 142, Rn. 78, Fn. 236.

163 BVerfGE 90, 40 (42 f.); 90, 43 (45 f.); 102, 245 (251).

IV. Einwirken des Landesverfassungsrechts auf die Bundesebene

Bundesstaatsgewalt ist grundsätzlich an Bundesrecht und nicht an Landesverfassungsrecht gebunden. Der Bundesgesetzgeber hat lediglich die Bundesverfassung zu beachten.[164] Und den Bundesgerichten (einschließlich des Bundesverfassungsgerichts) stehen wegen der Verfassungsautonomie der Länder – abgesehen vom Fall des Art. 93 Abs. 1 Nr. 4 und Art. 99 GG – die Bestimmungen der Landesverfassung als Kontrollmaßstab nicht zur Verfügung.[165] Weniger klar lässt sich hingegen die Frage nach der Relevanz des Landesverfassungsrechts für die Bundesverwaltung beantworten. Unter spezifischen Voraussetzungen dürfte zumindest eine Pflicht zur Beachtung des Landesverfassungsrechts in Betracht kommen.[166] Diese Pflicht von Bundesbehörden, Landesrecht und damit auch Landesverfassungsrecht zu beachten, kann sich aus grundgesetzlichen Normen ergeben, etwa aus den Regelungen über den Katastrophennotstand in Art. 35 Abs. 2 und 3 GG[167] oder über den Spannungs- und Verteidigungsfall in Art. 87a Abs. 3 GG[168]; in diesen Fällen handeln Bundesbehörden für ein Land, ihr Handeln gilt dann als Handeln des Landes. Darüber hinaus lässt sich möglicherweise eine Pflicht zur Beachtung des Landesrechts aus dem Grundsatz bundesfreundlichen Verhaltens ableiten.[169]

Nicht um eine Bindung von Bundesorganen an Landesverfassungsrecht, sondern um ein Hineinwirken von Landesverfassungsrecht in den Bereich des Bundes geht es angesichts der Frage, ob die für den Bundesrat bestellten „Mitglieder der Regierungen der Länder" bei ihren Abstimmungen an die Landesverfassungen gebunden sind. Das Bundesverfassungsgericht hat diese Frage

164 BVerfGE 96, 345 (365).

165 Vgl. *Jutzi*, (Fn. 110), Vorbemerkung, Rn. 6.

166 Vgl. *Jutzi*, (Fn. 110), Rn. 6; *Erbguth/Wiegand*, DV 1996, 159 (175); *Storr*, (Fn. 20), 1998, Rn. 249 ff.; *Sommer*, Die Landesgrundrechte als Prüfungsmaßstab bei den Landesverfassungsbeschwerdeverfahren, 2003, S. 92 f. A.A. wohl *Huber*, (Fn. 14), Art. 142, Rn. 16: Behörden und Gerichte des Bundes seien bei der Wahrnehmung hoheitlicher Aufgaben nie an nach Art. 142 GG fortgeltende Landesgrundrechte gebunden; ebenso: *Lindner*, (Fn. 71), *Pietzcker*, (Fn. 89), § 99, Rn. 81.

167 *Von Danwitz*, in: von Mangoldt/Klein/Starck, GG, Bd. 2, 6. Aufl., 2010, Art. 35, Rn. 64.

168 Nachweise dazu etwa bei *Baldus*, in: von Mangoldt/Klein/Starck, GG, Bd. 3, 6. Aufl., 2011, Art. 87a, Rn. 133, Fn. 49.

169 *Jutzi*, (Fn. 65), S. 839; *Erbguth/Wiegand*, (Fn. 110), S. 175.

bislang nicht entschieden. Es hat lediglich festgestellt, dass es mit Art. 51 GG zu vereinbaren sei, wenn Landesregierungen ihren Mitgliedern im Bundesrat Weisungen erteilten; nicht aber sei dieser Norm eine Regelung der Fragen zu entnehmen, ob das Landesparlament oder das Landesvolk zu einem Hineinwirken in die Entscheidungen des Bundesrates befugt seien, ein Landesparlament, das ein Mitglied der Landesregierung nach Landesverfassungsrecht zur Rechenschaft ziehe, sich mit Bundesangelegenheiten befasse oder seine Maßnahmen unter dem Gesichtspunkt der bundesstaatlichen Ordnung als ein Hinübergreifen in Zuständigkeiten des Bundes qualifiziert werden könnten.[170] Ist die Rechtsprechung insoweit unklar, so sind die Auffassungen in der Literatur gespalten.[171]

170 BVerfGE 8, 104 (121). Dementsprechend ist die Frage offen, ob Art. 34a Abs. 2 BWVerf mit dem Grundgesetz übereinstimmt. Diese Norm statuiert eine Bindung des Abstimmungsverhaltens der Landesregierung im Bundesrat an Stellungnahmen des Landtages, soweit ausschließliche Gesetzgebungszuständigkeiten der Länder auf die Europäische Union übertragen werden sollen oder durch ein Vorhaben der Europäischen Union im Schwerpunkt ausschließliche Gesetzgebungszuständigkeiten der Länder unmittelbar betroffen werden.

171 *Menzel*, (Fn. 137), S. 230 ff. m. w. N. Für Hineinwirken: *Erbguth/Wiegand*, DÖV 1992, 770 (777 f.). A.A. *Klein*, DVBl 1993, 1329 (1331 f.).

Kommunale Gebietsreformen und Öffentliches Wohl

Gemeinwohlkonkretisierung im Kompetenzgefüge von Gesetzgebung und Verfassungsgerichtsbarkeit

*Maximilian Wallerath**

I. Einführung

Als Flächenstaaten kennen alle neuen Bundesländer die kommunale Verfassungsbeschwerde. Mit ihr können Gemeinden oder Kreise die Verletzung des Rechts auf kommunale Selbstverwaltung durch ein Landesgesetz rügen; sie ist regelmäßig eine „Normenbeschwerde"[1]. Die kommunale Verfassungsbeschwerde korrespondiert mit der subjektiv-rechtlichen Flankierung der institutionellen Garantie kommunaler Selbstverwaltung: Zwar umfasst diese nicht den Schutz des Bestandes jeder einzelnen Körperschaft, wohl aber verleiht sie ihr ein Abwehrrecht gegen nicht legitimierte Einschränkungen der eigenen, aus der Selbstverwaltungsgarantie folgenden verfassungsrechtlichen „Rechtsstellung".

Vor allem nach kommunalen Gebietsreformen bilden kommunale Verfassungsbeschwerden einen temporären Schwerpunkt der Arbeit der Landesverfassungs-

* Der Verfasser war Inhaber des Lehrstuhls für Öffentliches Recht, Sozialrecht und Verwaltungslehre an der Ernst-Moritz-Arndt-Universität Greifswald und von 1997 bis 2010 Mitglied des Landesverfassungsgerichts Mecklenburg-Vorpommern.

1 In Sachsen ist die „kommunale Verfassungsbeschwerde" nach Art. 90 SächsVerf als Normenkontrolle ausgeformt; s. § 7 Nr. 8, § 36 SächsVerfGHG. Der SächsVerfGH (Urt. v. 23.6.1994 – Vf. 8-VIII-93, SächsVBl 1994, 232 f.) verlangt aber auch hier eine der Verfassungsbeschwerde vergleichbare Antrags-(Beschwerde-)Befugnis. Eine Besonderheit besteht in Thüringen; dort ist die kommunale Verfassungsbeschwerde gegen alle Akte der öffentlichen Gewalt eröffnet, s. § 31 Abs. 2 ThürVerfGHG.

gerichte – das war bei den Gebietsreformen in den 60er- und 70er-Jahren des vorigen Jahrhunderts in den westdeutschen Ländern nicht anders als bei den Gebietsreformen der neuen Bundesländer[2]. Die unmittelbar nach der Wiedervereinigung erfolgten gebietlichen Neuordnungen in den neuen Bundesländern erfassten in erster Linie den staatlichen Sektor wie auch die Kreise, die stärker als die gemeindliche Ebene mit der staatlichen Verwaltung verflochten waren und den Veränderungsprozess überschaubar hielten. Wenige Jahre später folgten dann weitere kommunale Gebietsreformen, die sich vielfach auch mit dem (durchgängig erfolglosen) Einwand unzulässiger Mehrfachneugliederung konfrontiert sahen[3]. Die Rechtsprechung der Verfassungsgerichte der neuen Bundesländer spiegelt dies anschaulich wider. Sie fand einerseits zahlreiche Entscheidungen des Bundesverfassungsgerichts zur grundgesetzlichen Selbstverwaltungsgarantie[4] vor, darunter auch solche zu den spezi-

2 Die Reformen wurden vereinzelt auch mit einer *abstrakten* Normenkontrolle (MVVerfG, Urt. v. 26.7.2007 – 9/06 u.a., LVerfGE 18, 342 ff. = LKV 2007, 457 ff.; SächsVerfGH, Urt. v. 26.6.2009 – Vf. 79-II-08, LKV 2009, 372) sowie – unzulässigerweise – mit einer *Organstreitigkeit* (SachsAnhVerfG, Urt. v. 21.4.2009 – 146/08, LVerfGE 20, 447 ff.) und einer *Individual*verfassungsbeschwerde (SachsAnhVerfG, Urt. v. 15.9.2009 – 6/09, LVerfGE 20, 466 f.) angegangen.

3 Hierzu: BbgVerfG, Urt. v. 19.5.2005 – 284/03, www.verfassungsgericht.brandenburg.de; MVVerfG, Urt. v. 26.7.2007 – 9/06 u.a., LVerfGE 18, 342, 378 = LKV 2007, 457, 460; Urt. v. 18.8.2011 – 21/10, LVerfGE 22, 298, 303 = NordÖR 2011, 537, 538 f.; SächsVerfGH, Urt. v. 25.9.2008 – Vf. 54-VIII-08, NVwZ 2009, 39, 40 f.; Urt. v. 26.6.2009 – Vf. 79-II-08, LKV 2009, 372; Urt. v. 13.12.1996 –Vf.21-VIII-95, LVerfGE 5, 311, 326; ThürVerfGH, Urt. v. 18.12.1996 – 2/95 u.a., LVerfGE 5, 391, 418 f. = NVwZ-RR 1997, 639, 642; s.a. BVerfGE 82, 310, 313 f.; 86, 90, 114; 91, 70, 77 f.

4 Soweit die Zulässigkeit der kommunalen Verfassungsbeschwerde vor einem Landesverfassungsgericht reicht, ist die des Bundesverfassungsgerichts ausgeschlossen, Art. 93 Abs.1 Nr. 4b. Nach Auffassung des BVerfG (E 26, 228, 236; 76, 106, 114; 107, 1 ff.) stellt die Bestimmung *nicht* auf ein Gesetz im formellen Sinne ab (ebenso: BbgVerfG, Urt. v. 1.6.1995 – 6/95, LKV 1995, 365; SächsVerfGH, Urt. v. 21.7.1994 – Vf. 1-VIII-93, SächsVBl 1994, 280, 281 f.). Damit entscheidet das BVerfG bei allen Beeinträchtigungen der kommunalen Selbstverwaltungsgarantie durch Bundesrecht oder Rechtsverordnungen des Bundes oder eines Landes, soweit Letztere von einer landesverfassungsgerichtlichen Überprüfung ausgenommen sind; das „Unmittelbarkeitserfordernis" verlangt allerdings, zunächst den Erlass der konkretisierenden VO abzuwarten (s. BVerfGE 76, 107, 113). Demgegenüber setzt das SachsAnhVerfG (Urt. v. 22.6.1996 – 3/95, LVerfGE 4, 401 ff.) ein Gesetz im formellen Sinne voraus; gegen

fischen Anforderungen an kommunale Gebietsreformen[5]. Andererseits nahmen die Verfassungsgerichte der neuen Länder vielfach die Gelegenheit wahr, unter Einbringung neuer Perspektiven und veränderter Begründungsmuster die Anforderungen an den Gesetzgeber bei gebietlichen Neuordnungsmaßnahmen fortzuentwickeln und die Maßstäbe für deren verfassungsgerichtliche Überprüfung zu präzisieren.

Grundlegende Reformen kommunaler Strukturen äußern sich namentlich in dem gebietlichen Neuzuschnitt kommunaler Körperschaften unter Auflösung oder Aufteilung von Gemeinden oder Kreisen und deren Neubildung oder in der Einkreisung bisher kreisfreier Städte. Daneben oder alternativ hierzu kann es zu einer Veränderung des Status der kreisangehörigen Gemeinden durch Eingliederung in Ämter oder Verwaltungsgemeinschaften kommen[6]. Schließlich sind Folgeprobleme wie die Bestimmung des Namens einer neugebildeten Kommune[7] oder des Sitzes der Kreisverwaltung[8] denkbar. Die nachfolgende

---

Rechtsverordnungen bestehe die Möglichkeit der Normenkontrolle nach § 47 VwGO. Im Erg. wie dieses: MVVerfG, Urt. v. 20.12.2012, ZKF 2013, 65, 68.

5 Zu nennen sind namentlich BVerfGE 50, 50 ff. (Laatzen), 195 ff. (Rheda-Wiedenbrück), 86, 90 ff. (Papenburg).

6 BbgVerfG, Beschl. v. 21.1.1998 – 8/97, LVerfGE 8, 71 ff.; Urt. v. 29.8.2002 – 34/01, LKV 2002, 573, 574; SachsAnhVerfG, Urt. v. 22.6.1996 – 3/95, LVerfGE 4, 401 ff.; Urt. v. 23.2.1999 – 8/98, LVerfGE 10, 413 ff.; s. a. BVerfGE 107, 1 ff.; SchlHolstVerfG, Urt. v. 26.2.2010 – 1/09, NordÖR 2010, 155 ff. sowie ThürVerfGH, Urt. v. 6.9.1995 – 4/95, LVerfGE 5, 331, 338 f.; Urt. v. 12.7.1996 – 5/95, ThürVBl 1996, 281, 282 (jew. Zuordnung zu einem Kreis); Urt. v. 18.12.1996 – 2/95, 6/95, LVerfGE 5, 391 ff. = NVwZ-RR 1997, 639 ff. (Stadt-Umland-Problematik); s. a. *Hubert Meyer*, Gebiets- und Verwaltungsreformen des letzten Jahrzehnts im Spiegel der Verfassungsrechtsprechung, NVwZ 2013, 1177, 1178 f. m. w. N.

7 SächsVerfGH, Beschl. v. 28.2.2008 – Vf. 7-IV-08 (juris); Beschl. v. 31.1.2008 – Vf. 1 37-04-07 (juris); SachsAnhVerfG, Urt. v. 31.5.1994 – 4/94 (juris); s. a. BVerfGE 50, 195 ff.; *Hubert Meyer*, NVwZ 2013, 1178.

8 SächsVerfGH, Urteil vom 23.6.1994 – Vf. 8-VIII-93, LKV 1995, 403; Urt. v. 25.9.2008 – Vf. 54-VIII-08, NVwZ 2009, 39, 43 f.; Beschl. v. 27.6.2008 – Vf 67-VIII-08, NVwZ 2009, 44 f.; Urt. v. 31.3.2011 – Vf. 79-II-08, LKV 2011, 507 ff.; SachsAnhVerfG, Urt. v. 31.5.1994 – 2/93, LVerfGE 2, 229, 248 ff.; Urt. v. 25.4.2007 – 4/06, LVerfGE 18, 561 ff., mit Sondervotum *Zettel* und *Kluth* S. 583 ff.; Urt. v. 26.6.2007- 2/07, LVerfGE 18, 587, 600 f.; ThürVerfGH, Urt. v. 23.5.1996 – 12/95, LVerfGE 4, 426 ff. = ThürVBl 1996, 209 ff.; Urt. v. 6.9.1995 – 4/95, LVerfGE 5, 331, 341 f. S. a. BbgVerfG, Urt. v. 15.9.1994 – 9/93, DÖV 1994, 955 ff. (Entzug der Gewährträgerschaft für eine Sparkasse); SächsVerfGH, Urt. v. 23.11.2000 – Vf. 62-II-99, LVerfGE 11, 393 ff. (Neuord-

Analyse konzentriert sich auf die gebietliche Neuordnung der Gemeinden und Kreise durch Gesetz und die sich hiermit befassenden Erkenntnisse der Landesverfassungsgerichte in den neuen Bundesländern.

II. Verfassungsrechtliche Maßstäbe für kommunale Gebietsreformen

Unter staatlichen Organisationsakten nehmen Maßnahmen, die auf eine gebietliche Veränderung kommunaler Selbstverwaltungskörperschaften zielen, eine Sonderstellung ein. Im Gegensatz zu den meisten sonstigen Organisationsentscheidungen trifft hier staatliche Gestaltungsmacht auf eine normativ-institutionelle Vorprägung der zu ändernden oder aufzuhebenden Gebilde. Tatsächlich zählt die kommunale Selbstverwaltung zu den wenigen, verfassungsrechtlich explizit geregelten Einrichtungsgarantien. In ihr verbindet sich die subjektivrechtliche Dimension der einzelnen betroffenen Einheit mit der institutionellen Dimension und erfährt von dieser her ihre Maßstäbe. Die Verfassungsgeber in den neuen Ländern haben denn auch – der Bedeutsamkeit wie der Streitanfälligkeit der Materie eingedenk[9] – überwiegend ausdrücklich spezielle Anforderungen an kommunale Gebietsreformen vorgegeben[10]. Die Regelungen nehmen inhaltlich den Erkenntnisstand auf, der in den alten Bundesländern (ohne entsprechende ausdrückliche Regelungen) in der Rechtsprechung der Verfassungsgerichte erreicht war. Soweit – wie in Mecklenburg-Vorpommern – eine

nung der Sparkassen); MVVerfG, Urt. v. 12.12.2012 – 13/11, ZKF 2013, 65 ff. (Altfehlbetragsumlage); SachsAnhVerfG, Urt. v. 26.6.2007 – 9/06, NVwZ-RR 2007, 643 ff. (Weiterbeschäftigung von Landräten). Gerade umgekehrt verhält sich die MVVerfG, Urt. v. 30.6.2011 – 10/10, LVerfGE 22, 285 ff., zugrunde liegende Konstellation: Hier sollten Kleinstgemeinden auf dem Wege gekürzter Schlüsselzuweisungen zu einem „freiwilligen" Zusammenschluss veranlasst werden.

9 Hiervon sind Verfassungsbeschwerden beim Bundesverfassungsgericht gegen Urteile der Landesverfassungsgerichte nicht ausgenommen; siehe nur die Nichtannahmebeschlüsse des BVerfG, 2. Senat, 2. K., v. 16.12.1998, 2 BvR 627/94, NVwZ-RR 1999, 353 sowie 2. Senat. 1. K., v. 25.06.2007 – 2 BvR 635/07 (juris).

10 Art. 98 BbgLV; Art. 88 Abs. 1 („Wohl der Allgemeinheit") Abs. 2 SächsV (Vorrang freiwilligen Zusammenschlusses, Anhörung von Einwohnern und Bürgern [neben der Gemeinde als solcher, siehe BbgVerfG, Urt. v. 18.12.2003 – 97/0, LKV 2004, 313, 314]), Art. 92 Verf LSA, Art. 92 ThürV.

ausdrückliche verfassungsrechtliche Regelung fehlt, legt das Verfassungsgericht, diesen Erkenntnisstand aufgreifend, die gleichen Anforderungen an kommunale Gebietsänderungen zugrunde[11].

Tatsächlich haben die Verfassungsgerichte[12] schon früh aus der historischen Entwicklung des Selbstverwaltungsrechts ein zweifaches, mit verfassungsrechtlichem Gewährleistungsgehalt versehenes Erfordernis abgeleitet. Danach sind Bestands- und Gebietsänderungen von Gemeinden nur aus Gründen des *öffentlichen Wohls* und nach *Anhörung* der betroffenen Gebietskörperschaften zulässig. Die Wahrung dieser Voraussetzungen gehört zum verfassungsrechtlich gewährleisteten Kernbereich kommunaler Selbstverwaltung. Dass die Verfassungsgerichte beide Voraussetzungen zu verfassungsunmittelbaren Erfordernissen erhoben haben, trägt dem Umstand Rechnung, dass es bei der Neubestimmung des „Gebiets" um etwas Essentielles, gleichsam um die „Hardware" der Kommune in Form ihrer territorialen Substanz als Grundlage aller kommunalen Hoheiten wie auch als Zuordnungskriterium für ihre Mitglieder (Bürger) geht.

„*Öffentliches Wohl*" ist ein unbestimmter Rechtsbegriff in Gestalt eines *Sammelbegriffs,* der sich einer Vielzahl von Zwecken in unterschiedlichen Konstellationen öffnet[13]. Er lässt Raum für Zielpluralität und situative Differenzie-

---

11 BbgVerfG, Urt. v. 18.12.2003 – 97/03, LKV 2004, 313, 314; MVVerfG, Urt. v. 26.7.2007 – 9/06, LVerfGE 18, 342, 372 ff. = NordÖR 2007, 353 ff. (mit Bespr. *Mehde*, NordÖR 2007, 331 ff.) = NVwZ 2007, 1054 (LS) (mit Bespr. *Hubert Meyer*, NVwZ 2007, 1024 f. sowie *Hans Meyer*, NVwZ 2008, 24 ff.) = LKV 2007, 457 ff. (mit Bespr. *Scheffer*, LKV 2008, 158 ff.) = DVBl 2007, 1102 ff. (mit Bespr. *Stüer*, DVBl 2007, 1267 ff., *Bull*, DVBl 2008, 1 ff., *Erbguth*, DÖV 2008, 152 ff. sowie *Katz/Ritgen*, DVBl 2008, 1525 ff.) = JuS 2007, 1144 (LS) (mit Anm. *Waldhoff*) = NJ 2007, 453 (LS) (mit Bespr. *März*, NJ 2007, 433 ff.) = SächsVBl 2007, 270 f. (LS); MVVerfG, Urt. v. 18.8.2011 – 21/10, LVerfGE 22, 298 ff. (Gebietsreform Landkreise) mit Sondervotum Joecks, Brinkmann, Wähner = NordÖR 2011, 537 ff. = DVP 2012, 123 ff. (mit Anm. *Beckmann*) = LKV 2011, 507 (LS) (mit Bespr. *Obermann*, LKV 2011, 495 ff.); Urt. v. 18.8.2011 – 21/10, Urt. v. 18.8.2011 – 22/10, LVerfGE 22, 337 ff. (Greifswald) = NordÖR 2011, 549 ff.; Urt. v. 18.8.2011 – 23/10, Umdr. S. 24 f. (Wismar), http:// www.landesverfassungsgericht-mv.de.

12 BVerfGE 50, 50, 51; 50, 195, 202 f.; 86, 90 ff.; StGH BW, ESVGH 25, 1, 20 f.; NdsStGH, OVGE 33, 497 f.; VerfGH NW, OVGE 26, 270, 273; VGH RhPf, DÖV 1970, 198.

13 MVVerfG, Urt. v. 26.7.2007 – 9/06 u. a., LVerfGE 18, 342, 375 = LKV 2007, 457, 459 m. w. N.; s. a. NWVerfGH, OVGE 26, 286, 293; RhPfVerfGH, DVBl 1969, 799, 801.

rungen. Seine Nähe zu „öffentlichen Interessen“ oder dem „allgemeinen Wohl“ (Gemeinwohl), das alles staatliche Handeln bestimmt, macht seine Eingrenzung nicht einfacher. Das weitere Erfordernis der „*Anhörung*“ steht augenscheinlich in Beziehung zu dem herzustellenden öffentlichen Wohl; das öffnet den Blick für die *prozedurale* Seite. Schließlich wird, wenn von öffentlichem „*Wohl*“ die Rede ist, auf den Inhalt einer Entscheidung abgestellt, die nur als Ergebnis einer Abwägung unter verschiedenen betroffenen Gütern (Interessen) gedeutet werden kann. So oszillieren die verfassungsrechtlichen Direktiven zwischen materiellrechtlichen und verfahrensrechtlichen Anforderungen[14]. Die Verfassungsgerichte suchen dem – trotz des übereinstimmenden verfassungsrechtlichen Anforderungsprofils – auf sehr unterschiedliche Weise beizukommen.

III. Die Bildung der entscheidenden Obersätze

Unbeschadet der jeweils eigenständigen landesverfassungsrechtlichen Garantie kommunaler Selbstverwaltung findet diese in der Homogenitätsklausel des Art. 28 GG einen gemeinsamen bundesverfassungsrechtlichen Bezugspunkt. Dieser mag die geradezu formelhafte, stets wiederkehrende Beschreibung der Entscheidungsmaßstäbe erklären, welche verfassungsgerichtlichen Judikaten zur gebietlichen Neuordnung der kommunalen Ebene typischerweise vorangestellt werden und diese dirigieren. Sie wurden von verschiedenen Verfassungsgerichten im Zuge der Gebietsreformen der 60er- und 70er-Jahre in den westdeutschen Ländern entwickelt und vom Bundesverfassungsgericht aufgegriffen[15]. Beispielhaft für ihre jüngere Rezeption steht die Bildung der *maßgeblichen Obersätze* durch das Verfassungsgericht des Landes Brandenburg in seinem Urteil vom 14.7.1994[16], die wie folgt lauten:

> Der Inhalt des Begriffes des öffentlichen Wohls ist nicht festgelegt. Er muß vom Gesetzgeber ausgefüllt werden. Der Gesetzgeber bestimmt mit den Zielen seines Gesetzes die für die Neugliederung maßgebenden Gründe des öffentlichen Wohls (Nds-

14 Vgl. nur *Dieter Lorenz*, Die Kontrolle von Tatsachentscheidungen und Prognoseentscheidungen, insbesondere in den Neugliederungsverfahren, in: Starck/Stern (Hrsg.), Landesverfassungsgerichtsbarkeit, Teilband III, 1983, S. 193, 208.

15 BVerfGE 50, 50, 51 f.; 86, 90, 107 ff.

16 BbgVerfG, Urt. vom 14.7.1994 – 4/93, LVerfGE 2, 125, 136 f. – LKV 1995, 37 (37 f.); ähnl. Urt. v. 15.9.1994 – 3/93, LVerfGE 2, 143, 158 f. = SächsVBl 1995, 204, 206.

StGH, NdsMinBl 1979, S. 547, 585). Bei Neugliederungsentscheidungen kommt dem Gesetzgeber innerhalb des von der Verfassung gesteckten Rahmens grundsätzlich eine politische Entscheidungsbefugnis und weite Gestaltungsfreiheit in dem Sinne zu, daß er Ziele, Leitbilder und Maßstäbe der Gebietsänderung selbst festlegen kann. Die Ausübung dieses gesetzgeberischen Gestaltungsspielraums unterliegt nur einer eingeschränkten verfassungsrichterlichen Überprüfung.

Für die Kontrolle von Neugliederungsgesetzen durch das Landesverfassungsgericht gelten die gleichen Grundsätze, wie sie in ständiger Rechtsprechung vom Bundesverfassungsgericht und von den Verfassungsgerichten der westlichen Länder entwickelt worden sind (vgl. BVerfGE 50, 50, 51 f.; 86, 90, 107 ff.; NdsStGH NdsMinBl. 1979, 547, 586 ff.; StGH BaWü, ESVGH 23, 1, 4 ff.). Das Verfassungsgericht darf sich nicht an die Stelle des Gesetzgebers setzen. Es hat seine Nachprüfungen darauf zu beschränken, ob die Zielvorstellungen, Sachabwägungen, Wertungen und Einschätzungen des Gesetzgebers offensichtlich fehlerhaft oder eindeutig widerlegbar sind oder der verfassungsmäßigen Wertordnung widersprechen. Das Verfassungsgericht überprüft den Abwägungsvorgang daraufhin, ob der Gesetzgeber den entscheidungserheblichen Sachverhalt umfassend ermittelt, seiner Regelung zugrunde gelegt und die mit ihr einhergehenden Vor- und Nachteile gewichtet und in die Abwägung eingestellt hat. Bei Beachtung dieser prozeduralen Maßgaben ist die Bevorzugung einzelner und die gleichzeitige Hintanstellung anderer Belange dem Gesetzgeber soweit überlassen, als das mit einem Eingriff in den Bestand einzelner Gemeindeverbände verbundene Abwägungsergebnis zur Erreichung der verfolgten Zwecke nicht offenkundig ungeeignet oder unnötig oder zu den angestrebten Zielen deutlich außer Verhältnis steht und frei von willkürlichen Erwägungen und Differenzierungen ist. Es ist nicht die Aufgabe des Gerichts zu prüfen, ob der Gesetzgeber die beste und zweckmäßigste Neugliederungsentscheidung getroffen hat (BVerfGE 86, 90, 109).

Es fällt auf, dass das öffentliche Wohl als solches nicht mit näheren Merkmalen oder fassbaren Konturen versehen wird. Das geschieht, wie festgehalten zu werden verdient, aus gutem Grund: Der Gesetzgeber hat das öffentliche Wohl zunächst selbst zu konturieren und inhaltlich auszufüllen. Das verbietet generelle (Vor-)Festlegungen auf ein bestimmtes Ergebnis ohne den konkreten, dem Gesetzgeber aufgetragenen Abwägungsprozess, erschwert aber auch einen analytischen Zugang hierzu, wenn es ihn nicht gar unmöglich macht. *Peter Tettinger*[17] apostrophiert die verbreiteten formelhaften Zusammenfassungen als „salvatorische Klauseln“. Tatsächlich ist der Aussagewert der gängigen entscheidungsleitenden Obersätze gering, ihre Trennschärfe wenig ausgeprägt. Ihre Leistung besteht vor allem darin, dass sie verschiedene Aspekte der Entscheidungsfindung aufgreifen und zusammenführen und so die Komplexität

17 Zur Kontrolldichte der Überprüfung staatlicher Neugliederungsgesetze auf kommunalem Sektor durch die Verfassungsgerichtsbarkeit, JR 1973, 407, 408.

von kommunalen Gebietsreformen wie auch bestehende Interdependenzen zwischen den dabei auftauchenden Entscheidungsebenen deutlich machen. Die Gerichte gehen je nach Entscheidungssituation von einem Raum gesetzgeberischer Gestaltungsfreiheit aus, innerhalb dessen das „öffentliche Wohl" in unterschiedlicher Weise konturiert und der konkrete Entscheidungsprozess mehr oder weniger intensiv der Nachprüfung unterzogen wird. Sie bieten so Raum für verschiedene idealtypische Zugänge zu einer verfassungsgerichtlichen Überprüfung, die sich in der Rechtsprechungswirklichkeit selbstverständlich auch als Mischformen darstellen können. Sie lassen sich als unterschiedliche Wege zur Komplexitätsbewältigung deuten. Diese kann, wie die Analyse einer Reihe von Entscheidungen der Landesverfassungsgerichte offen legt, durch prozedurale Schwerpunktbildung (a), durch Strukturierung (b) oder durch Reduktion der Prüfungsdichte (c) erfolgen.

IV. Beispiele in der neueren Rechtsprechung der Landesverfassungsgerichte

1. Prozedurale Schwerpunktbildung

Typischerweise erschweren hohe Komplexität und Vernetzung von Entscheidungselementen die Entscheidungsfindung. Eines der Mittel der Komplexitätsreduzierung ist, Schwerpunkte zu bilden und auf diese Weise unterschiedliche Problemfelder zu definieren, die jeweils getrennt „abgearbeitet" werden können. Die juristische Dogmatik nutzt dies, indem sie zwischen Verfahren und materieller Entscheidung segregiert, auch wenn Ersteres auf Letzteres bezogen ist. In der konkreten Entscheidungssituation kann sich freilich – je nach Entscheidungsgegenstand – die gegenteilige Praxis empfehlen: Das Problem der Prüfungsdichte entschärft sich, wenn sich bestimmte materielle Fragestellungen im Kontext einer formellen Fragestellung abhandeln lassen. *Schleusenbegriffe*[18] für eine solche Form der „Phasenverschiebung" bieten aus der Sicht der kontrollierenden Gerichte die *Anhörung* wie auch die *Ermittlung des entscheidungserheblichen Sachverhalts* durch den Gesetzgeber. Nach der ver-

18 Vgl. *Ernst-Wolfgang Böckenförde*, Entstehung und Wandel des Rechtsstaatsbegriffs, in: Festschrift für Adolf Arndt, 1969, S. 53 (53) für den Rechtsstaatsbegriff.

breiteten Eingangsformel[19] stellt sich die Frage einer Einschränkung der Kontrolle der gesetzgeberischen Entscheidung nämlich nur, soweit es sich um den Inhalt der gesetzgeberischen Entscheidung handelt, nicht aber im Hinblick darauf, ob der Gesetzgeber bei seiner Entscheidung die maßgeblichen *prozeduralen Anforderungen* eingehalten hat[20]. Das betrifft vornehmlich die Prüfung, ob der Gesetzgeber sich auf eine ordnungsgemäße Anhörung und eine umfassende Ermittlung des entscheidungserheblichen Sachverhalts gestützt und dies in der Begründung des Gesetzes hinreichend Ausdruck gefunden hat. Dieser Prüfungsansatz lässt sich in verschiedenen Entscheidungen der Landesverfassungsgerichte zu kommunalen Gebietsreformen beobachten. Die genannten prozeduralen Anforderungen sind miteinander verflochten. Deshalb kann es nicht überraschen, wenn die Verfassungsgerichte teilweise die Einhaltung dieser Anforderungen auch übergreifend prüfen.

a) So kann die *Anhörung* der betroffenen Gebietskörperschaften nicht ohne Blick auf die inhaltliche Seite eines Neugliederungsvorhabens ausgestaltet werden. Demgemäß hebt der Sächsische Verfassungsgerichtshof[21] hervor, die „Entscheidung der Verfassung für eine eigenständige demokratisch legitimierte kommunale Ebene“ sei „auch, ohne daß sich deshalb etwas an der Kompetenz des Gesetzgebers zur Neugliederung ändern würde, eine solche für eine plurale Gemeinwohlkonkretisierung bei Maßnahmen, die Träger der kommunalen Selbstverwaltung betreffen“. Das Anhörungsrecht sei „auf die nur rahmenartigen Vorgaben der Verfassung für die Gemeinwohlkonkretisierung bezogen“. Den von einer Gebietsreform betroffenen Trägern kommunaler Selbstverwaltung solle so ermöglicht werden, „ihre Sicht der Belange des Wohls der Allgemeinheit in einer für den Bestand der Gebietskörperschaft entscheidenden Frage zur Geltung zu bringen“ und dem Gesetzgeber „die erforderliche umfassende und zuverlässige Kenntnis von allen abwägungserheblichen Gesichtspunkten rechtlicher und tatsächlicher Art“ zu vermitteln[22].

---

19 Siehe Fn. 16.

20 BbgVerfG, Beschl. v. 27.5.2004 – 138/03, NJOZ 2004, 2509, 2514; SächsVerfGH, Urt. v. 18.6.1999 – Vf. 51-VIII-98, LVerfGE 10, 375, 394; ThürVerfGH, Urt. v. 18.12.1996 – 2/95 u. a., LVerfGE 5, 391, 411 ff., 427; s. a. BVerfGE 50, 50, 51; 50, 290, 333 f.

21 SächsVerfGH, Urt. v. 23.6.1994 – Vf. 22-VIII-93, SächsVBl 1994, 226, 229; Urt. v. 23.6.1994 – Vf. 4-VIII-94, LKV 1995, 115, 116.

22 SächsVerfGH; Urt. v. 23.6.1994 – Vf. 4-VIII-94, LKV 1995, 115, 116; ähnl. Urt. v. 23.6.1994 – Vf. 22-VIII-93, SächsVBl 1994, 226, 229; s. a. MVVerfG, Urt. v.

Das schlägt sich in den Anforderungen an die Anhörung nieder. Dementsprechend findet sich gerade in der jüngeren verfassungsgerichtlichen Judikatur eine Vielzahl präzisierender Aussagen zur notwendigen Anhörung der betroffenen Gebietskörperschaften. Dazu gehört, dass die betroffenen Träger kommunaler Selbstverwaltung über den *wesentlichen Inhalt* des Neugliederungsverfahrens, insbesondere die Ziele, Maßstäbe und die erwogenen Alternativen, sowie die dafür maßgeblichen Gründe[23] amtlich ins Bild gesetzt werden[24]. Allerdings ist hierfür kein bestimmtes Verfahren vorgeschrieben: Der Gesetzgeber kann die Anhörung selbst – etwa unter Rückgriff auf den zuständigen Ausschuss – durchführen oder auf eine zuvor von der Regierung durchgeführte Anhörung in erkennbarer Weise zurückgreifen[25]. Für die Anhörung muss ein ausreichender *zeitlicher Rahmen* zugestanden werden, durch den die Anzuhörenden in die Lage versetzt werden, „im Zusammenwirken mit der von den Bürgern legitimierten Vertretung eine fundierte Stellungnahme zu einer für sie existentiellen Entscheidung erarbeiten zu können“[26]. Entsprechendes gilt für den Zeitrahmen im Hinblick auf die Reaktionen des Anhörenden auf das Ergeb-

---

18.8.2011 – 21/10, LVerfGE 22, 298, 303 = NordÖR 2011, 537, 539 m. w. N.

23 SächsVerfGH, Urt. v. 23.6.1994 – Vf. 4-VIII-94, LKV 1995, 115, 116; Urt. v. 10.11.1994 – Vf. 29-VIII-94, SächsVBl 1995, 131, 134, 136. Die einschränkende Formulierung durch SachsAnhVerfG, Urt. v. 13.6.2006 – 14/5, LKV 2007, 125 (nur solche Tatsachen, „die der Gesetzgeber seiner Abwägung zugrunde zu legen hat“ sowie „die wesentlichen Inhalte der beabsichtigten Neugliederung“) dürfte keine sachliche Abweichung bedeuten.

24 Der SächsVerfGH, Urt. v. 10.11.1994 – Vf. 29-VIII-94, SächsVBl 1995, 131, 137, weist mit Recht darauf hin, im Interesse der Rechtssicherheit sei das Anhörungsrecht „auf klare Zäsuren angewiesen“; fehlende inhaltliche Konkretisierung und unzureichende Begründung könnten nicht durch sonstige Informationen kompensiert werden.

25 SächsVerfGH, Urt. v. 10.11.1994 – Vf. 29-VIII-94, SächsVBl 1995, 131, 136; SachsAnhVerfG, Urt. v. 31.5.1994 – 1/94, LVerfGE 2, 273, 298 = LKV 1995, 75, 77 f. Nach BbgVerfG, Urt. v. 18.12.2003 – 97/03, LKV 2004, 313, 314 kann die Anhörung der Bevölkerung auch durch den damit betrauten Landrat erfolgen.

26 SächsVerfGH, Urt. v. 23.6.1994 – Vf. 22-VIII-93, SächsVBl 1994, 227, 230; s. a. SachsAnhVerfG, Urt. v. 31.5.1994 – 1/94, LVerfGE 2, 273, 299 = LKV 1995, 75, 78; Urt. v. 13.6.2006 – 14/05, LKV 2007, 125. Nach BbgVerfG, Urt. v. 18.12.2003 – 97/03, LKV 2004, 313, 315 soll angesichts entsprechender Vorankündigung und bekanntem Inhalt des Konzepts eine Frist von 22 Tagen genügen. Demgegenüber äußert SächsVerfGH a. a. O. S. 231 Zweifel, ob eine Frist von knapp 6 Wochen noch zureichend bemessen ist.

nis der Anhörung, der die notwendige inhaltliche Verarbeitung dieser Stellungnahme sicherzustellen hat[27]. Das ist mehr als eine Frage des guten Stils (good governance) – es ist das Einlösen der Verpflichtung zum Einhalten eines „due process“ in einem Neugliederungsverfahren, das auf die Veränderung kommunaler Gebietsstrukturen und damit der räumlichen (und personellen) Basis kommunaler Gebietskörperschaften gerichtet ist[28]. Diese umschließt auch die Pflicht zur erneuten Anhörung der betroffenen Körperschaften bei einer zwischenzeitlich vorgenommenen, *wesentlichen Änderung* der zunächst verfolgten Neugliederungskonzeption[29].

Das Erfordernis der Anhörung gründet unmittelbar in der verfassungsrechtlichen Selbstverwaltungsgarantie und der Subjektstellung der konkret betroffenen Körperschaften. Insofern übersteigt es die Anforderungen an das regelmäßige Gesetzgebungsverfahren. Probleme bereitet der Fall, dass der Gesetzgeber ein *iteratives Verfahren* wählt, in dem er Ziel und Leitlinien der Reform in ein eigenes Begleitgesetz kleidet und die gebietliche Neuordnung als solche – hiervon abgeschichtet – in einem weiteren Gesetz regelt[30]. Die Ambivalenz eines

27 BbgVerfG, Urt. v. 18.3.2003 – 97/03, LKV 1994, 313, 314; Beschl. v. 27.5.2004 – 138/03, NJOZ 2509, 2513. MVVerfG, Urt. v. 26.7.2007 – 9/06 u. a., LVerfGE 18, 342, 395 – LKV 1997, 456, 457 lässt offen, ob „eine Dokumentation der Anhörungsergebnisse ohne eigene Wertung“ dem Sinn einer ordnungsgemäßen Anhorung entspricht.

28 *Klaus Stern,* Einkreisung einer kreisfreien Stadt, Der Städtetag 29 (1976) S. 180, 181; s. a. *Dorothea Hegele*, Meilensteine für die Gebietsreform, SächsVBl 1994, 222, 223 f. zur notwendigen (je nach Sach- und Verfahrensstand abgestuften) Ergebnisoffenheit; hierzu BbgVerfG, Urt. v. 18.12.2003 – 97/03, LKV 2004, 313, 315; SächsVerfGH, 14.7.2000 – Vf. 40-VIII-98, LVerfGE 11, 356, 384 = ZNER 2000, 126, 128. Siehe auch *Jens Tessmann*, Kommunale Gebietsreform in Mecklenburg-Vorpommern, in: Martin Junkernheinrich/Wolfgang H. Lorig (Hrsg.), Kommunalreformen in Deutschland, 2013, S. 401, 412, der mit dem „Scheitern des ersten Reformanlaufs“ (in Mecklenburg-Vorpommern) die Aussage verbindet, dass „gegen fast alle Vertreter der kommunalen Ebene keine Reform der Kommunalstrukturen in Deutschland durchsetzbar“ ist – an dem damaligen Verfahren waren 11 von 12 Kreisen beteiligt. Zur Akzeptanzfrage auch: *Ulrich Sarcinelli,* Der Bürger in der Verwaltungsreform: Beratung, Entscheidungsbeteiligung oder politische Spielwiese?, ebda., S. 289, 305 ff.

29 BbgVerfG, Urt. v. 18.12.2003 – 97/03, LKV 2004, 313, 314; MVVerfG, Urt. v. 18.8.2011 – 21/10, LVerfGE 22, 298, 306 f. = NordÖR 2011, 537, 540; SächsVerfGH, Urt. v. 23.6.1994 – Vf. 4-VIII-94, LKV 1995, 115, 116; Urt. v. 23.6.1994 – Vf. 22-VIII-93, SächsVBl 1994, 227, 230.

30 Siehe Artikel 1 („Gesetz über die Grundsätze der Neugliederung der Gemeinden im Land Sachsen-Anhalt“ [Gemeindeneugliederungs-Grundsätzegesetz – Gem-

solchen Vorgehens liegt auf der Hand: Einerseits entkoppelt es Grundsätze und konkrete Zuordnungen: Gesetzgeberische Ziele und Neuordnungsmaßnahmen werden vor die Klammer gezogen und eigenständig normiert; damit wird die Komplexität reduziert. Andererseits hängen Ziele und Maßnahmen in tatsächlicher wie rechtlicher Hinsicht eng zusammen. Die Entkopplung durch zwei Gesetze trennt diesen Konnex und wirft neue Fragen auf: Erstreckt sich die Anhörungspflicht auch auf ein Gesetz, das lediglich Neuordnungsgrundsätze bestimmt, aber noch keine konkrete Festlegung im Hinblick auf einzelne betroffene Körperschaften vornimmt? Das Verfassungsgericht Sachsen-Anhalt verneint die Frage: Die Antragstellerin sei zwar durch das Gesetz insoweit unmittelbar und gegenwärtig betroffen, als die darin benannten Maßstäbe und Grundsätze eine Zwangsläufigkeit begründeten, die notwendig den Bestand der hiervon erfassten Kommunen berührten[31]; indessen bestehe keine Anhörungspflicht im Vorfeld eines (Grundsätze-)Gesetzes, das selbst noch keine konkreten gebietlichen Festlegungen im Hinblick auf die einzelnen Gebietskörperschaften enthalte[32]. Funktional bedeutet dies, namentlich bei einer Vielzahl von betroffenen Gemeinden, eine durchaus beachtliche Entlastung des Gesetzgebers. Ob freilich die restriktive Deutung der Anhörungspflicht angesichts des bestehenden Kausalnexus von Grundsätze- und Umsetzungsgesetz der immer wieder betonten, mit der Anhörung zu wahrenden Subjektstellung der Kommunen entspricht, erscheint keineswegs ausgemacht. Eine solche Deutung verweist die betroffenen Kommunen für die erste Gesetzgebungsphase unausgesprochen auf die regelmäßig einfach-gesetzlich vorgeschriebene Beteiligung

---

NeuglGrG]) des Begleitgesetzes zur Gemeindegebietsreform vom 14.2.2008 (GVBl. LSA, S. 40). Zwar bietet namentlich das Haushaltsrecht mit Maßstäbegesetz, Haushaltsgrundsätzegesetz und Haushaltsbegleitgesetzen zusätzliches Anschauungsmaterial; von einer Parallele dazu (vgl. insbesondere BVerfGE 101, 158, 218 in Anlehnung an *J. Rawls* „Schleier des Nichtwissens“) kann vorliegend allerdings keine Rede sein. S. a. *Maximilian Wallerath*, Steuerung des Wandels durch kommunale Gebiets- und Funktionalreformen, DÖV 2011, 289, 299.

31 Insoweit eröffnet das Erfordernis der Geltendmachung einer unmittelbaren und gegenwärtigen Rechtsverletzung den Verfassungsgerichten einen gewissen Spielraum in der Zulässigkeitsfrage, siehe SachsAnhVerfG, Urt. v. 21.4.2009 – 12/08 u. a., LVerfGE 20, 404, 416 m. w. N. unter Hinweis auf Urt. v. 22.10.2008 – 7/07 (lverfg. justiz.sachsen-anhalt.de), Rn. 40. Vgl. auch BVerfGE 102, 197, 207; 120, 378, 396 sowie MVVerfG, Zwischenurteil v. 6.5.1999 – 2/98, LVerfGE 10, 336 (Ls) = NVwZ-RR 1999, 617 ff. (mit Sondervotum Häfner).

32 SachsAnhVerfG, Urt. v. 21.4.2009 – 12/08 u. a., LVerfGE 20, 404, 417 f.

der kommunalen Spitzenverbände; das ist jedoch etwas anderes als eine Anhörung der einzelnen, in ihrer Rechtsstellung geschützten Gemeinde.

Soweit ein Anhörungsfehler reicht, führt er grundsätzlich zur Nichtigkeit des Neugliederungsgesetzes. Der Zusammenhang mit der legislatorischen Sachentscheidung legt allerdings nahe, dass Kausalitätserwägungen insoweit nicht auszublenden sind[33]. Sie dürfen freilich nicht zur Ineffektivierung des Anhörungserfordernisses führen und können der Nichtigkeitsfolge nur entgegengesetzt werden, wenn eine andere Sachentscheidung ausgeschlossen werden kann, was selten genug der Fall sein dürfte[34].

b) Breiten Raum nimmt die Frage der Ermittlung des entscheidungserheblichen Sachverhalts in der Entscheidung des *Sächsischen Verfassungsgerichtshofs*[35] zur Eingliederung der Stadt Markkleeberg in die Stadt Leipzig ein: Der Eingriff in das kommunale Selbstverwaltungsrecht der Antragstellerin werde „schon deshalb nicht durch Gründe des Wohls der Allgemeinheit gedeckt, weil es an einer hinreichenden Ermittlung des für die gesetzgeberische Entscheidung *erheblichen Sachverhalts* und deshalb notwendig an einer verfassungsrechtlich tragfähigen Abwägung“ fehle. Den Gesetzesmaterialien lasse sich „nicht entnehmen, dass aussagekräftige Erhebungen über den Einzugsbereich der im Stadtgebiet der Antragstellerin gelegenen Einzelhandelsbetriebe durchgeführt wurden“. In der Gesetzesbegründung nicht erwähnte Feststellungen beruhten „nicht auf repräsentativen Erhebungen, sondern auf Berichten von interessierter Seite“ und seien deshalb ohne Belang. Ergebnisse einer nachträglich in Auftrag gegebenen Kaufkraftuntersuchung hätten dem Gesetzgeber nicht vorgelegen und könnten „deshalb seine Neugliederungsentscheidung nicht tragen“. Die unzureichenden Ermittlungen seien im Verlauf des Gesetzgebungsverfahrens nicht behoben worden. Im verfassungsgerichtlichen Verfahren könnten

33 Zweifelnd SächsVerfGH, Urt. v. 23.6.1994 – Vf. 22-VIII-93, SächsVBl 1994, 226, 230. Abweichend BbgVerfG, Urt. v. 18.12.2003 – 95/0, LKV 2004, 317 unter Hinweis auf BWStGH, DÖV 1976, 245, 246 f. S. a. *Wolfgang Brückner*, Die Organisationsgewalt des Staates im kommunalen Bereich, Diss. Würzburg, 1974, S. 122 f.; *Hubert Meyer*, NVwZ 2013, 1177, 1178.

34 Rechtsgedanke des § 214 Abs. 3 BauGB, § 46 VwVfG; im Erg. ebenso SächsVerfGH, Urt. v. 23.6.1994 – Vf. 22-VIII-93, SächsVBl 1994, 226, 230. Weitergehend SachsAnhVerfG, Urt. v. 13.6.2006 – 14/5, LKV 2007, 125 mit Anforderungen an die Darlegungspflichten des Anzuhörenden.

35 Urt. v. 18.6.1999 – Vf. 51-VIII-98, LVerfGE 10, 375, 393, 399.

sie nicht nachgeholt werden, weil die „Gesetzesbegründung die maßgebliche Grundlage der inhaltlich nur begrenzt überprüfbaren Abwägungsentscheidung" bilde. Ebenso betont das *Brandenburgische Verfassungsgericht*[36] den Zusammenhang von ordnungsgemäßer Anhörung sowie hinreichender Sachverhaltsermittlung mit der Abwägungsentscheidung des Gesetzgebers, wenn es konstatiert, der für diese Entscheidung erhebliche Sachverhalt sei schon wegen des Anhörungsfehlers nicht zutreffend ermittelt und darüber hinaus hinsichtlich des für den Gesetzgeber maßgeblichen Kriteriums nicht umfassend abgewogen worden. Zu den abwägungsrelevanten Gesichtspunkten gehöre auch Standpunkt und Einstellung der betroffenen Gemeinde zu dem Vorhaben sowie zu möglichen Neugliederungsalternativen; nur bei Kenntnis der Auffassung der Gemeinde könne der Gesetzgeber die Intensität des Eingriffs in das Selbstverwaltungsrecht verlässlich einschätzen.

c) Die unzureichende Sachverhaltsermittlung wird überdies in einen unmittelbaren Zusammenhang mit der erforderlichen *Begründung* des Neugliederungsgesetzes gestellt. Der *Sächsische Verfassungsgerichtshof*[37] führt hierzu aus, für die Prüfung der Wahrung des öffentlichen Wohls sei „unabdingbar, dass der sächsische Landtag seiner Entscheidung eine Begründung beigibt, aus der die für den Abwägungsprozess und sein Ergebnis relevanten Gesichtspunkte erkennbar werden". Nach den „vom Gesetzgeber selbst herangezogenen Maßstäben" sei eine „besonders sorgfältige Ermittlung der abwägungserheblichen Umstände geboten, weil die angegriffene Regelung eine leitbildgerechte und als Unterzentrum mit mittelzentralen Funktionen ausgewiesene Stadt mit mehr als 22.000 Einwohnern" betreffe. Die Feststellungen des Sächsischen Landtags zu wesentlichen Sachverhaltselementen der angenommenen Verflechtungen beider Städte seien unzureichend. Bei mehreren der für die Neugliederung entscheidenden Aspekte beschränke sich die Gesetzesbegründung „auf pauschale Ausführungen". In seiner *Hoyerswerda*-Entscheidung stellt das Gericht[38] wiederum den Zusammenhang der Begründung mit dem „Abwägungsprozess" her: Setze „die gesetzgeberische Entscheidung eine umfassende Abwägung aller

---

36 BbgVerfG, Beschl. v. 27.5.2004 – 138/03, NJOZ 2004, 2509, 2513. Das Verfassungsgericht geht hier gar dem objektiven Erklärungswert einer vom Gesetzgeber „missverstandenen" Stellungnahme der Gemeinde nach.

37 SächsVerfGH, Urt. v. 18.6.1999 – Vf. 51-VIII-98, LVerfGE 10, 375, 395 f.; offenlassend: BbgVerfG, Beschl. v. 27.5.2004 – 138/03, NJOZ 2004, 2509.

38 SächsVerfGH, Urt. v. 23.6.1994 – Vf. 22-VIII-93, SächsVBl 1994, 227, 230.

für und gegen das Vorhaben in seiner konkreten Form bestehenden Interessen voraus", so sei „die Begründung zudem ein notwendiges Element des Abwägungsprozesses und damit auch unverzichtbar". Tatsächlich wird eine auf Abwägung beruhende Entscheidung für Dritte nur durch Begründung nachvollziehbar[39]. Hänge aber – so der Verfassungsgerichtshof – die Begründung derart eng mit dem Prozess der Abwägung zusammen, so sei „sie auch von demjenigen staatlichen Organ zu geben, welches den jeweiligen Verfahrensschritt betreut". Unzureichende Ermittlungen des Gesetzgebers könnten „im verfassungsgerichtlichen Verfahren nicht nachgeholt werden, weil die Gesetzesbegründung die maßgebende Grundlage der inhaltlich nur begrenzt überprüfbaren Abwägungsentscheidung" bilde[40]. Einen deutlich anderen Akzent setzt hier das Verfassungsgericht von *Sachsen-Anhalt*[41]: Danach hat sich zwar der Gesetzgeber selbst „die Gewissheit zu verschaffen, dass die Gemeinwohlgesichtspunkte eingehalten sind, und zu diesem Zweck im Gesetzgebungsverfahren den für den die Entscheidung erheblichen Sachverhalt zutreffend und vollständig zu ermitteln". Auch müsse dieser Sachverhalt „erkennbar Grundlage der aus Verfassungsgründen notwendigen Abwägung gewesen sein". Die Verfassung verlange aber nicht, dass der Gesetzgeber „eine formelle Rechtfertigung seines Ergebnisses" beschließt; sie mache „die Wirksamkeit eines Gesetzes von keinem besonderen Begründungsbeschluss abhängig". Weder verlange sie, dass der „Gesetzesbeschluss zugleich verbindlich Auskunft über die Motive der Mehrheit gibt", noch setze sie „voraus, dass dieses Ergebnis auf einer einheitlichen Motivation dieser Mehrheit beruht". Das gibt zwar den typischen politischen Entscheidungsprozess treffend wieder, erschöpft aber die Problematik nicht[42].

---

39 *Malte Fügemann*, Landkreise und kreisfreie Städte im Blick des Reformgesetzgebers, SächsVBl 2006, 1, 4. S. a. – aus politikwissenschaftlicher Perspektive – *Jens J. Hesse*, Kommunale Reformpolitik in den Ländern der Bundesrepublik Deutschland, in: Martin Junkernheinrich/Wolfgang H. Lorig (Hrsg.), Kommunalreformen in Deutschland, 2013, S. 37, 84.

40 SächsVerfGH, Urt. v. 18.6.1999 – Vf. 51-VIII-98, LVerfGE 10, 375, 396.

41 SachsAnhVerfG, Urt. v. 31.5.1994 – 1/94, LVerfGE 2, 273, 305 f. = LKV 1995, 75, 79; Urt. v. 13.6.2006 – 14/05, LVerfGE 17, 437, 449 f. = LKV 2007, 126, 127; ähnl. ThürVerfGH, Urt. v. 18.9.1998 – 1/97 u. a., NVwZ-RR 1999, 55, 60.

42 Näher *Maximilian Wallerath*, Was schuldet der Gesetzgeber?, in: FS für Meinhard Schröder, 2011, S. 399, 401 f., 406 mit Fn. 30, 410 f.; s. a. unten Fn. 92 f.

2. Strukturierung

Ein weiterer methodischer Ansatz zielt darauf, durch eine Strukturierung des gesetzgeberischen Entscheidungsprozesses bei breit angelegten Gebietsreformen ein bestimmtes, sich daran ausrichtendes verfassungsgerichtliches Kontrollraster zu entwickeln. Der als *Drei-Stufen-Modell* bezeichnete Ansatz findet Vorbilder in früheren Entscheidungen der Verfassungsgerichtshöfe von Rheinland-Pfalz und Baden-Württemberg[43] und wurde nahezu zeitgleich vom Sächsischen Verfassungsgerichtshof sowie vom Thüringischen Verfassungsgerichtshof aufgegriffen[44]. Letzterer fasst das Modell wie folgt zusammen:

> Bei umfassenderen Gemeindegebietsreformen lassen sich drei Stufen der gesetzgeberischen Entscheidung unterscheiden. Auf jeder dieser Stufen erfolgt eine Gemeinwohlkonkretisierung durch den Gesetzgeber, der jeweils eine adäquate verfassungsgerichtliche Überprüfung zuzuordnen ist. Die *erste Stufe* umfaßt den Entschluß, überhaupt eine grundlegende Umgestaltung der kommunalen Ebene vorzunehmen. Auf der *zweiten Stufe* werden die Leitbilder und Leitlinien der Neuordnung festgelegt, die die künftige Struktur der Selbstverwaltungskörperschaften bestimmen und die Umgestaltung in jedem Einzelfall dirigieren sollen. Auf der *dritten Stufe* erfolgt die Umsetzung der allgemeinen Leitbilder und Leitlinien im konkreten einzelnen Neugliederungsfall.[45]

Zur *Prüfungsdichte* führt der Gerichtshof[46] näher aus: „Bei der Bestimmung der abstrakt-generellen Leitlinien einer gesetzlichen Gebietsreform kommt

43 Siehe RhPfVerfGH, DÖV 1970, 198, 200; BWVerfGH, ESVGH 23, 1, 7.

44 SächsVerfGH, Beschl. v. 9.11.1995 – Vf. 20-VIII-95, Umdr. S. 19 f.; Urt. v. 13.12.1996 – Vf. 21-VIII-95, LVerfGE 5, 311, 319 f. = SächsVBl 1997, 79 ff.; Urt. v. 18.6.1999 – Vf. 51-VIII-98, LVerfGE 10, 375, 394 f.; Urt. v. 14.7.2000 – Vf. 40-VIII-98, LVerfGE 11, 356, 384; ThürVerfGH, Urt. v. 18.12.1996 - 2/95 u. a., LVerfGE 5, 391, 419 f. = NVwZ-RR 1997, 639, 642; Urt. v. 20.2.1997 – 24/96 u. a., LVerfGE 6, 373, 377 f.; Urt. v. 8.9.1997 – 8/95, LVerfGE 7, 361, 380 ff.; s. a. *Hans-Heinrich Trute,* in: Bernhard Müller/ders., Stadt-Umland-Probleme und Gebietsreform in Sachsen, 1996, S. 156 ff., 189 f.; *Fügemann* (Fn. 39), S. 4.

45 ThürVerfGH, Urt. v. 18.12.1996 – 2/95, LVerfGE 5, 391, 419 f. = NVwZ-RR 1997, 639, 642; Urt. v. 20.2.1997 – 24/96 u. a., LVerfGE 6, 373, 377 f. S. a. SächsVerfGH, Urt. v. 14.7.2000 – Vf. 40-VIII-98, LVerfGE 11, 356, 384; Urt. v. 18.6.1999 – Vf. 51-VIII-98, LVerfGE 10, 375, 396 ff.; ThürVerfGH, Urt. v. 8.9.1997 – 8/95, LVerfGE 7, 361, 381; Urt. v. 13.12.1996 – Vf. 21-VIII-95, LVerfGE 5, 311, 319 f. = SächsVBl 1997, 79 ff.; Urt. v. 23.6.1994 – Vf. 4-VIII-94, LKV 1995, 115 (L).

46 ThürVerfGH, Urt. v. 18.12.1995 – 2/95 u. a., LVerfGE 5, 391, 419 f. = NVwZ-RR 1997, 639, 643; ähnl. SächsVerfGH, Urt. v. 13.12.1996 – Vf. 21-VIII-95, LVerfGE 5, 311, 319.

dem Gesetzgeber ein weiter Spielraum zu. Es ist seine politische Gestaltungsaufgabe, die Maßstäbe für eine kommunale Neugliederung festzulegen. Die verfassungsgerichtliche Überprüfbarkeit ist in diesem Bereich deutlich eingeschränkt (...). Insoweit prüft der Verfassungsgerichtshof nur, ob das Leitbild und die Leitlinien mit der Verfassung vereinbar sind, ob der Gesetzgeber bei der Bestimmung des Leitbildes und der Leitlinien sich aufdrängende Gemeinwohlaspekte übersehen hat, ob die dem Leitbild und den Leitlinien zugrundeliegenden Erkenntnisse nicht unzutreffend und die Leitlinien nicht offensichtlich ungeeignet sind und ob sie der Verwirklichung des gesetzgeberischen Reformzieles dienen."

Auf der *dritten Stufe* seiner Entscheidung, in Bestand oder Gebiet einer Gemeinde einzugreifen, soll der Gesetzgeber einer intensiveren verfassungsgerichtlichen Kontrolle unterliegen als auf den beiden vorangegangenen Stufen[47]. Dies ergebe sich aus dem *planerischen Einschlag* der gesetzgeberischen Entscheidung, bei der die Abwägung der für oder gegen eine Neugliederungsmaßnahme streitenden Belange im Wesentlichen durch die vom Gesetzgeber entwickelten Leitlinien und Leitbilder gesteuert werde. Diese müsse „sich als Umsetzung seiner selbst gewählten Maßstäbe darstellen". Deren Konkretisierung erfordere, die örtlichen Gegebenheiten in den Blick zu nehmen. Insoweit habe das Gericht nachzuprüfen, „ob der Gesetzgeber den entscheidungserheblichen Sachverhalt zutreffend und vollständig ermittelt und dem Neugliederungsgesetz zugrunde gelegt hat und ob er die im konkreten Fall angesprochenen Gemeinwohlgründe sowie die Vor- und Nachteile der beabsichtigten Regelung im Lichte der in Betracht zu ziehenden Alternativen in die Abwägung eingestellt hat". Es sei „dabei grundsätzlich allein Sache des demokratisch legitimierten Gesetzgebers, sich für die Gewichtung der Belange im Einzelnen und ihre Bewertung im Hinblick auf die von ihm gewünschte Lösung zu entscheiden". Insoweit habe „sich die Überprüfung darauf zu beschränken, ob die Gewichtung und die Bewertung der Gemeinwohlaspekte deutlich außer Verhältnis zu dem ihnen zukommenden Gewicht steht. Soweit Ziele, Wertung und Prognosen des Gesetzgebers in Rede" ständen, habe der Gerichtshof diese „nur daraufhin zu überprüfen, ob sie offensichtlich und eindeutig wider-

47 SächsVerfGH, Urt. v. 13.12.1996 – Vf. 21-VIII-95, LVerfGE 5, 311, 320; ThürVerfGH, Urt. v. 18.12.1996 – 2/95 u. a., LVerfGE 5, 391, 419 = NVwZ-RR 1997, 639, 644; Urt. v. 18.9.1997 – 8/95, LVerfGE 7, 361, 382 ff.; ebenso *Trute* (Fn. 44), S. 172.

legbar sind oder ob sie den Prinzipien der verfassungsrechtlichen Ordnung widersprechen“[48].

Das 3-Stufenmodell soll „der besseren Strukturierung der verfassungsgerichtlichen Überprüfung“ dienen[49]. Es ist, soweit es nicht vom Gesetzgeber selbst in der modifizierten Form eines „Neugliederungs-Grundsätzegesetzes“ aufgegriffen wurde[50], ein *hermeneutisches Konstrukt*: Es sucht die Komplexität eines idealtypisch gedachten, legislatorischen Entscheidungsprozesses bei kommunalen Gebietsreformen zu reduzieren, indem es diesen Vorgang in mehrere Phasen zerlegt und diese mit spezifischen Anforderungen versieht. Das Modell bildet nicht unbedingt die Wirklichkeit ab, und das nicht nur, soweit es sich um punktuelle Reformen handelt. Die Realtypik kann also durchaus hiervon abweichen. Überdies ist die analytische Unterscheidung zwischen erster und zweiter Stufe fließend, geht es dabei doch um einen Prozess der Maßstabbildung, deren Abstufung mit unterschiedlichen Konkretisierungsgraden in die Hand des Gesetzgebers gelegt ist[51]. Als hermeneutisches Hilfsmittel mag das Modell ungeachtet dessen einen zielgerechten Zugang zu den verschiedenen Problemebenen erleichtern; allerdings kann es die Bestimmung der jeweiligen Kontrolldichte nicht generell vorwegnehmen[52].

Macht sich der Gesetzgeber bei einer Gebietsreform das Stufen-Modell in der Form zu eigen, dass er ein iteratives Verfahren wählt und Ziele sowie Leitli-

48 SächsVerfGH, Urt. v. 13.12.1996 – 21VIII-95, LVerfGE 5, 311, 320; s. a. ThürVerfGH, Urt. v. 18.12.1996 – 2/95, LVerfGE 5, 391, 419 f. = NVwZ-RR 1997, 369, 644 f.; Urt. v. 18.9.1997 – 8/95, LVerfGE 7, 361, 381.

49 So ThürVerfGH, Urt. v. 18.12.1996 – 2/95 u. a., LVerfGE 5, 391, 417 = NVwZ-RR 1997, 639, 642.

50 Siehe vorstehend Fn. 30 ff.

51 Der ThürVerfGH prüft hier neben der allgemeinen Zielsetzung des Reformvorhabens auch dessen „Notwendigkeit“. Seine „Geeignetheit“ wird dann – anders als bei der klassischen Verhältnismäßigkeitsprüfung – auf der zweiten Stufe geprüft; s. Urt. v. 18.12.1996 – 2/95, LVerfGE 5, 391, 421, 423 = NVwZ-RR 1997, 639, 642; Urt. v. 18.9.1997 – 8/95, LVerfGE 7, 361, 381.

52 S. a. BbgVerfG, Beschl. v. 27.5.2004 – 138/03, NJOZ 2004, 2509, 2515, das die Frage offen lässt, „ob und inwieweit das Ziel eines größtmöglichen Erhalts des Amts als Teil des abstrakt-generellen gesetzgeberischen Leitbildes zu einer Verminderung der im Gesetzgebungsverfahren erforderlichen tatsächlichen Feststellungen“ führt oder „einer nur deutlich eingeschränkten verfassungsgerichtlichen Überprüfbarkeit“ unterliegt; *Brückner* (Fn. 33), S. 93 ff., 120 f.

nien der Reform in ein *Grundsätzegesetz* kleidet, während er die eigentliche gebietliche Neuordnung weiterer (Folge-)Gesetzgebung vorbehält, stellen sich zusätzliche Probleme. Zwar werden auf diese Weise die Reformkriterien verrechtlicht. Indes kompliziert die Auflösung des Reformprozesses in zwei Gesetzgebungsphasen ersichtlich den Rechtsschutz der hiervon betroffenen kommunalen Körperschaften. Die Frage ist, ob und inwieweit Einwendungen gegen die im Grundsätzegesetz formulierten Ziele und Maßnahmen im Rahmen einer Verfassungsbeschwerde gegen eine konkrete Umsetzungsmaßnahme (noch) vorgebracht werden können. Eine – nicht nur faktische – *Präklusion* entsprechender Einwendungen, wie sie etwa § 10 Abs. 3 Satz 3 BImSchG oder § 73 Abs. 4 S. 3 VwVfG kennen, wird man freilich gerade bei Verneinung einer Anhörungspflicht[53] kaum begründen können[54]. Angesichts dessen trägt der Gedanke der *Verfristung* nur, wenn es sich bei der Frage der Verfassungsmäßigkeit von Reformzielen und -kriterien nicht nur um eine Vorfrage im Rahmen einer Verfassungsbeschwerde gegen das spätere „Umsetzungsgesetz“[55], sondern um den gleichen Streitgegenstand wie bei einer solchen gegen das Grundsätzegesetz handelt, was keineswegs der Fall ist. Das alles zeigt, dass das ganze Konstrukt mehr als fragwürdig ist: Es hat vor allem das Anliegen der Funktionalität des Gesetzgebungsverfahrens im Auge, kann dieses freilich nicht voll bedienen, weil die Rückbezüglichkeit von Grundsätzen und Umsetzung nicht ausgeblendet werden kann. Es versagt den Kommunen auf der grundsätzlichen Entscheidungsebene eine Anhörung, drängt sie aber gleichzeitig in einer unübersehbaren Asymmetrie schon auf dieser Ebene zu einer kommunalen Verfassungsbeschwerde, ohne die möglichen Streitpunkte erschöpfen zu können: Die Umsetzungsphase birgt, wie nicht nur die Diskussion um Mindesteinwohnerzahlen zeigt, zusätzliches Beschwerdepotential. Will eine Gemeinde „sichergehen“, muss sie aber schon in der Phase der Grundsatzgesetzgebung verfassungsgerichtlichen Rechtsschutz suchen; das provoziert die doppelte Inanspruchnahme der Verfassungsgerichte. Selbst der Gedanke der Beschleuni-

53 Siehe SachsAnhVerfG, Urt. v. 21.4.2009 – 12/08 u. a., LVerfGE 20, 404, 417 f.; dem folgend: *Hubert Meyer*, NVwZ 2013, 1178. Siehe auch vorstehend 4 a) aa).

54 Zu den unterschiedlichen Formen der Präklusion und deren Zulässigkeitsvoraussetzungen s. *Markus Thiel,* Zur verfassungsrechtlichen Zulässigkeit der (materiellen) Präklusion im Fachplanungsrecht, in: DÖV 2001, 814, 815 ff. m. w. N. Vgl. auch zu einer möglichen Verwirkung: RhPfVerfGH, DVBl 1970, 785, 786 f.

55 Abweich. SachsAnhVerfG, Urt. v. 27.4.2012 – 28/10, Umdr. Rn. 14 (www.lverfg.justiz.sachsen-anhalt.de).

gungsgesetzgebung, ohnehin genügend problembehaftet, trägt nicht, dürfte sich doch der Zeitgewinn in Grenzen halten; als „Anreizsystem" für zwischenzeitliche freiwillige Lösungen schießt das Konstrukt über das Ziel hinaus.

3. Reduktion des Prüfungsumfangs

Die oben wiedergegebene[56] Zusammenfassung von Entscheidungsmaßstäben durch das Brandenburgische Verfassungsgericht greift eine entsprechende Großformel des Bundesverfassungsgerichts auf, die dieses in seiner Papenburg-Entscheidung 1992[57] entwickelt hat. In ihr schimmert verschiedentlich die Unterscheidung von *Entscheidungsbasis* und *Entscheidungsvorgang,* aber auch die zwischen den allgemeinen *Leitlinien* der Reform und deren *konkreter Umsetzung,* durch. Während die Ermittlung der Entscheidungsbasis durch den Gesetzgeber einer umfänglichen verfassungsgerichtlichen Kontrolle unterzogen wird, ist die Kontrolle der Entscheidungsfindung im Übrigen mehr oder weniger deutlich eingeschränkt.

Die weitgehend übereinstimmende formelhafte Aufzählung der Prüfungsmaßstäbe schließt keineswegs aus, dass die Verfassungsgerichte dennoch eigene Wege gehen. Das fängt schon bei der Frage an, ob sich der gesetzgeberische Freiraum bei umfassenden Reformen der kommunalen Landschaft auch darauf erstreckt, auf die Schaffung eines Leitbildes und die Entwicklung allgemeiner Systemkriterien, an denen er sich bei späteren konkreten Entscheidungen festzuhalten lassen hat, zu verzichten. So formuliert das *Verfassungsgericht Sachsen-Anhalt*[58], der Gesetzgeber habe „bei strukturellen Neugliederungen einen politischen Gestaltungsspielraum, den er im Einzelfall oder allgemein nutzen kann". Das *Brandenburgische Verfassungsgericht*[59] führt aus: „Der Gesetzgeber bestimmt mit den Zielen seines Gesetzes die für die Neugliederung maßgebenden Gründe des öffentlichen Wohls … Bei Neugliederungsentscheidungen kommt dem Gesetzgeber innerhalb des von der Verfassung gesteckten Rahmens

56 Vgl. oben unter III. (S. 56).

57 BVerfGE 50, 50, 51 f.; 86, 90, 107 ff.

58 SachsAnhVerfG, Urt. v. 13.6.2006 – 14/05, LKV 2007, 126; ähnlich SachsAnhVerfG, Urt. v. 31.5.1994 – 1/94, LVerfGE 2, 273, 304 = LKV 1995, 75, 79.

59 BbgVerfG, Urt. v. 14.7.1994 – 4/93, LVerfGE 2, 125, 136 = LKV 1995, 37 (37 f.); ähnl. Urt. v. 15.9.1994 – 3/93, LVerfGE 2, 143, 158 = SächsVBl 1995, 204 ff.; s. a. oben zu Fn. 16.

grundsätzlich eine politische Entscheidungsbefugnis und weite Gestaltungsfreiheit in dem Sinne zu, daß er Ziele, Leitbilder und Maßstäbe der Gebietsänderung selbst festlegen kann". Enger könnte die Äußerung des *Bundesverfassungsgerichts*[60] zu verstehen sein, „über die Ausrichtung einer gemeindlichen Gebietsänderung oder Neugliederung an Gründen des öffentlichen Wohls *hat* der Gesetzgeber „nach Zielen, Leitbildern und Maßstäben, die er selbst gesetzt hat, grundsätzlich frei zu entscheiden". Deutet man sie zugleich im Sinne einer strukturierenden verfassungsrechtlichen Vorgabe, so kann eine Neugliederungsmaßnahme, die diese Voraussetzung nicht erfüllt, schon im Hinblick auf das fehlende Einstellen eines zielführenden Gemeinwohlkriteriums die verfassungsrechtliche Legitimation verfehlen. Jedenfalls ist jede Gebietsreform auf ein nachvollziehbares legislatives Ziel angewiesen. Umfassendere Gebietsreformen bedürfen zusätzlich – auf einer weiteren Konkretisierungsebene – der Angabe von leitenden Reformgrundsätzen (Leitlinien) sowie der einzusetzenden Instrumente mit einer Entscheidung über deren jeweiligen Stellenwert. Will der Gesetzgeber diese Entscheidungen von den konkreten Umsetzungsmaßnahmen in einem iterativen Verfahren förmlich abkoppeln, bedarf es eines hinreichenden sachlichen Grundes und einer strikten Beachtung der Nachbesserungspflicht bei zusätzlichen, erst in der Umsetzungsphase erkennbar gewordenen Belangen, die für die Gesamtkonzeption von Relevanz sind[61].

Auch im Weiteren stößt das Bemühen, die immer wieder angeführten, tragenden Gesichtspunkte einer Neugliederungsentscheidung auf einen gemeinsamen Nenner zurückzuführen, auf Grenzen. Sieht man von den erwähnten Fällen einer Strukturierung des gesetzgeberischen Entscheidungsprozesses ab, bauen die verschiedenen formelhaft angeführten Anforderungen an die verfassungsgerichtliche Prüfung auf eine eher pragmatische Kombinatorik, die Raum lässt für unterschiedliche Schwerpunkte und Anforderungen. Demgemäß betonen die Verfassungsgerichte mit eigenen Akzentsetzungen jeweils einzelne Elemente, wobei es auch zu Überschneidungen und unterschiedlichen Gewichtungen kommt.

Wenn etwa „*Ziele, Wertungen und Prognosen* des Gesetzgebers" in den Blick genommen werden, und gesagt wird, das Verfassungsgericht habe darauf zu achten, ob diese „offensichtlich oder eindeutig widerlegbar sind oder ob sie den

60 BVerfGE 86, 90, 108 (Hervorhebung vom Verf.)

61 Vgl. oben zu Fn. 31 f., 53 ff.

Prinzipien der verfassungsrechtlichen Ordnung widersprechen"[62], werden unterschiedliche Ebenen angesprochen, die über einen Leisten geschlagen werden: Zielsetzungen haben ein deutlich voluntatives Element, das in der Regel auf Wertungen oder Prognosen zugreifen muss. Andererseits erschöpfen sie sich keineswegs darin, insbesondere sind sie nicht generell von verfassungsrechtlichen Direktiven befreit. Umgekehrt werden Wertungen und Prognosen auch auf den weiteren Konkretisierungsebenen eines Neugliederungsprojekts gefordert sein. Für alle gilt: Tragfähige Entscheidungsbasis kann nur ein ordnungsgemäß ermittelter Sachverhalt sein[63] – womit sich die Bedeutsamkeit der bereits angesprochenen Abschichtung von Verfahrensfragen in der verfassungsgerichtlichen Kontrolle bestätigt. Die *Gegenüberstellung* und *Gewichtung* der verschiedenen entscheidungsrelevanten Belange ist zunächst Aufgabe des Gesetzgebers[64]. Hierbei kann er sich „letztlich für die Bevorzugung eines Belangs (oder mehrerer Belange) und damit notwendig zugleich für die Zurückstellung anderer Gesichtspunkte entscheiden". Indes dürfen Gewichtung und Bewertung der Gemeinwohlaspekte durch den Gesetzgeber nicht den „Prinzipien der verfassungsrechtlichen Ordnung widersprechen"[65] bzw. nicht „deutlich außer Verhältnis zu dem ihnen von Verfassungs wegen zukommenden Gewicht" stehen[66].

Dabei ist die Nähe dieses Vorgangs zu planerischen Entscheidungen schon früh und völlig zu Recht herausgestellt worden[67]. Sie rückt die Aufmerksamkeit auf

62 BbgVerfG, Urt. vom 14.7.1994 – 4/93, LVerfGE 2, 125, 137 = LKV 1995, 37 (37 f.); ähnl. Urt. v. 15.9.1994 – 3/93, LVerfGE 2, 143, 159 = SächsVBl 1995, 204 ff.; MV-VerfG, Urt. v. 18.8.2011 – 21/10, LVerfGE 22, 298, 309 = NordÖR 2011, 537, 540; SächsVerfGH, Urt. v. 25.9.2008 – Vf. 54-VIII-08, NVwZ 2009, 39, 41.

63 ThürVerfGH, Urt. v. 18.12.1996 – 2/95, 6/95, LVerfGE 5, 391, 427 = NVwZ-RR 1997, 639, 644; SächsVerfGH, Urt. v. 14.7.2000 – Vf. 40-VIII-98, ZNER 2000, 126, 128; SachsAnhVerfG, Urt. v. 31.5.1994 – 1/94, LVerfGE 2, 273, 305 = LKV 1995, 75 ff._

64 MVVerfG, Urt. v. 26.7.2007 – 9/06 u. a., LVerfGE 18, 342, 375 = LKV 2007, 457, 458; Urt. v. 18.8.2011 – 21/10, LVerfGE 22, 298, 311 = NordÖR 2011, 537, 540.

65 SächsVerfGH, Urt. v.13.12.1996 – Vf. 21-VIII-95, LVerfGE 5, 311, 320 unter Hinw. auf BVerfGE 86, 90, 109; ähnl. BbgVerfG, Urt. v. 15.9.1994 – 3/93, SächsVBl 1995, 204 ff.; Urt. v. 18.2.2003 – 97/03, LKV 2004, 313, 316; MVVerfG, Urt. v. 18.8.2011 – 21/10, LVerfGE 22, 298, 304 = NordÖR 2011, 537, 541.

66 ThürVerfGH, Urt. v. 18.12.1996 – 2/95, LVerfGE 5, 391, 428 ff. = NVwZ-RR 1997, 639; s. a. SächsVerfGH, Urt. v. 13.12.1996 – Vf. 21-VIII-95, LVerfGE 5, 311, 320.

67 BVerfGE 86, 90, 107 f. = NVwZ 1993, 262, 263.

Abwägungsvorgang und Abwägungsergebnis und damit zu verbindende mögliche Abwägungsfehler. Während das Verfassungsgericht des Landes Sachsen-Anhalt[68] betont, „der (eigentliche) Abwägungsvorgang“ unterliege nicht der verfassungsgerichtlichen Kontrolle, weil das Verfassungsrecht allein verlange, dass die erheblichen Tatsachen in die Abwägung eingehen können und das Gesetz mit den Verfassungsbestimmungen vereinbar sei, betonen andere Gerichte gerade den Abwägungs*vorgang*[69] oder nehmen beide prüfend in den Blick[70]. Abwägungsfragen werden so – neben Verfahrensfragen – mit unterschiedlichen Akzentuierungen zum zweiten Schwerpunkt der verfassungsgerichtlichen Prüfung von Neugliederungsgesetzen. Verschiedentlich wird ein *Abwägungsmangel* konstatiert, daneben wird auf sonstige *Abwägungsfehler* abgestellt[71].

Von einem Abwägungsausfall geht der *Thüringer Verfassungsgerichtshof*[72] aus, wenn er moniert, der Gesetzgeber habe „die ihm obliegende Abwägung nicht durchgeführt“: Angesichts einer unter Vorbehalt gestellten Eingliederungsentscheidung sei dem Gesetzgeber selbst offenbar „unklar“ gewesen, ob die vorgesehene Maßnahme im Hinblick auf die von ihm verfolgten Ziele wirklich geboten gewesen sei. Damit fehle es aber, „ohne dass man die letztlich ergebnislose –Abwägung im einzelnen“ würdige, „an den Voraussetzungen einer verfassungsgemäßen gesetzgeberischen Entschei-

68 SachsAnhVerfG, Urt. v. 31.5.1994 – 1/94, LVerfGE 2, 273, 307 = LKV 1995, 75, 80; s. a. BVerfGE 86, 90, 108.

69 MVVerfG, Urt. v. 26.7.2007 – 9/06 u. a., LVerfGE 18, 342, 375 f. = LKV 2007, 457, 460; ThürVerfGH, Urt. v. 18.9.1998 – 1/97 u. a., NVwZ-RR 1999, 55, 60; offengelassen von SächsVerfGH, Urt.v.10.11.1994 – Vf. 29-VIII-94, SächsVBl 1995, 131, 137.

70 BbgVerfG, Urt. v. 14.7.1994 – 4/93, LVerfGE 2, 125, 135, 138 = LKV 1995, 37, 38; ähnl. Urt. v. 18.2.2003, LKV 2004, 313, 316; SächsVerfGH, Urt. v. 25.9.2008 – Vf. 54-VIII-08, NVwZ 2009, 39, 40 f.; Urt. v. 14.7.2000 – Vf. 40-VIII-98, LVerfGE 11, 356, 384 = ZNER 2000, 120, 129; Urt. v. 13.12.1996 – Vf. 21-VIII-95, LVerfGE 5, 311, 327; Urt. v. 18.6. 1999 – Vf. 51-VIII-98, LVerfGE 10, 375, 395; ThürVerfGH, Urt. v. 8.9.1997 – 8/95, LVerfGE 7, 361, 385 ff.; s. a. MVVerfG, Urt. v. 26.7.2007 – 9/06, LVerfGE 18, 342, 374 ff., 386 ff. = LKV 2007, 457, 460, 465.

71 Die Begrifflichkeit ist nicht einheitlich und Resultat unterschiedlicher Systematisierung; sie steht deshalb auch hier nicht Vordergrund. In der Regel ist pauschal von Abwägungsfehler oder Abwägungsmangel die Rede. Allgemein hierzu: *Maximilian Wallerath*, Allgemeines Verwaltungsrecht, 6. Aufl. 2009, § 7 Rn. 55, insbes. Rn. 57 f. m. w. N.

72 ThürVerfGH, Urt. v. 18.12.1997 – 11/95, LVerfGE 7, 392, 408; ähnl. SächsVerfGH, Urt. v. 14.7.2000 – Vf. 40-VIII-98, LVerfGE 11, 356, 390 = ZNER 2000, 120, 129.

dung". Daneben finden etwaige Abwägungsmängel unter der Perspektive eines Abwägungsdefizits die Aufmerksamkeit der Verfassungsgerichte. So stellt das Verfassungsgericht des Landes Mecklenburg-Vorpommern in seiner Entscheidung vom 26.7.2007[73] heraus, in die Abwägung müsse „der Gesetzgeber die im konkreten Fall angesprochenen Gemeinwohlgründe sowie die Vor- und Nachteile der gesetzlichen Regelung einstellen". Sonst leide „seine Entscheidung an einem Abwägungsdefizit. Ob die für die Abwägung wesentlichen Belange mit ihrem vor dem Hintergrund der Verfassung richtigen Gewicht eingestellt worden sind", unterliege „der vollen Prüfung durch das Landesverfassungsgericht". Der Gesetzgeber habe „die raumplanerische Abwägung der Planungsregionen als grundsätzlich ausreichende Abwägung auch für Kreisgebietsreformen angesehen". Damit habe er „grundlegende Unterschiede zwischen beiden Bereichen vernachlässigt". Die Raumordnung sei „eine Planung, welche die Kommunen übergreift". Ihre Adressaten seien die Aufgabenträger; Adressaten und Subjekte der kommunalen Selbstverwaltung seien die Bürger. Auch habe der Gesetzgeber „nicht in den Blick genommen, dass einer kreisfreien Stadt oder mehreren von ihnen die Kreisfreiheit belassen werden könnte". Es sei „nur generell gesagt", ohne Einkreisung der kreisfreien Städte könnten „die Stadt-Umland-Beziehungen nicht angegangen werden". Demgegenüber beständen „sicherlich auch andere Möglichkeiten als die Einkreisung, solche Beziehungen sachgerecht zu regeln, zumal sie für eine kreisfreie Stadt nicht nur im Verhältnis zum angrenzenden Landkreis, sondern auch zu den angrenzenden Gemeinden zu bewältigen" seien. Der Sache nach ebenso nahm der *Thüringische Verfassungsgerichtshof*[74] im Fall Kleinwechsungen/Werther ein Abwägungsdefizit des Gesetzgebers an. Dort hatte der Gesetzgeber in seinem Leitbild verschiedene Neuordnungsinstrumente als gleichberechtigt nebeneinander gestellt. Das Gericht verlangte insoweit, vorrangig die Instrumente einzusetzen, welche die kommunale Selbstständigkeit betroffener Gemeinden wahrten. Zwar könne der Gesetzgeber der Eingliederung einer bisher selbstständigen Gemeinde in eine neugebildete Einheitsgemeinde im Vergleich zum Anschluss an eine Verwaltungsgemeinschaft oder zur Anordnung einer „erfüllenden" Gemeinde generell den Vorrang einräumen. Tue er dies jedoch nicht, so habe er bei der Entscheidung über einzelne Gemeinden zu beachten, dass die Eingemeindung

73 MVVerfG, Urt. v. 16.7.2007 – 9/06 u.a., LVerfGE 18, 342, 376 = LKV 2007, 457, 460 (unter Bezugnahme auf BVerfGE 86, 90, 110 f.), 462, 465 f.

74 ThürVerfGH, Urt. v. 18.9.1998 – 1/97 u.a., NVwZ-RR 1999, 55, 60; s.a. BVerfGE 86, 90, 116, 120.

den ungleich schwereren Eingriff bilde. Im konkreten Fall sei das „auf Erhaltung der Selbständigkeit gerichtete Interesse" der betroffenen Gemeinde nicht mit dem ihm zukommenden Gewicht in die gesetzgeberische Abwägung eingestellt worden.

4. Zwischenbilanz

Zieht man ein erstes Fazit, so lässt sich ein breites methodisches wie inhaltliches Spektrum von Strategien ausmachen, mit denen die Verfassungsgerichte die hohe Komplexität der Entscheidung über die Verfassungsmäßigkeit von Neugliederungsmaßnahmen in den neuen Bundesländern aufzulösen suchten. Sie konnten dabei in weiten Teilen auf der Rechtsprechung zu den kommunalen Gebietsreformen in den 60er- und 70er-Jahren aufbauen und diese verfeinern. *Peter Tettinger*[75] hat die damalige Rechtsprechung mit der Einschätzung versehen, die Verfassungsgerichte lavierten „mit mehr oder weniger starken Kursausschlägen auf einem leicht gewellten Mittelweg". In erster Linie dürften freilich die unterschiedlichen Schwerpunktsetzungen und Prüfungsansätze der Verfassungsgerichte als Ausdruck der Suche nach der rechten Balance zu deuten sein – der Balance zwischen dem Erstentscheidungsrecht und dem damit verbundenen Gestaltungsspielraum des Gesetzgebers einerseits, und dem den Verfassungsgerichten übertragenen Kontrollauftrag und dem Umfang des ihnen zukommenden Letztentscheidungsrechts in der Frage der verfassungsrechtlichen Anleitung einer gesetzlichen Neugliederungsentscheidung andererseits. Das gilt nicht zuletzt vor dem Hintergrund dessen, dass die Gerichte inzwischen die prozeduralen Anforderungen deutlich klarer konturiert und die strukturelle Ausdifferenzierung der Entscheidungsebenen weiter fortgeschrieben haben.

Die Suche nach der rechten Balance zwischen *Freiheit und Bindung* des Gesetzgebers, zwischen seinem *Erstzugriffsrecht* und der Reichweite der *Kontrollkompetenz* der Verfassungsgerichte macht indes vor der zentralen materiellen Frage nicht halt: Was bedeutet es *inhaltlich*, wenn die Verfassung eine Neugliederungsentscheidung an das Erfordernis des „öffentlichen Wohls" bindet und sie so zu steuern sucht? Welche Entscheidungsmaßstäbe verbinden sich hiermit? Wer soll darüber – ggf. inwieweit – letztverantwortlich entscheiden? Diesen Fragen soll im Folgenden nachgegangen werden.

75 JR 1973 (Fn. 17), 407, 408.

V. Das Öffentliche Wohl – Konkretisierungen

Kommunale Gebietsreformen betreffen den Zuschnitt von Gemeinden und Kreisen als Gebietskörperschaften. Diese sind geprägt durch vier essentielle Merkmale, nämlich: *Mitglieder* (Bürger), ein bestimmtes *Gebiet* sowie einen *Bestand von Aufgaben*, die in einem *bestimmten Modus* wahrzunehmen sind. Sie setzen damit – politikwissenschaftlich gesprochen[76] – sowohl auf „*Input-*" wie auf „*Outputlegitimation*". Ihre Existenz wird durch die verfassungsrechtliche Garantie kommunaler Selbstverwaltung institutionell garantiert. Ihnen kommt damit von Verfassungs wegen ein Eigenstand im staatlichen Aufbau zu; zugleich sind sie aber auch Teil der Verwaltung des jeweiligen Landes. Die staatliche Neugliederung von kommunalen Gebietskörperschaften ist vor allem wegen ihrer Bedeutsamkeit für die betroffenen Kommunen sowie für die „kommunale Landschaft" als solche, aber auch ihrer verfassungsrechtlich gestützten, aufgabenteilenden Einbettung in die staatliche Organisation, einer Regelung durch Gesetz vorbehalten[77]. Dem entspricht, wenn sich der verfassungsrechtliche Auftrag, kommunale Gebietsreformen am öffentlichen Wohl auszurichten, (zunächst) an den Gesetzgeber richtet. Dieser hat, wie immer wieder zutreffend betont wird[78], den unbestimmten Begriff des öffentlichen Wohls auszufüllen, indem er „innerhalb der von der Landesverfassung vorgegebenen Grenzen … die relevanten Belange im Einzelnen zu ermitteln, zu gewichten und zu bewerten sowie die Vor- und Nachteile von Handlungsalternativen in die Abwägung einzustellen" hat.

1. Annäherungen

Angesichts dessen tun sich die Verfassungsgerichte wie auch das Schrifttum schwer, das Erfordernis des öffentlichen Wohls mit näheren inhaltlichen Konturen zu versehen. Teilweise[79] wird dieses gar als „*mystische Formel*" apostro-

76 Vgl. nur *Christian Engel*, (Disk.beitrag), VVDStRL 72 (2013), S. 331.

77 MVVerfG, Urt. v. 26.7.2007 – 9/06 u. a., LVerfGE 18, 342, 371; Urt. v. 18.8.2011 – 21/10, LVerfGE 22, 298, 302 = NordÖR 2011, 537, 538; *Maximilian Wallerath* (Fn. 30), S. 290.

78 MVVerfG, Urt. v. 18.8.2011 – 21/10, LVerfGE 22, 298, 307 = NordÖR 2011, 537, 540.

79 *Ernst Friesenhahn*, Die verfassungsrechtliche Garantie der kommunalen Selbstverwaltung etc., in: Gedächtnisschrift für Max Imboden, 1972, S. 115 ff., 130 ff.; *Hans*

phiert, die „allenfalls eine verbrämte Ausformung des Willkürverbotes" darstelle, jedoch „keinen eigenen Prüfungsmaßstab" bilden könne. Demgegenüber ist zu betonen, dass das „öffentliche Wohl" keineswegs gleichzusetzen ist mit (irgend-)einem öffentlichen Interesse[80]. Vielmehr zielt es gerade auf die Qualität eines *Entscheidungsergebnisses*, das in einem bestimmten *Prozess der Abwägung* verschiedener öffentlicher Interessen erzeugt wurde. Eine andere Deutung liefe auf die – hier wie grundsätzlich zu vermeidende – Ineffektivierung des normativen Gehalts dieses besonders herausgestellten, verfassungsrechtlichen Erfordernisses, seine Mystifizierung auf die Kapitulation vor dem Auftrag des Gesetzgebers und der Aufgabe des Nachvollziehens seiner Entscheidung durch die Verfassungsgerichte hinaus[81]. Aus gutem Grund hat die gegenteilige Sicht deshalb keine Gefolgschaft gefunden.

Richtig ist allerdings, dass dem Erfordernis des Öffentlichen Wohls *je nach Sinnzusammenhang* eine unterschiedliche Bedeutung zukommt[82]. Nähert man sich den insoweit denkbaren Belangen (öffentlichen Interessen) einer gebietlichen Neuordnung von Gemeinden und Kreisen *empirisch*, so lässt sich eine Fülle von Aspekten anführen[83]. Etwa die Stärkung der kommunalen Leistungskraft und Effektivität unter Anpassung an die bereits erfolgte oder zu erwartende demographische Entwicklung sowie an geänderte Aufgabenstellungen der Kommunen und/oder gestiegene Anforderungen an die Aufgabenwahrnehmung, die Schaffung einer einheitlichen Lebens- und Umweltqualität in den verschiedenen Verwaltungsräumen sowie die Stärkung oder zumindest Wah-

Meyer, Die kommunale Neuordnung als verfassungsrechtliches Problem, DÖV 1971, 801, 808 f.; siehe demgegenüber *ders.,* ebda. S. 809 sowie (Diskussionsbeitrag), VVDStRL 39 (1981), S. 179, 180; *Kisker* (Diskussionsbeitrag), ebda. S. 172.

80 Abweichend BWStGH, NJW 1975, 1205; ESVGH 12, 1, 4.

81 Dagegen schon BVerfGE 7, 377, 410.

82 Zutreffend BWStGH, ESVGH 12, 1, 4. Ein weiteres Beispiel hierfür bieten Art. 14 Abs. 2 und 3 GG. Der Vergleich damit wird von SachsAnhVerfG, Urt. v. 31.5.1994 – 1/94, LKV 1995, 125, 128 sehr apodiktisch zurückgewiesen, auch wenn sich dies etwa im Hinblick auf die Beschwerdebefugnis als zutreffend erweisen mag. Zu Letzterem wiederum SachsAnhVerfG, Urt. v. 31.8.2011 – 43/10, Umdr. Rn. 2; Urt. v. 10.5.2011 – LVG 47/10, Umdr. Rn. 2 a.E.; (jeweils: www.verfg.justiz.sachsen-anhalt.de).

83 S. a. *Dietrich Gunst,* Gebietsreform, Bürgerwille und Demokratie, AfK 29 (1990) S. 189, 201; *Eberhard Laux,* Kriterien für eine Kommunalreform, in: Hans Joachim von Oertzen (Hrsg.), Rechtsstaatliche Verwaltung im Aufbau I – Kreisreform und Ämterverfassung, 1992, 53, 69.

rung spezifisch kommunaler Körperschaftlichkeit. Ergänzend hierzu lassen sich – in einem weiteren Konkretisierungsschritt – verschiedene Belange nennen, die sich auf die beiden Grundfunktionen kommunaler Selbstverwaltung und deren Wahrnehmungsmodus beziehen: Im Hinblick auf die *administrative* Funktion die technisch-administrative Leistungsfähigkeit (*Verwaltungskraft*) für eigene und oder übertragene Aufgaben, die Eignung zur Trägerschaft *(Veranstaltungskraft)* sowie die strukturpolitische Eignung (Einpassung in das Gliederungssystem der Raumordnung insbesondere in Form von Wirtschaftsräumen und Entwicklungsachsen) oder die Anschlussfähigkeit verschiedener Verwaltungsträger sowie deren institutionelle Symmetrie. Die *politisch-demokratische* Funktion ist angesprochen, soweit es um die politische Teilnahme- und Aktionsfähigkeit und die Substanz der tatsächlich wahrnehmbaren Selbstverwaltungsaufgaben, die politische Integrationsfähigkeit sowie die „Responsivität" der kommunalen Initiativ- und Aktionsträger geht.

Der Verweis auf den Konkretisierungsauftrag im Hinblick auf das öffentliche Wohl, dem der Gesetzgeber bei einer kommunalen Neugliederung nachzukommen hat, aber auch der jeweils begrenzte Streitgegenstand, erklären, weshalb die Verfassungsgerichte sich ganz überwiegend eher *punktuell* mit den inhaltlichen Anforderungen an dieses befassen. Nur vereinzelt finden sich allgemeiner gehaltene Aussagen wie: „Bei der Neugliederungsmaßnahme sind die Interessen des einzelnen, der Gebietskörperschaft und des Staates in Einklang zu bringen"; oder: „Das Gemein-wohl kann nicht gleichgesetzt werden mit dem Wohl der betroffenen Gemeinde. Das folgt zwingend daraus, dass der staatliche Eingriff in die Gebietshoheit gerade nur dann gerechtfertigt ist, wenn und soweit er sich durch überörtliche Gründe rechtfertigen lässt"[84]; schließlich: Das „öffentliche Wohl ist umfassend; es schließt sowohl staatliche als auch kommunale Belange ein"[85]. Die Frage ist, inwieweit diese Belange eine gebietliche Neugliederung zu tragen vermögen.

84 Siehe SachsAnhVerfG, 31.5.1994 – 1/94, LVerfGE 2, 273, 298 = LKV 1995, 75, 78 m. w. N.

85 MVVerfG, Urt. v. 26.7.2007 – 9/06 u. a., LVerfGE 18, 342, 375 = LKV 2007, 457, 459. S. a. *Janbernd Oebbecke*, Materielle Verfassungsmäßigkeit kommunaler Gebietsreformen, in: FS für Hans Peter Bull, 2011, S. 715, 719.

2. Zulässige Belange

Tatsächlich gehören die kommunalen Belange zum *Pflichtprogramm* einer Prüfung des die Neuordnung legitimierenden öffentlichen Wohls[86]. Sie umschreiben die essentiellen Gelingensbedingungen jeder kommunalen Gebietsreform. Das unterscheidet sie von allen anderen Belangen. Jede kommunale Neugliederungsmaßnahme trifft auf die verfassungsrechtliche Garantie kommunaler Selbstverwaltung und erfährt von hierher einen bedeutsamen Maßstab. Die kommunale Selbstverwaltungsgarantie ist insoweit ebenso maßstabbildendes Formprinzip wie Grenze jeder Neugliederungsmaßnahme; sie ist damit notwendiger Bezugspunkt der geforderten Abwägung[87]. Das umfasst allerdings nicht den Schutz des Bestandes der einzelnen betroffenen Gebietkörperschaft: Weder beschränkt sich das öffentliche Wohl auf das Wohl der betroffenen Körperschaft[88] noch verbindet es mit dem Garantiegehalt kommunaler Selbstverwaltung eine Bestandsgarantie einzelner Körperschaften. Auch umgreift es nicht partikulare Belange von Gebietskörperschaften, die sich nicht an der Aufgabenwahrnehmung, sondern an „imperialen" Interessen („Großstadt", „Millionenstadt") orientieren[89]. Wohl aber können die betroffenen Kommunen, vom eigenen Erhaltungsinteresse angetrieben, die Einhaltung der verfassungsrechtlich verlangten formellen und materiellen Voraussetzungen für eine Gebietsänderung einfordern, soweit sie selbst davon betroffen sind. Damit werden sie zugleich zu Sachwaltern der institutionellen Garantie kommunaler Selbstverwaltung.

Die Garantie kommunaler Selbstverwaltung schließt keineswegs *überörtliche Gründe* für eine gebietliche Neuordnung aus. Das betrifft sowohl die kommu-

86 Das scheint in BVerfGE 86, 90, 108 auf, wenn dort ausgeführt wird, mit einer Gebietsänderung strebe der Gesetzgeber an, „die Voraussetzungen für eine funktionstüchtige kommunale Selbstverwaltung zu verbessern".

87 *Stern* (Fn. 28), S. 183. S. a. SächsVerfGH, Urt. v. 13.12.1996 – Vf. 21-VIII-95, LVerfGE 5, 311, 319; SachsAnhVerfG, Urt. v. 31.5.1994 – 1/94, LVerfGE 2, 273, 303 = LKV 1995, 75, 78 („*schon vom Motiv her*"); vgl. insoweit auch *Hubert Meyer*, NVwZ 2013, 1177.

88 Auf diese Weise kann die Entwicklung der Landes- wie auch die Regionalplanung Berücksichtigung finden; siehe MVVerfG, Urt. v. 26.7.2007 – 9/06 u. a., LVerfGE 18, 342, 375 = LKV 2007, 457, 459; ThürVerfGH, Urt. v. 8.9.1997 – 8/95, LVerfGE 7, 361, 380 sowie unten Fn. 125.

89 Vgl. insoweit die Fallgestaltungen in NWVerfGH, DVBl 1976, 393; SächsVerfGH, Urt. v. 18.6.1999 – Vf. 51-VIII-98, LVerfGE 10, 375, 399 f.

nale Landschaft als solche (z. B. Nachbargemeinden, Ämter, Verwaltungsgemeinschaften, Kreise einschließlich der Frage der institutionellen Symmetrien) wie auch *staatliche* Belange (z. B. Einräumigkeit der Verwaltung, Landesplanung, Aufsichtsspanne, Funktionsübertragungen). Erst die Gewichtung dieser Belange im Verhältnis zueinander wirft die entscheidenden Probleme auf. Ob bei kommunalen Gebietsreformen auch die *Interessen Einzelner* (Bürger und Einwohner) in die Abwägung und damit das öffentliche Wohl eingehen können, erscheint dagegen zweifelhaft. Bei kommunalen Neugliederungen geht es um staatliche Organisationsmaßnahmen, die auf den besonderen Schutz der betroffenen Selbstverwaltungseinheiten stoßen. Insoweit sind die Interessen Einzelner aufgehoben im Recht der jeweiligen Körperschaft auf Selbstverwaltung in Form von Mitglieds-, namentlich Partizipationsrechten und/oder Nutzungsrechten *(bei Einwohnern)* – das gilt nicht zuletzt für Fragen der Repräsentationsdichte sowie der Erreichbarkeit der kommunalen Einrichtungen.

VI. Die gesetzgeberische Abwägungsentscheidung

Das Erfordernis des öffentlichen Wohls erweist sich damit als zentrales Rechtfertigungselement einer kommunalen Gebietsreform. Auf Konkretisierung durch den Gesetzgeber angewiesen, bedeutet es in seinem Kern ein *legislatorisches Abwägungsgebot*. Durch die Möglichkeit, selbst gesetzte, auch multiple, Ziele mit einer kommunalen Neuordnung zu verfolgen, lässt es dem Gesetzgeber den notwendigen Gestaltungsspielraum[90]. Dieser umfasst die Option der Verfolgung von Zielen, auch wenn sie nicht schon in der jeweiligen Landesverfassung angelegt sind (etwa historische, soziokulturelle, funktionale oder strukturpolitische Ziele)[91]; das spiegelt sich nicht zuletzt in der verbreiteten Verbindung von Funktional- und Gebietsreformen wider. Indem die Willensbildung

90 MVVerfG, Urt. v. 8.9.1997 – 8/95, LVerfGE 18, 342, 375 = LKV 2007, 457, 459.

91 BbgVerfG, Urt. v. 29.8.2002 – 34/01, LVerfGE 13, 159, 173 = LKV 2002, 573, 576; ThürVerfGH, Urt. v. 18.12.1996 – 2/95 u. a., LVerfGE 5, 391, 417, 423 = NVwZ-RR 1997, 639, 641; s. a. *Patricia Wendel*, Das Ergebnis der Gebietsreform in Sachsen-Anhalt – Gemeinden ohne örtliche Gemeinschaft?, LKV 2011, 488, 492 f.

des einfachen Gesetzgebers[92] zugleich mit besonderen verfassungsrechtlichen Erwartungen versehen wird, erhält er die Qualität als Erkenntnis- wie als Willensakt[93]: Auf diese Weise verschafft der Auftrag zur Herstellung des öffentlichen Wohls der Steuerungsfunktion der Verfassung Geltung, indem er den verfassungsrechtlichen Leitbildern als integralen Bestandteilen des politischen Entscheidungsprozesses Durchsetzungskraft verleiht: Sie sind als steuernde Elemente in die Abwägung mit aufzunehmen und als entscheidungsleitend in Rechnung zu stellen. Dem entspricht, wenn die Gerichte immer wieder betonen, die gesetzgeberische Entscheidung sei auch *im Ergebnis* an gewissen unverzichtbaren, aus dem Grundgesetz abzuleitenden Wertmaßstäben zu orientieren[94]. Neben der institutionellen Garantie kommunaler Selbstverwaltung in Art. 28 Abs. 2 GG und den entsprechenden landesverfassungsrechtlichen Gewährleistungsnormen zählen hierzu namentlich die Staatszielbestimmungen des Art. 20 Abs. 1 GG, hier speziell die Grundsätze der Demokratie (die heute auch ein tragendes Element der „Selbst"-Verwaltung ist) und der Sozialstaatlichkeit (die nicht zuletzt den Auftrag zu zeitgemäßer Daseinsvorsorge umfasst). Dazu zählen aber auch der Grundsatz der Rechtsstaatlichkeit[95] sowie – als Ausdruck eines allgemeinen Rationalitätsgebots – die Grundsätze der Wirtschaftlichkeit und Sparsamkeit.

Die Steuerungsstruktur der einschlägigen Verfassungsnorm liefert also den entscheidungsleitenden Maßstab für die gesetzgeberische Entscheidung. Damit erweist sich der Satz, der Gesetzgeber schulde „nichts als das Gesetz", entweder als unzutreffend (sollte er wörtlich gemeint sein) oder als nichtssagend (sollte er dessen verfassungsrechtlich geforderte Voraussetzungen mit einschließen)[96]:

92 Die Begrifflichkeit ist abbreviativ; sie beschreibt einen Zurechnungszusammenhang zwischen den maßgeblichen Akteuren und dem „endzuständigen" Landtag. Siehe *Wallerath* (Fn. 42), S. 401, 406 Fn. 30, 410 f.

93 Näher *Wallerath* (Fn. 42), S. 412, 422.

94 SachsAnhVerfG, Urt. v. 31.5.1994 – 1/94, LVerfGE 2, 273, 303 f. = LKV 1995, 75, 78; ThürVerfGH, Urt. v. 18.12.1996 – 2/95, 6/95, LVerfGE 5, 391, 428 = NVwZ-RR 1997, 639, 641; s. a. BVerfGE 86, 90, 108.

95 Das betrifft nicht nur den Grundsatz der Verhältnismäßigkeit, sondern auch die Gesetzgebungstechnik (siehe ThürVerfGH, Urt. 18.12.1997 – 11/95, LVerfGE 7, 392, 402 ff.) und die Sicherung rechtsstaatlicher Verwaltung durch die Kommunalaufsicht mit Auswirkungen auf die Kontrollspanne (hierzu *Roman Schnur,* Regionalkreise?, 1971, S. 27).

96 Näher hierzu *Wallerath* (Fn. 42), S. 399 f., 407 f., 412 f. m. w. N.

Sich am materiellen Verfassungsrecht ausrichtende Differenzierungen sind unumgänglich. Deshalb führt auch der Hinweis, der Gesetzgeber sei befugt, „sich letztlich für die Bevorzugung eines Belangs (oder mehrerer Belange) und damit notwendig zugleich für die Zurückstellung aller anderen betroffenen Gesichtspunkte zu entscheiden“[97], eher in die Irre: *Vor* einer solchen Aussage muss das Bemühen stehen, mit Hilfe der klassischen Interpretationsregeln der Frage einer möglicherweise unterschiedlichen verfassungsrechtlichen Dignität der verschiedenen Ziele[98] nachzugehen. So ist das Gewicht von Neugliederungszielen, die sich nicht als Ausformung verfassungsrechtlicher Vorgaben erweisen oder nur einen losen Bezug zu solchen aufweisen (z. B. Einräumigkeit der Verwaltung, Eignung für die Übertragung staatlicher Aufgaben), geringer anzusetzen als das Gewicht von Zielen, die gerade auf deren Realisierung gerichtet sind (z. B. Stärkung der Leistungskraft kommunaler Selbstverwaltung). Bei unterschiedlichen, verfassungsrechtlich fundierten Zielsetzungen wird danach zu unterscheiden sein, ob diese lediglich allgemeine verfassungsrechtliche Direktiven (Sozialstaatsprinzip, Grundsatz der Wirtschaftlichkeit) aufgreifen oder speziellen Anleitungen der Verfassung folgen (z. B. problemnahe Aufgabenwahrnehmung durch Selbstverwaltungskörperschaften). Die *spezielle* Anleitung hat das größere Gewicht als *allgemeine* verfassungsrechtliche Leitbilder: Letztere sind regelmäßig an alle Staatsorgane adressiert und bieten regelmäßig mehr Verwirklichungsalternativen als Erstere.

Tatsächlich ist es – neben dem Ziel der Wahrung gesetzgeberischer Gestaltungsfreiheit – vor allem die *„Prinzipienhaftigkeit“* der verfassungsrechtlichen Anleitungen, die zur Vorsicht gegenüber allgemeinen Festlegungen oder generellen Vorrangregeln mahnt. Diese sind durchweg ausfüllungsbedürftig und auf Konkretisierung angewiesen, ihre Aktualisierung muss die jeweilige Wirklichkeit mit ihren unterschiedlichen Anforderungen einbeziehen. Das zeigt sich exemplarisch an dem Topos der „Leistungsfähigkeit“, der nicht zufällig im Vordergrund fast jeder Neugliederungsmaßnahme steht: Die Stärkung *kommunaler Leistungs- und Verwaltungskraft* kann sich verbünden mit dem Ziel der Schaffung einheitlicher Lebens- und Umweltqualität sowie dem Abbau des Leistungs- und Ausstattungsgefälles zwischen Verdichtungsräumen und dünn

97 ThürVerfGH, Urt. v. 18.12.1996 – 2/95, 6/95, LVerfGE 5, 391, 428 = NVwZ-RR 1997, 639, 647 im Anschluss an BVerfGE 86, 90, 109.

98 Vgl. nur *Meinhard Schröder*, Kritische Anmerkungen zu den jüngsten Verwaltungsreformen in Ballungsräumen, VR 1977, 294 (294).

besiedelten Gebieten, mit den Wechselwirkungen von Selbstverwaltungs- und staatlich übertragenen Aufgaben sowie mit dem Aspekt der *Wirtschaftlichkeit* kommunaler Aufgabenwahrnehmung. Quer hierzu liegen die bei jeder Neuordnung zu beachtenden, spezifischen Funktionsbedingungen kommunaler Selbstverwaltung und deren, dem Modus kommunaler Aufgabenwahrnehmung entsprechenden Verwirklichungsvoraussetzungen, die wiederum eine deutliche Relativierung rein wirtschaftlicher Effizienzbetrachtung einfordern[99].

All das lässt keine generellen Festlegungen oder Ausschlüsse zu. Dagegen schließt es keineswegs die Formulierung von „Wenn-Dann-Beziehungen" oder „Je-Desto-Relationen" aus[100]. Im Gegenteil: Diese stellen die angemessene Form des legislatorischen Umgangs mit der auf die Realisierung des „öffentlichen Wohls" angelegten, verfassungsrechtlichen Steuerung kommunaler Neuordnungsmaßnahmen dar. Wenn sich der Gesetzgeber vornehmlich von *finanzwirtschaftlichen* Erwägungen bei einer Reform leiten lässt, hat er besonders die Verwirklichungsbedingungen kommunaler Selbstverwaltung als örtlich radizierter Aufgabenwahrnehmung im Auge zu behalten.[101] Wenn er die *Abbürdung staatlicher Aufgaben* mit dem Neuzuschnitt kommunaler Körperschaften verbindet, hat er besonders darauf zu achten, dass deren Leistungsfähigkeit auch und gerade unter der Perspektive der Wahrnehmung von Aufgaben der kommunalen Selbstverwaltung bestimmt wird. Wenn er kommunale Verwaltungsträger neu zuschneiden will und sich hierbei an den vorhandenen *Planungsregionen* orientiert, muss er darauf achten, ob diese auch einer Abwägung unter dem Aspekt kommunaler Selbstverwaltung Rechnung tragen[102]. Je stärker nichtkom-

99 BbgVerfG, Urt. v. 29.8.2002 – 34/1, LKV 2002, 573, 576; MVVerfG, Urt. v. 26.7.2007 – 9/06 u. a., LVerfGE 18, 342, 373 f. = LKV 2007, 457, 459; s. a. BVerfGE 79, 127,153; SächsVerfGH, Urt. v. 18.6.1999 – Vf. 51-VIII-98, LVerfGE 10, 375, 395. Einschränkend: MVVerfG, Urt. v. 18.8.2011 – 21/1, LVerfGE 22, 298, 322 = NordÖR 2011, 537, 545 mit abweich. Meinung der Richter Joecks, Brinkmann und Wähner S. 547, 548; s. a. SachsAnhVerfG, Urt. v. 21.4.2009 – 146/08, LVerfGE 20, 404, 427.

100 Hierzu in verschiedenen Zusammenhängen: BVerfGE 7, 198, 229; 110, 62, 1, 6 (Kunstfreiheit); 69, 315 (Versammlungsfreiheit); 88, 87, 96 (Art. 3 Abs.1 GG); 79, 127, 154; 110, 370, 401 (kommunale Selbstverwaltung); s. a. BVerfG, 2. K. des 2. Sen. Urt. v. 26.8.2013 – 2 BvR 371/12, EuGRZ 2013, 557, 561 – *Mollath*.

101 MVVerfG, Urt. v. 26.7.2007 – 9/06 u. a., LVerfGE 18, 342, 372 f. = LKV 2007, 457, 459 f.; SächsVerfGH, Urt. v. 25.9.2008 – Vf 54-VIII-08, NVwZ 2009, 39, 41; NdsStGH, NdsStGHE 2, 1, 152.

102 Siehe oben S. 15 (zu Fn. 73).

munale Belange die Neuordnungsentscheidung bestimmen, umso größer muss deren Bedeutung für das Ganze sein. Je tiefer die Reform in die vorhandenen Strukturen eingreift, umso gewichtiger müssen die Gründe hierfür sein.

Die Frage der Legitimität bestimmter Oberziele (Grundsätze) und deren *Gewichtung* im Verhältnis zu anderen, bei einer kommunalen Neugliederung zu berücksichtigenden Belangen ist der klassischen *Verhältnismäßigkeitsprüfung vorgelagert*. Sie stößt auf eine ähnliche Entscheidungsstruktur, wie sie bei Grundrechtseingriffen auf der Grundlage qualifizierter Gesetzesvorbehalte zu beobachten ist: Bei diesen wird ebenfalls die Frage nach dem hinreichend legitimierenden Ziel eines grundrechtseinschränkenden Gesetzes vor die Klammer gezogen und der *Verhältnismäßigkeitsprüfung* vorangestellt[103]. Bei kommunalen Neugliederungen umfasst das auch die Frage der Übereinstimmung von daraus entwickelten Unterzielen (Leitlinien) mit den angeführten Oberzielen. Entsprechendes gilt für die jeweilige, mit einem Eingriff in den Bestand einzelner Gebietskörperschaften verbundene, konkrete Neugliederungsmaßnahme. Diese muss sich fragen, ob sie mit den eigenen „Leitbildern und Leitlinien" in Einklang steht[104], insbesondere ob sie zur Erreichung der mit der Neugliederungsmaßnahme verfolgten Zwecke *geeignet* und *erforderlich* ist, um die mit ihr „verfolgten Ziele zu erreichen" – womit sie in eine Verhältnismäßigkeitsprüfung[105] einmündet. Dazu gehört auch, dass die mit der Neugliederungsmaßnahme verbundenen Nachteile in einem angemessenen Verhältnis zu den mit ihr angestrebten Vorteilen stehen.

VII. Verfassungsgerichtliche Kontrolle

1. Handlungs- und Kontrollebene

Die grundgesetzliche Erwartung an die gesetzgebenden Organe ist nicht zwangsläufig identisch mit dem Gegenstand, der den Verfassungsgerichten zur Überprüfung anvertraut ist, und dem Maßstab, den sie bei einer Überprüfung anzulegen haben. Indem die Staatsgewalt *besonderen* Organen der Gesetzgebung, der

103 BVerfGE 95, 193, 214; 101, 1, 35 f.; 102, 197, 212 f.; 117, 163, 182; 121, 317, 346.

104 SächsVerfGH, Urt. v. 18.6.1999 – Vf. 51-VIII-98, LVerfGE 10, 375, 394 f.; Beschl. v. 9.11.1995 – Vf. 20-VIII-95, Umdr. S. 21 f. (www.justiz.sachsen.de).

105 Hierzu namentlich SachsAnhVerfG, Urt. v. 21.4.2009 – 12/08, LVerfGE 20, 404, 423 f.

vollziehenden Gewalt und der Rechtsprechung überantwortet wird, wird eine spezifische Funktionenteilung zum Ausdruck gebracht, die dem durch unmittelbare Volkswahl unmittelbar legimitierten und damit in eine politische Verantwortung gestellten Parlament das *Zugriffsrecht* für die Normsetzung eröffnet. Dieses ist Gestalter und Erstinterpret[106]. Das nimmt die „Vorstellungswelt des demokratischen Verfassungsstaates" als „Teilgehalt" in sich auf und sichert seine Anpassungsfähigkeit an gesellschaftliche Veränderungen und die Fähigkeit zur Zukunftsgestaltung, die auch das politische Ringen um unterschiedliche Lösungen umfasst[107]. Die Verfassungsgerichte haben dagegen (nur) eine *Kontrollfunktion*, die mit einem Letztentscheidungsrecht in verfassungsrechtlichen Fragen verbunden ist.

Allerdings entzieht sich die eigenartige *Gemengelage* von politischer Gestaltung und Konkretisierung bzw. Beachtung verfassungsrechtlicher Zielvorgaben[108] einer „glatten" Einordnung in das typische verfassungsgerichtliche Kontrollmuster. Das ungleiche Maß verfassungsrechtlicher Steuerung parlamentarischer Rechtsetzung muss sich in der Reichweite verfassungsgerichtlicher Kontrolle widerspiegeln[109]. In der Rechtsprechung[110] finden sich denn auch verschiedene Beispiele für solche Konstellationen, die von unterschiedlichen Erwägungen getragen werden. Gemeinsam ist ihnen, dass das Grundgesetz insoweit nicht nur allgemeine Grenzen für die legislatorische Entscheidung setzt, sondern diese mit einem zusätzlichen Legitimationserfordernis verknüpft, das bestimmte Voraussetzungen für die gesetzliche Regelung aufstellt. Wie nicht zuletzt die Papenburg-Entscheidung des Bundesverfassungsgerichts[111] herausgearbeitet hat, ist eben dies bei gesetzgeberischen Entscheidungen zu

106 *Paul Kirchhof*, Der allgemeine Gleichheitssatz, in: J. Isensee/ders. (Hrsg.), Handbuch des Staatsrechts, Bd. VIII, 3. Aufl. 2010, § 181 Rn. 158.

107 *Christian Bumke*, Die Pflicht zur konsistenten Gesetzgebung, Der Staat 29 (2010), 77, 79; s. a. BVerfGE 29, 221, 225; *Fritz Ossenbühl*, in: Festgabe 25 Jahre BVerfG, Bd. I, 1976, S. 458, 472; *Christian Waldhoff*, „Der Gesetzgeber schuldet nichts als das Gesetz" – Zu alten und neuen Begründungspflichten des parlamentarischen Gesetzgebers, in: FS für J. Isensee, 2007, S. 325, 333 f.

108 *Brückner* (Fn. 33), S. 83

109 *Peter Badura*, Die parlamentarische Volksvertretung und die Aufgabe der Gesetzgebung, ZG 2 (1987), 300, 310; s. a. *Schröder* (Fn. 98), S. 90 ff. sowie die Diskussionsbeiträge von *Kisker*, VVDStRL 39 (1981) S. 172 und *Meyer*, ebda S. 179, 180.

110 Näher *Wallerath* (Fn. 42), S. 412 ff.

111 BVerfGE 86, 90, 108; vgl. auch VerfGH NW, OVGE 28, 291, 293.

einer gebietlichen Neuordnung von Kommunen der Fall. In ihr amalgieren abstrakte und konkrete Elemente zu einer Gemeinwohlentscheidung, die einen deutlich *planerischen* Einschlag aufweist und die ein verfassungsrechtlich angeleitetes Austarieren verschiedener Gemeinwohlbelange verlangt.

Unstrittig ist die Entscheidung für bestimmte reformleitende *Ziele* und deren *Gewichtung* originäre Aufgabe des Gesetzgebers[112]. Deshalb müssen unterschiedliche gesetzgeberische Entscheidungen zur Leistungsfähigkeit der neu zu bildenden Kommunen und deren mögliche Modifizierung durch geographische, historische oder kulturelle Besonderheiten nicht zwangsläufig auf unterschiedliche verfassungsgerichtliche Reaktionen stoßen[113]. Soweit der legislatorische Entscheidungsprozess indes verfassungsrechtlich angeleitet und umhegt ist, hat der Gesetzgeber dem Rechnung zu tragen, indem er die Ziele mit den einschlägigen verfassungsrechtlichen Wertentscheidungen abgleicht. Das kann nicht ohne Bezug zur vorfindlichen Wirklichkeit geschehen, was nicht unbedingt eine „Defizitanalyse" verlangt, aber doch eine intersubjektiv nachvollziehbare Vorstellung von den Änderungszielen und der zu ändernden Wirklichkeit voraussetzt. Hierin erweist sich – auch und nicht zuletzt im Hinblick auf die verfassungsgerichtliche Kontrolle – die Bedeutsamkeit der bereits angesprochenen Abschichtung von Verfahrensfragen wie auch eines ordnungsgemäß ermittelten Sachverhalts als Entscheidungsbasis[114], die zunächst typisierend, sodann im Hinblick auf die einzelnen Neuordnungsmaßnahmen fallbezogen erfasst werden muss. Das kann im *prognostischen Bereich* durchaus mit eigenen Anforderungen, etwa solchen an die Realitäts- und Zeitnähe, aber auch solchen an eine bloße „Vertretbarkeit" des Prognoseurteils, verbunden

---

112 MVVerfG, Urt. v. 26.7.2007 – 9/06 u.a., LVerfGE 18, 342, 375 = LKV 2007, 457, 459f.; Urt. v. 18.8.2011 – 21/10, LVerfGE 22, 298, 307 = LVerfGE 22, 298, 307 = NordÖR 2011, 537, 540f.

113 Vgl. BbgVerfG, Urt. v. 29.8.2002 – 34/01, LKV 2002, 573, 576 *einerseits*; SachsAnhVerfG, Urt. 21.4.2009 – 12/08 u.a., LKV 2009, 367 (bearb v. Otto) = BeckRS 2009, 33217 *andererseits*; s. aber auch *Wendel,* (Fn. 91) S. 493.

114 ThürVerfGH, Urt. v. 18.12.1996 – 2/95 u.a., LVerfGE 5, 391, 427ff. = NVwZ-RR 1997, 639; SächsVerfGH, 14.7.2000 – Vf. 40-VIII-98, LVerfGE 11, 356, 386, 392 = ZNER 2000, 126, 128; SachsAnhVerfG, Urt. v. 31.5.1994 – 1/94, LVerfGE 2, 273, 298f. = LKV 1995, 75, 80f.; s.a. oben S. 8 (zu Fn. 35f.).

sein[115]; dabei darf der Gesetzgeber auch auf die in „Verwaltungswissenschaft und -praxis gewonnenen allgemeinen Erfahrungen und ermittelten Gesetzmäßigkeiten", auch denen aus anderen Ländern mit vergleichbaren Strukturen[116], zurückgreifen[117]. Das schlägt auf die (begrenzte) Reichweite verfassungsgerichtlicher Kontrolle durch.

2. Spezifizierungen

a) Uneingeschränkter verfassungsgerichtlicher Kontrolle unterliegt die Frage, ob sich der Gesetzgeber seiner Aufgabe Herstellung einer Gemeinwohlentscheidung in Form einer Gewichtung zwischen verschiedenen, von einer gebietlichen Neuordnung berührten Belangen überhaupt gestellt hat oder schlicht über diese hinweg gegangen ist. In einem solchen Fall genügt die Entscheidung schon wegen des damit einhergehenden *Abwägungsmangels* nicht den verfassungsrechtlichen Anforderungen, so, wenn der Gesetzgeber auf ein bestimmtes Ergebnis in einer Weise fixiert ist, die sich aufdrängende entgegenstehende Gemeinwohlbelange oder naheliegende Lösungsalternativen schlicht ausblendet[118].

Aus der Kontrollperspektive ist vor allem bedeutsam, *welches Gewicht* der Gesetzgeber den mit der Neugliederungsmaßnahme verfolgten Zielen beigemessen hat. Die Gewichtung der verschiedenen Belange unter verfassungsrechtlichen Gesichtspunkten unterliegt grundsätzlich der vollen gerichtlichen

115 SächsVerfGH, Urt. v. 25.9.2008 – Vf. 54-VIII-08, NVwZ 2009, 39; Urt. v. 23.11.2000 – Vf. 62-II-99, LVerfGE 11, 393, 418 m. w. N.; ThürVerfGH, Urt. v. 18.12.1996 – 2/95 u. a., LVerfGE 5, 391, 427 = NVwZ-RR 1997, 639, 644.

116 MVVerfG, Urt. v. 26.7.2007 – 9/06 u. a., LVerfGE 18, 342, 380 = LKV 2007, 457, 461; SachsAnhVerfG, Urt. v. 31.5.1994 – 1/94, LKV 1995, 78, 80; s. a. die Rechtsprechung zur 5 %-Klausel im Kommunalwahlrecht: BVerfGE 120, 82, 122 f.; MVVerfG, Urt. v. 14.12.2000 – 4/99, LVerfGE 11, 306, 324 f., 330 f. = NordÖR 2001, 64, 68.

117 ThürVerfGH, Urt. v. 18.12.1996 – 2/95 u. a., LVerfGE 5, 391, 427 = NVwZ-RR 1997, 639, 644.

118 MVVerfG, Urt. v.26.7.2007 – 9/06 u. a., LVerfGE 18, 342, 392 f. = LKV 2007, 457, 465; s. a. MVVerfG, Urt. v. 18.8.2011 – 21/10, LVerfGE 22, 298, 306 = NordÖR 2011, 537, 540; SächsVerfGH, Urt. v. 13.12.1996 – Vf.21-VIII-95, LVerfGE 5, 311, 320; Urt. v. 18.6.1999 – Vf. 51-VIII-08, LVerfGE 10, 375, 394; Urt. v. 25.9.2008 – 54-VIII-08, NVwZ 2009, 39, 41; SachsAnhVerfG, Urt. v. 21.4.2009 – 146/08, LVerfGE 20, 404, 427; ThürVerfGH, Urt. v. 18.12.1996 – 2/95 u. a., LVerfGE 391, 423 sowie *Trute* (Fn. 44), S. 175, der von „ernsthaft in Betracht kommenden" Alternativen spricht.

Nachprüfung[119]. Hierbei ist freilich als Korrektiv die *Prinzipienhaftigkeit* der einschlägigen verfassungsrechtlichen Direktiven mit in Rechnung zu stellen. Überdies ist die konkrete Auflösung von Zielkonflikten der Neugliederung im Rahmen der „Je-desto-Formel" nur unter gleichzeitiger Berücksichtigung der jeweiligen Gegebenheiten möglich. Insofern bedeuten die verschiedentlich anzutreffenden Formulierungen, „Gewichtung und Bewertung" dürften „nicht den Prinzipien der verfassungsrechtlichen Ordnung widersprechen" bzw. nicht „deutlich außer Verhältnis zu dem ihnen von Verfassungs wegen zukommenden Gewicht" stehen[120], nicht unbedingt einen sachlichen Widerspruch. Entscheidend ist, dass die unterschiedlichen Wertigkeiten für das Verfassungsgericht erkennbar in die gesetzgeberische Neugliederungsentscheidung eingeflossen sind. Soweit – wie häufig – gegenläufige Belange in Rede stehen, hat das Gericht die gesetzgeberische Entscheidung auch daran zu messen, ob diese einer einseitigen Maximierung folgt[121] oder der „Je-desto-Regel" Rechnung trägt. Das schließt die in unterschiedlichem Maße zu fordernde Gewissheit ihrer tatsächlichen Grundlagen mit ein. Die Relation der von der Neugliederungsentscheidung betroffenen unterschiedlichen verfassungsrechtlich geschützten Belange bestimmt so die jeweilige verfassungsgerichtliche Kontrolldichte im Hinblick auf die Zielformulierung[122]. Zugleich beeinflusst sie die aus der Zielformulierung abgeleiteten Leitlinien und einzusetzenden Instrumente sowie deren konkrete Umsetzung[123].

So wird eine dem Gewicht kommunaler Selbstverwaltung entsprechende Maßstabbildung offensichtlich verfehlt, wenn die Anforderungen an den *Zuschnitt von Kreisen* mit denen an staatliche Mittelbehörden gleichgesetzt werden; damit würde der spezifische Modus kommunaler Aufgabenwahrnehmung grundlegend

119 BVerfGE 86, 90, 109; MVVerfG, Urt. v. 26.7.2007 – 9/06 u. a., LVerfGE 18, 342, 376 = LKV 2007, 457, 460; SächsVerfGH, Urt. v. 14.7.2000 – Vf. 40-VIII-98, LVerfGE 11, 356, 383 f. (aber auch 386); s. a. SachsAnhVerfG, Urt. v. 31.5.1994 – 1/94, LVerfGE 2, 273, 303 ff. = LKV 1995, 75, 78; s. a. *Lorenz* (Fn. 14), S. 197.

120 Vgl. oben im Text zu Fn. 65 f.

121 Siehe nur ThürVerfGH, Urt. v. 18.12.1996 – 2/95 u. a., LVerfGE 5, 391, 417 ff. = NVwZ-RR 1997, 639, 641.

122 Vgl. auch BVerfGE 50, 290, 332 f.; 79, 127, 154; 86, 90, 109; *Bumke* (Fn. 107), S. 77, 98; *Stephan Korioth*, in: Klaus Schlaich/ders., Das Bundesverfassungsgericht, 8. Aufl. 2010, S. 320 ff.; *Lorenz* (Fn. 14), S. 203 f.

123 BbgVerfG, Urt. v. 29.8.2002 – 34/01, LVerfGE 13, 159, 173 f. = LKV 2002, 573; *Lorenz* (Fn. 14), S. 213.

verkannt[124]. Ebenso wird – angesichts der Unterschiede zwischen Raumordnung und Selbstverwaltung – das der kommunalen Selbstverwaltung zukommende Gewicht offensichtlich verfehlt, wenn die vorgefundene raumplanerische Abwägung von Planungsregionen als ausreichende Abwägung auch für eine Kreisgebietsreform gedeutet wird und auf diese Weise die Unterschiede zwischen Raumplanung und kommunaler Aufgabenwahrnehmung vernachlässigt werden[125]. Entsprechendes gilt, wenn der Gesetzgeber sämtliche kreisfreien Städte einkreist, ohne der Frage nachzugehen, ob eine begrenzte „Leistungsfähigkeit" einzelner Städte oder sonstige gewichtige Gründe eine solche Maßnahme rechtfertigen: Die mit einer Kreisgebietsreform verbundene Einkreisung von Städten bedeutet nicht nur eine Maßnahme gebietlicher Neuordnung der Kreise, sondern verändert zugleich den Aufgabenzuschnitt der bisher kreisfreien Stadt. Zwar gibt es keine „statusbezogene" Garantie für die kreisfreie Stadt[126]. Indes lässt sich die mit dem Entzug der Kreisfreiheit verbundene Aufgabenreduktion, auch wenn man die vom Bundesverfassungsgericht[127] im Rastede-Urteil formulierten Legitimationsanforderungen insoweit – angesichts der damit verbundenen strukturellen Komponente – nicht für unmittelbar anwendbar hält[128], nur rechtfertigen, wenn die den (Teil-)Entzug tragenden Gründe gegenüber dem verfassungsrechtlichen Aufgabenverteilungsprinzip des Art. 28 Abs. 2 Satz 1 GG überwiegen[129]. Das schließt Feststellungen des Gesetz-

124 Hierzu MVVerfG, Urt. v. 26.7.2007 – 9/06 u. a., LVerfGE 18, 342, 384 = LKV 2007, 457, 462 f.; Urt. v. 18.8.2011 – 21/10, LVerfGE 22, 298, 312 = NordÖR 2011, 537, 541; *Eberhard Schmid-Aßmann*, Perspektiven der Selbstverwaltung der Landkreise, in: Friedrich Schoch (Hrsg.), Selbstverwaltung der Kreise in Deutschland, 1996, S. 79, 93; s. a. *Hans Meyer*, Liegt die Zukunft Mecklenburg-Vorpommerns im 19. Jahrhundert?, NVwZ 2008, 24, 29 mit nicht von den tatsächlichen Verhältnissen gedeckter Schlussfolgerung.

125 Vgl. MVVerfG, Urt. v. 26.7.2007 – 9/06 u. a., LVerfGE 18, 342, 382 = LKV 2007, 457, 460. Auf einer anderen Ebene liegt die Berücksichtigung raumplanerischer Gesichtspunkte als einer von vielen Aspekten konkreter Zuordnung einzelner Körperschaften; siehe oben Fn. 88.

126 MVVerfG, Urt. v. 18.8.2011 – 22/10, LVerfGE 22, 337, 340 = NordÖR 2011, 549, 550 m. w. N.

127 BVerfGE 79, 127, 153 ff.

128 *Oebbecke* (Fn. 85), S. 722.

129 Im Erg. übereinstimmend MVVerfG, Urt. v. 18.8.2011 – 22/10, LVerfGE 22, 337, 340 = NordÖR 2011, 549, 550 f.; *Franz-Ludwig Knemeyer*, Grundsatzentscheidungen zur Einkreisung kreisfreier Städte, AfK 15 (1976) 85, 87 ff.; *Jörn Koch*, Einkreisung kreis-

gebers zur (typisierten) Leistungsfähigkeit der betroffenen Städte und/oder zu sonstigen systemischen Gründen einer Einkreisung als Beurteilungsbasis mit ein[130]. Regelmäßig werden auch die prospektive Rechtsstellung der eingekreisten Stadt, etwa als „große kreisangehörige Stadt", wie auch die Leistungsfähigkeit des neuen Kreises eine Rolle spielen. Dies kann zugleich die gerichtliche Kontrolldichte beeinflussen, die umso intensiver ist, je gewichtiger sich der Aufgabenverlust für die bisher kreisfreien Städte erweist[131].

Eine besondere Herausforderung bietet die Frage verfassungsgerichtlicher Kontrolldichte, soweit kommunale Gebietsreformen von *finanzwirtschaftlichen Gründen* getragen sind. Der Grundsatz der „Wirtschaftlichkeit" ist ein legitimes (Teil-)Ziel kommunaler Neuordnung. Indes kommt ihm keinesfalls eine die verfassungsrechtlichen Leitentscheidungen zur organisatorischen Ausgestaltung der unteren Verwaltungsebene verdrängende Wirkung zu; dem stehen die Universalität des Wirtschaftlichkeitsgrundsatzes wie die Offenheit des Grundsatzes als „formales Prinzip" entgegen[132]. Tatsächlich ist der verfassungsrechtlich vorgegebene Modus kommunaler Aufgabenwahrnehmung auf Verwirklichungsvoraussetzungen angewiesen, die eine deutliche Relativierung rein wirtschaftlicher Effizienzbetrachtung einfordern[133]. Wenn das Bundesverfassungsgericht[134] in seinem Rastede-Urteil (im Zusammenhang mit der Aufgabenübertragung) ausführt, eine zentralistisch organisierte Verwaltung könne „in

---

freier Städte, Diss. 2006, S. 168 ff.; s. a. SächsVerfGH, Beschl. v. 22.4.2008 – Vf. 19-VIII-08, Umdr. S. 17, 22 (www.justiz. sachsen.de) sowie – für den Entzug des Rechts zur Flächennutzungsplanung – BbgVerfG, Urt. v. 21.3.2002 – 19/01, LVerfGE 13, 129, 144 = LKV 2002, 516, 520.

130 Diese deutlich in den Vordergrund stellend: NWVerfGH, OVGE 30, 312, 319; vgl. demgegenüber NWVerfGH, Urt. v. 6.12.1975 – 62/74, DVBl 1976, 393, 394 f., sowie NWVerfGH, Urt. v. 6.12.1975 – 13/74, Der Städtetag 29 (1976) 408 Ls; hierzu: *Rolf Wiese,* Der Städtetag 29 (1976) 31, 32 f.; s. a. – einschränkend – *Knemeyer* (Fn. 129), S. 86 ff.; *Stern* (Fn. 28), S. 185.

131 SächsVerfGH, Urt. v. 25.9.2008 – Vf. 54-VIII-08, NVwZ 2009, 39, 41; s. a. BbgVerfG (Fn. 129) a. a. O.

132 Ausf. Nachw. bei *Wallerath*, Selbstverwaltungsgarantie und Kreisgebietsreform, in: FS für F. E. Schnapp, 2008, S. 695, 708 Fn. 64.

133 BVerfGE 79, 127, 153; s. a. BbgVerfG, Urt. v. 29.8.2002 – 34/01, LVerfGE 13, 159, 173 f. = LKV 2002, 573, 576; MVVerfG, Urt. v. 26.7.2007 – 9/06 u. a., LVerfGE 18, 342, 373 f. = LKV 2007, 457, 459 sowie oben Fn. 99, 101.

134 BVerfGE 79, 127, 153; demgegenüber abschwächend: SachsAnhVerfG, Urt. v. 21.4.2009 – 12/08, LVerfGE 20, 404, 427.

vielerlei Hinsicht rationeller und billiger arbeiten", das Grundgesetz setze einer solchen ökonomischen Betrachtung jedoch „den politisch-demokratischen Gesichtspunkt der Teilnahme der örtlichen Bürgerschaft an der Erledigung ihrer öffentlichen Aufgaben" entgegen und gebe ihm den Vorzug, so stellt es ein allgemeingültiges Vorrangverhältnis heraus[135]. Wird eine Gebietsreform maßgeblich von wirtschaftlichen Gründen getragen, so sind die Anforderungen an diese jedenfalls bei Gebietsänderungen von erheblichem Gewicht besonders hoch, wenn diese nicht zugleich durch spezifische Erfordernisse kommunaler Leistungsfähigkeit getragen werden: Das drückt sich auch in dem Grad der zu fordernden Gewissheit ihrer tatsächlichen Grundlagen aus und bestätigt nur, dass die verfassungsmäßige Entscheidung für einen dezentralen Staatsaufbau unter Einbeziehung kommunaler Selbstverwaltung – nicht anders als die für rechtsstaatliche Verfahren, unabhängige Justiz, demokratischen Willensbildungsprozess oder sozialstaatliche Aufgabenwahrnehmung – ihre Kosten hat.

b) Stellt sich der Gesetzgeber der geforderten Abwägung, so eröffnet insbesondere das Kriterium der *Leistungsfähigkeit* ein weites Spektrum unterschiedlicher Lösungen, wenn er nur die verfassungsrechtliche Wertigkeit der betroffenen Belange dabei nicht verfehlt. In ihm begegnen sich die Vorteile größerer Aufgabenfülle und -qualität einer wirkkräftigen Selbstverwaltungseinheit mit den Nachteilen schwindender Überschaubarkeit und Repräsentation[136]. Angesichts dessen kann sich der Gesetzgeber ebenso für die Lösung im Sinne einer *Einheitsgemeinde* (ggf. verbunden mit einer Ortsteilverfassung) wie für eine Verbandslösung entscheiden[137]. Auch ist er frei in den Festlegung von *(Regel-) Mindesteinwohnerzahlen* als Indikator für eine bestimmte Leistungsfähigkeit, sofern sie sich an entsprechenden Erfahrungswerten orientieren[138]. Entsprechendes gilt für die Orientierung an bestimmten *Flächengrößen*. Diese lassen sich nicht auf eine einfache quantitative Formel bringen. Namentlich das Funk-

135 Übereinstimmend *Holger Obermann*, LKV 2011, 495, 497; krit. *Oebbecke* (Fn. 85), S. 722.

136 S. a. ThürVerfGH, Urt. v. 18.12.1996 – 2/95 u. a., LVerfGE 5, 391, 417 = NVwZ-RR 1997, 639, 641.

137 SachsAnhVerfG, Urt. v. 21.4.2009 – 12/08, LVerfGE 20, 404, 430 f.

138 BbgVerfG, Urt. v. 29.8.2002 – 34/01, LVerfGE 13, 159, 173 f. = LKV 2002, 573, 575; SächsVerfGH, Urt. v. 25.9.2008 – Vf. 54-VIII-08, NVwZ 2009, 39 ff.; Urt. v. 18.6.1999 – Vf. 54-VIII-98, LKV 2000, 25, 28 f.; SachsAnhVerfG, Urt. v. 31.5.1994 – 1/94, LKV 1995, 78, 80.

tionieren eines Landkreises als Selbstverwaltungseinrichtung mit einer übergemeindlichen Ausgleichsfunktion, seine Überschaubarkeit und Bürgernähe, hängen von einer Vielzahl von Faktoren ab, die miteinander zum Ausgleich zu bringen sind. Soweit diese sich numerisch ausdrücken lassen, sind neben der Einwohnerzahl vor allem der gebietliche Umfang, topographische Besonderheiten sowie Zahl und Struktur der kreisangehörigen Gemeinden bedeutsam. Schon von daher ist es nicht möglich, allgemein gültige Grenzwerte zu bestimmen[139]. Andererseits sollte klar sein, dass auch die Fläche keine „quantité négligeable" ist[140]. Sie bestimmt – zusammen mit der jeweiligen Infrastruktur – die Erreichbarkeit der kommunalen Einrichtungen wie auch die Überschaubarkeit der örtlich radizierten politischen und administrativen Problemlagen entscheidend mit[141]. Dieser Umstand bleibt nicht ohne Einfluss auf die Kontrolldichte: Die Anforderungen an das Gewicht der Gründe und damit auch die Feststellungs- und Darlegungslast des Gesetzgebers nehmen mit wachsender Größenordnung zu[142].

c) Die verfassungsgerichtliche Überprüfung erstreckt sich auch darauf, ob die vom Gesetzgeber angeführten *Unterziele* (Grundsätze, Leitlinien), *Instrumente* und *Maßnahmen* mit den angeführten Oberzielen übereinstimmen[143]. Das umfasst die Frage, ob die eingesetzten Instrumente und Maßnahmen *geeignet* und *erforderlich* sind, um die mit der Neugliederungsmaßnahme ver-

139 Damit geht auch die von *Veith Mehde*, Das Ende der Regionalkreise? – Zur Entscheidung des Landesverfassungsgerichts Mecklenburg-Vorpommern, NordÖR 2007, 331, 334 geäußerte Kritik ins Leere. Sie widerspräche gerade der Je-desto-Struktur der Entscheidung mit einem dynamischen Anforderungsprofil, das sich zunächst an den Gesetzgeber wendet; im Erg. wie hier *Hubert Meyer*, NVwZ 2013, 1183 f.

140 Siehe auch – zu deren Berücksichtigung im Rahmen des kommunalen Finanzausgleichs – NdsStGH, DVBl 1998, 185, 188; NdsVBl 2001, 184, 190; *Hans-Günter Henneke*, Kommunale Finanzgarantien in der Rechtsprechung, in: ders./H. Pünder/Ch. Waldhoff (Hrsg.), Recht der Kommunalfinanzen, 2006, § 24 Rn. 326 ff.

141 MVVerfG, Urt. v. 26.7.2007 – 9/06 u. a., LVerfGE 18, 342, 388 = LKV 2007, 457, 463; s. a. SachsAnhVerfG, 21.4.2009 – 12/08, LVerfGE 20, 404, 441; *Trute* (Fn. 44), S. 196; *Hubert Meyer*, NVwZ 2013, 1183 sowie vorsteh. unter 5a) zur „Responsivität" der kommunalen Verantwortungsträger.

142 Vgl. oben zu Fn. 122 f. sowie 131.

143 Siehe BbgVerfG, Beschl. v. 27.5.2004 – 138/03, NJOZ 2004, 2509, 2513.

folgten Ziele zu erreichen[144]. Hierbei geht es ausschließlich um eine mögliche Falsifizierung der gesetzgeberischen Entscheidung an den Maßstäben des Verfassungsrechts, die der Konkretisierungsbedürftigkeit der einschlägigen entscheidungsleitenden Verfassungsprinzipien und etwaigen prognostischen Entscheidungselementen Rechnung zu tragen hat. Sie findet auf der Ebene verfassungsgerichtlicher Kontrolle in der negativen Fassung von „ungeeignet", „nicht erforderlich" und „unverhältnismäßig" ihre Ausprägung. Das setzt jeweils einen entsprechend begründeten Nachweis der Fehlerhaftigkeit voraus, dessen Eigenheit vielfach unter Rückgriff auf zusätzliche bekräftigende Formeln wie „offensichtlich", „eindeutig" oder „erkennbar" zum Ausdruck gebracht wird.

Die *Geeignetheit* von Neugliederungsmaßnahmen wird angesichts der typischerweise vorliegenden Zielkomplexität solcher Maßnahmen, aber auch der weiten Fassung dieses Merkmals, nach der bereits eine „Teileignung" genügt, regelmäßig keine ernstlichen Fragen aufwerfen. Problembeladener stellt sich die Situation im Hinblick auf das Kriterium der *Erforderlichkeit* (Gebot des mildesten Mittels) dar. Teilweise wird dessen Anwendbarkeit im Staatsorganisationsrecht generell infrage gestellt; deshalb habe das Verfassungsgericht bei kommunalen Neugliederungsmaßnahmen „nicht zu prüfen, ob eine andere als die vom Gesetzgeber gewählte Lösung besser oder zweckmäßiger gewesen wäre"[145]. Zutreffend ist, dass „bessere" oder „zweckmäßigere" Lösungen als solche keine verfassungsrechtliche, sondern gesetzgebungs-politische bzw. verwaltungswissenschaftliche Kategorien abbilden: Das verfassungsrechtliche Gebot des mildesten Mittels enthält kein allgemeines Optimierungsgebot. Geht es jedoch um gesetzgeberische Maßnahmen, welche Organisationseinheiten betreffen, die mit eigenen verfassungsrechtlichen Rechten ausgestattet sind, kann die Überlegung nicht ausgeblendet werden, ob zur Zielerreichung auch andere Maßnahmen mit erkennbar geringerer Rechtsbeeinträchtigung zur Verfügung stehen[146]. Allerdings teilt das Gebot des mildesten Mittels mit dem Kriterium

144 Zur Frage der grundsätzlichen Anwendbarkeit des Verhältnismäßigkeitsprinzips in organisationsrechtlichen Zusammenhängen: SachsAnhVerfG, Urt. v. 21.4.2009 – 12/08, LVerfGE 20, 404, 423 ff. m. w. N.

145 BbgVerfG, Urt. v. 29.8.2002 – 34/01, LVerfGE 13, 159, 174; SachsAnhVerfG, Urt. v. 21.4.2009 – 12/08, LVerfGE 20, 404, 425 m. w. N.

146 Siehe BbgVerfG, Beschl. v. 27.5.2004 – 138/03, NJOZ 2004, 2509, 2514 m.w.N; ThürVerfGH, Urt. v. 18.12.1996 – 2/95 u.a., LVerfGE 5, 391, 420 f., 424 f., 427 = NVwZ-RR 1997, 639, 642; Urt. v. 8.9.1997 – 8/95, LVerfGE 7, 361, 386. Vgl. auch

der Geeignetheit dessen auf der multiplen Zielstruktur und den prognostischen Elementen von Neugliederungsentscheidungen beruhende Schwäche. Regelmäßig wird der Grundsatz der Erforderlichkeit in der Prüfung der gesetzgeberischen Abwägungsentscheidung, in der Leitlinien und Instrumente mit den Neugliederungszielen abzugleichen sind, aufgehoben und verarbeitet sein[147]. Das schließt nicht aus, dass er (auch) auf der Ebene der Einzelumsetzung doch einmal Relevanz erlangen kann[148] – etwa, wenn der Gesetzgeber eine offene Regelungstechnik wählt, welche einzelne Neugliederungsinstrumente offen hält oder verschiedene Neuordnungsinstrumente als gleichberechtigt nebeneinander stellt. Für diesen Fall verlangt der Thüringische VerfGH[149], vorrangig die Instrumente einzusetzen, welche die kommunale Selbständigkeit betroffener Gemeinden wahren. Zwar könne der Gesetzgeber der Eingliederung einer bisher selbständigen Gemeinde in eine neugebildete Einheitsgemeinde im Vergleich zum Anschluss an eine Verwaltungsgemeinschaft oder zur Anordnung einer „erfüllenden“ Gemeinde generell den Vorrang einräumen. Tue er dies jedoch nicht, so habe er bei der Entscheidung über einzelne Gemeinden zu beachten, dass die Eingemeindung den ungleich schwereren Eingriff bilde. Damit bringt der Verfassungsgerichtshof implizit einen systemischen Gesichtspunkt von weitreichender Konsequenz ins Spiel: Sofern nicht eine gleichheitssichernde Vorrangregelung auf der Ebene genereller Abwägung getroffen wird, soll eine Maßnahme, die sich zu Lasten des Selbstverwaltungsrechts einzelner Gemeinden auswirkt, ausgeschlossen sein[150].

Jens J. Hesse (Fn. 39), S. 84, mit dem Hinweis, „Expertisen“, welche sich lediglich auf „quantitative Relationen und allgemeine Entwicklungsgrundsätze ohne konkrete Hinweise auf deren Umsetzung“ stützten, blieben „notwendigerweise unvollständig“.

147 *Tettinger* (Fn. 17), S. 409, spricht insoweit von „double-step-control“; s. a. oben zu Fn. 105.

148 BbgVerfG, Urt. v. 15.9.1994 – 3/93, SächsVBl 1995, 204, 207; SächsVerfGH, Urt. v. 14.7.2000 – Vf. 40-VIII-98, LVerfGE 11, 356, 384 = ZNER 2000, 126, 130; Beschl. v. 27.5.2004 – 138/03, NJOZ 2004, 2509, 2513; SachsAnhVerfG, 31.5.1994 – 1/94, LVerfGE 2, 273, 298 f. = LKV 1995, 75, 78; *Lorenz* (Fn. 14), S. 213; s. a. *Trute* (Fn. 44), S. 172.

149 ThürVerfGH, Urt. v. 18.9.1998 – 1/97 u. a., NVwZ-RR 1999, 55, 60; s. a. BVerfGE 86, 90, 116, 120.

150 S. a. MVVerfG, Urt. v. 26.7.2007 – 9/06 u. a., LVerfGE 18, 342, 371= LKV 2007, 457, 458 zur Bedeutung des Parlamentsvorbehalts.

Für die (zusätzliche) Heranziehung des Grundsatzes der *Verhältnismäßigkeit im engeren Sinne* (Angemessenheit) wird regelmäßig nur ein Bedürfnis bestehen, soweit es sich um die Umsetzung der Neugliederungsziele handelt, bei der bestimmten Besonderheiten Rechnung zu tragen ist, die bei einer typisierenden Regelung nicht angemessen zur Geltung gebracht werden können. Hierbei geht es vor allem um die Abweichung von (Mindest-)Regeleinwohnerzahlen. Deren indikatorischer Wert ist nicht zu bezweifeln; ebenso klar ist freilich, dass entsprechende Zahlen keine allen Situationen gerecht werdende Messlatte liefern können und deshalb auf Öffnungsklauseln angewiesen sind. Maßstabsverschiebungen für die Angemessenheit können durch geographische Besonderheiten (Insellage, Seenlandschaft, Stadt-Umland-Problematik) oder die Geringfügigkeit der Unterschreitung von Regelgrößen bei besonderer historischer Bedeutung u.ä. begründet sein und diesen angepasste Lösungen verlangen[151]. Wenn die Verfassungsgerichte[152] darauf abstellen, ob das jeweilige Ergebnis deutlich außer Verhältnis zu den mit den Zielen angestrebten Vorteilen steht, kann man dies durchaus so interpretieren, dass damit nicht nur ein Erkennbarkeitskriterium gemeint ist, sondern auch ein qualitatives Element der insoweit relevanten Differenz (mehr als bloß geringe Abweichungen von der Regelsituation) in die Effizienzbetrachtung eingeführt wird. In diesem Sinne lässt sich auch die These des Bundesverfassungsgerichts[153] verstehen, örtliche Gegebenheiten könnten „sich gegenüber einer generellen gesetzlichen Regelung erst durchsetzen, wenn offenkundige und gewichtige Gründe dafür sprechen", dass die in verfassungsrechtlich nicht zu beanstandender Weise für eine an objektiven Kriterien ausgerichtete gesetzliche Leitvorstellung „im Einzelfall zurücktreten muss".

Schließlich erstreckt sich die verfassungsgerichtliche Kontrolle darauf, ob die gesetzliche Maßnahme *„frei von willkürlichen Erwägungen und Differenzie-*

151 BbgVerfG, Urt. v. 29.8.2002 – 34/01, LVerfGE 13, 159, 173 f. = LKV 2002, 573, 576; SachsAnhVerfG, Urt. v. 21.4.2009 – 12/08 u.a., LVerfGE 20, 404, 440 (aber auch 446).

152 Siehe BVerfGE 86, 90, 109; BbgVerfG, Urt. v. 14.07.1994 – 4/93, LVerfGE 2, 125, 137 = LKV 1995, 37 (37 f.). Auf „hinreichende Gründe" abstellend: BbgVerfG, Urt. v. 29.8.2002 – 34/01, LVerfGE 13, 159, 174 = LKV 2002, 573, 576; SachsAnhVerfG, Urt. v. 21.4.2009 – 12/08 u.a., LVerfGE 20, 404, 438 ff.

153 BVerfGE 107, 1, 23.

rungen ist“[154]. Auf diese Weise kann die Frage der Konsistenz der konkreten Zuordnung einzelner betroffener Gebietskörperschaften mit den abstrakt formulierten Zielen (Grundsätze und Leitlinien) nicht nur unter dem Aspekt der „Geeignetheit“ der Maßnahme, sondern auch – so bei unterschiedlichen Teillösungen – unter dem der „Systemgerechtigkeit“ bedeutsam werden[155]. Dieser hat bei der gebietlichen Neuordnung seine Wurzel im Gedanken interkommunaler Gleichheit und rationaler Gesetzgebung (Folgerichtigkeit): Er verlangt die konsequente Anlegung gleicher Maßstäbe bei der Umsetzung der Neugliederungsziele, was eine Differenzierung aus sachlichen Gründen nicht ausschließt[156].

VIII. Fazit

Verfassungsgerichte haben die Aufgabe, die Verfassung als „gute Ordnung“ des Gemeinwesens durch Rückbindung von staatlicher Herrschaftsäußerung an das (Verfassungs-)Recht zur Geltung zu bringen. Das gilt nicht zuletzt bei kommunalen Gebietsreformen, die insofern aus dem üblichen Raster „alltäglicher“

154 BVerfGE 107, 1, 24; BbgVerfG, Urt. v. 14.07.1994 – 4/93, LVerfGE 2, 125, 137 = LKV 1995, 37, 38; ähnl. Urt. v. 15.9.1994 – 3/93, LVerfGE 2, 143, 159 = SächsVBl 1995, 204, 207 f.; s. a. SächsVerfGH, Urt. v. 13.12.1996 – Vf. 21-VIII-95, LVerfGE 5, 311, 324 f.; Urt. v. 14.7.2000 – Vf. 40-VIII-98, LVerfGE 11, 356, 386; SachsAnhVerfG, Urt. v. 31.5.1994 – 1/94, LVerfGE 2, 273, 314; Urt. v. 31.5.1994 – 4/94, LVerfGE 2, 323, 341 ff.; ThürVerfGH, Urt. v. 6.9.1995 – 4/95, LVerfGE 5, 331, 338.

155 Der Topos der Systemgerechtigkeit ist schon früh im Zusammenhang mit kommunalen Gebietsreformen aktiviert worden (vgl. RhPfVerfGH, DVBl 1969, 799, 806; BWStGH, ESVerfGH 23, 1, 5). Inzwischen wurden diesem zahlreiche weitere Anwendungsfelder in Gestalt des Gebots der Konzepttreue und Widerspruchsfreiheit an die Seite gestellt, so in kompetenzrechtlicher Hinsicht (BVerfGE 98, 83, 98 ff.; 98, 106, 118 ff.; 108, 169, 182), im Recht der Sozialversicherung (BVerfGE 113, 167, 233) und der Grundsicherung (BVerfGE 125, 175, 225) sowie im Wahlrecht (BVerfGE 95, 335, 354); näher *Paul Kirchhof* (Fn. 106), Rn. 211 ff.; *Matthias Cornils*, Rationalitätsanforderungen an die parlamentarische Rechtsetzung im demokratischen Rechtsstaat, DVBl 2011, 1053 ff.; krit. *Bumke* (Fn. 107), 77, 97; *Bernd Grzeszick*, Rationalitätsanforderungen an die parlamentarische Gesetzgebung, VVDStRL 71 (2012), S. 49, 53, 69.

156 BbgVerfG, Urt. v. 15.9.1994 – 3/93, SächsVBl 1995, 204, 207 f.; Urt. v. 29.8.2002 – 34/01, LKV 2002, 573, 576; SächsVerfGH, Urt. v. 23.6.1994 – Vf. 1-VIII-93, SächsVBl 1994, 281, 283; s. a. Urt. v. 25.9.2008 – Vf. 54-VIII-08, NVwZ 2009, 39, 44.

Gesetzgebung herausfallen, als sie von Verfassungs wegen an zusätzliche, vom Gesetzgeber zu beachtende Voraussetzungen gebunden sind, die in eine legislatorische „Abwägungsentscheidung" münden. Damit ist eine erste, bedeutsame Weichenstellung verbunden: Die Abwägungsentscheidung unterliegt einer verfassungsgerichtlichen Fehlerkontrolle, für die i. d. R. die kommunale Verfassungsbeschwerde bereitsteht. Diese hat die Balance zwischen Entscheidungskompetenz des Gesetzgebers und Kontrollkompetenz des Verfassungsgerichts einzuhalten. Das ist nicht einfach unter Rückgriff auf Großformeln zur verfassungsgerichtlichen Kontrolldichte bei Gesetzen zu erreichen. Auch eine allgemeine funktionsrechtliche Betrachtung führt schnell zu einem Zirkelschluss: Die Frage ist ja gerade, was dem parlamentarischen Gesetzgeber, ohne insoweit einer verfassungsgerichtlichen Kontrolle zu unterliegen, zukommt, und was nicht. Eben dies lässt sich nur bei gleichzeitiger Bestimmung des jeweiligen Umfangs verfassungsrechtlicher Anleitung des einfachen Gesetzgebers bei kommunalen Neugliederungsmaßnahmen beantworten. Diese wollen ernst genommen sein[157]: Vom Gesetzgeber, dem die primäre Aktualisierungskompetenz im Hinblick auf die verfassungsrechtlichen Zielvorstellungen und deren kohärente Umsetzung zukommt, wie auch von den Verfassungsgerichten, die Sorge dafür zu tragen haben, dass die betroffenen Kommunen als Sachwalter der institutionellen Selbstverwaltungsgarantie unter Respektierung des Gestaltungsauftrags des Gesetzgebers nicht schutzlos gestellt werden dürfen und die dabei zu beachtenden Gelingensbedingungen einfordern können[158].

Gesetzgeber wie Verfassungsgerichte in den neuen Bundesländern haben sich dem auf unterschiedliche Weise und mit teils gegensätzlichen Ergebnissen gestellt, die eine produktive Herausforderung bleiben: Die *Landesgesetzgeber* mit Neugliederungsgesetzen und -konzepten, die eine deutlich eigene Handschrift tragen – bis hin zu abgeschichteten Gesetzgebungsverfahren. Sie spiegeln die föderale Vielfalt in der Organisation der unteren Verwaltungsebene der Länder wider, deren Schwerpunkt die Kommunalverwaltung bildet. Die *Verfassungsgerichte* haben ihrerseits verschiedene neue Akzente gesetzt, indem sie ins-

157 S. a. *Jens J. Hesse* (Fn. 39), S. 88, der aus politikwissenschaftlicher Sicht anmahnt, den Bestand an finanzwissenschaftlichen Analysen „zu verstetigen und dabei die rechtlichen wie politisch-administrativen Rahmenbedingungen ernster als bislang zu nehmen".

158 Siehe *Herbert Bethge*, Der Umfang des Prüfungsmaßstabs des Bundesverfassungsgerichts im Verfahren der kommunalen Verfassungsbeschwerde, DÖV 1972, 155, 159 f. m. w. N.; *Tettinger* (Fn. 17), S. 409.

besondere die überkommenen Anforderungen an Anhörung und Begründung sowie an die Gewinnung von Entscheidungsgrundlagen bei gebietlichen Neuordnungsmaßnahmen weiterentwickelt und die Maßstäbe für ihre verfassungsgerichtliche Überprüfung, teilweise auch deren inhaltliche Anforderungen, präzisiert haben. Sie haben damit ein reiches Anschauungsmaterial zur näheren Bestimmung der verfassungsrechtlichen Koordinaten einer Gemeinwohlkonkretisierung bei kommunalen Gebietsreformen bereitgestellt.

Grundsätze der Finanzierung der kommunalen Selbstverwaltung in Zeiten von Schuldenbremse und Haushaltskonsolidierung in der Rechtsprechung des Landesverfassungsgerichts Sachsen-Anhalt

*Winfried Kluth**

I. Einführung in die Thematik

Die Geschichte der kommunalen Selbstverwaltung ist Erfolgs- und Krisengeschichte zugleich. Erfolgsgeschichte, weil es weltweit wohl nur wenige andere Staaten gibt, die der kommunalen Ebene vergleichbar weitreichende eigene Rechte verleihen, die durch die Verfassung und die Verfassungsgerichte garantiert werden. Krisengeschichte, weil vor allem die ausreichende Finanzierung der kommunalen Aufgaben von Beginn an „problematisch" war und die Kommunen immer wieder gegenüber den dafür letztlich verantwortlichen Ländern um eine ausreichende Finanzausstattung kämpfen müssen. Es verwundert deshalb auch nicht, dass die politischen und rechtswissenschaftlichen Beiträge, die eine Krise oder einen Niedergang der kommunalen Selbstverwaltung an die Wand malen, viele Regalmeter füllen.[1]

Dass man in den letzten beiden Jahrzehnten nicht nur aus einer juristischen Perspektive von einer Stärkung der rechtlichen Absicherung der finanziellen

---

* Der Verfasser ist Inhaber des Lehrstuhls für Öffentliches Recht an der Martin-Luther-Universität Halle-Wittenberg und Mitglied des Landesverfassungsgerichts Sachsen-Anhalt.

1 Siehe jüngst *Henneke*, DÖV 2013, 825 ff.

Interessen und Bedürfnisse der Kommunen sprechen kann[2], ist nicht zuletzt ein Verdienst der Rechtsprechung. Dabei kam und kommt den Landesverfassungsgerichten eine besondere Bedeutung zu, insbesondere ihrer Rechtsprechung zu den Konnexitätsregelungen in den Landesverfassungen.[3] In jüngster Zeit hat aber auch das Bundesverwaltungsgericht deutlich „Flagge gezeigt" und in einer Entscheidung vom 31.01.2013 den Anspruch der Kommunen auf eine finanzielle Mindestausstattung bundesverfassungsrechtlich noch klarer als bisher unterfangen.[4]

Diesen positiven Befunden zum Trotz ist die Lage der Kommunalfinanzen auch in den Jahren reich sprudelnder Steuerquellen in den meisten Regionen alles andere als rosig. Das gilt besonders für die neuen Bundesländer. Unter anderem hängt dies damit zusammen, dass die meisten[5] Kommunen veritable Schuldenberge[6] angehäuft haben, die nicht durch einige Jahre mit höheren Steuereinnahmen[7] ausgeglichen werden können. Vor allem aber ist zu konstatieren, dass durch das bevorstehende Eingreifen der 2009 neu in das Grundgesetz

2 Siehe dazu auch die Beiträge in Henneke (Hrsg.), Kommunale Selbstverwaltung in der Bewährung, 2013. Es handelt sich dabei um eine Dokumentation der jährlichen Tagung des Professorengesprächskreises des Deutschen Landkreistages, der sich in besonderer Weise diesen Themen widmet und dazu zahlreiche wissenschaftliche Beiträge geleistet hat.

3 Dazu eingehend *Engelken*, Das Konnexitätsprinzip im Landesverfassungsrecht, 2. Aufl., 2012. Siehe auch *Henneke*, Die Kommunen in der Finanzverfassung des Bundes und der Länder, 5. Aufl., 2013, S. 226 ff. mit einer detaillierten Darstellung der Rechtsprechung der Landesverfassungsgerichte.

4 BVerwG, DVBl. 2013, 858 ff.

5 Die Spreizung zwischen armen und reichen Kommunen, die eine differenzierte Betrachtung verlangt und zudem Anlass für den interkommunalen Finanzausgleich ist, hat dabei zugenommen. Siehe dazu *Wohltmann*, Der Landkreis 2012, 337 ff.; *Oebbecke*, DVBl. 2013, 1409 f.

6 Ende 2011 betrugen die durchschnittlichen Schulden der Kommunen in Deutschland 1.709 Euro je Einwohner. Den geringsten Verschuldungsstand wies Baden-Württemberg mit 643 Euro aus, den höchsten das Saarland mit 2.869 Euro. Für die neuen Bundesländer sind folgende Zahlen zu verzeichnen: Sachsen-Anhalt 1.484 Euro, Mecklenburg-Vorpommern 1.169 Euro, Thüringen 1.006 Euro, Brandenburg 909 Euro, Sachsen 837 Euro.

7 Seit 2011 hat sich das kommunale Finanzierungsdefizit deutlich verringert, für 2011 alleine um 11 Mrd. Euro.

eingeführten Schuldenbremse[8] auch die Länder zu teilweise radikalen Sparanstrengungen gezwungen sind, die sich auch auf die Finanzzuweisungen an die Kommunen auswirken und die Kommunen zudem selbst zu einem drastischen Abbau von Schulden und Defiziten zwingen, soweit solche in nennenswerter Höhe aufgelaufen sind.[9]

Innerhalb dieses Gesamtrahmens kommt auch der genuin verfassungsrechtlichen Frage, welche finanzielle (Mindest-)Ausstattung die Länder ihren Kommunen „schulden“ sowie der weiteren Frage, welche Anforderungen an die Kostendeckungsregelung und den Mehrbelastungsausgleich zu stellen sind, wenn der Landesgesetzgeber[10] den Kommunen neue Aufgaben überträgt, eine nochmals erhöhte Bedeutung zu. Es geht dabei unter anderem um die Frage, ob und ggf. in welcher Art und Weise das Land eigene finanzielle Engpässe sowie Sparzwänge anführen kann, um die finanziellen Zuweisungen an die Kommunen zu kürzen bzw. ihnen einen vollen Kostenausgleich im Falle der Zuweisung von Aufgaben zu verweigern.

Diese und damit im Zusammenhang stehende Fragen sollen im Folgenden aus dem Erfahrungshorizont der einschlägigen Rechtsprechung des Landesverfassungsgerichts Sachsen-Anhalt beleuchtet werden. Dabei wird der Versuch unternommen, die Argumentation in einen größeren systematischen Rahmen einzubeziehen, der zugleich verschiedene Modelle der Finanzierung von Selbstverwaltungsträgern in den Blick nimmt und die grundsätzliche Frage thematisiert, inwieweit eine aufgabengerechte Finanzierung von kommunalen Aufgaben Gegenstand verfassungsrechtlicher Judikatur oder gesetzgeberischer und damit politischer Gestaltungsfreiheit ist bzw. sein sollte.

---

8 Siehe dazu die Überblicksaufsätze von *Lenz/Burgbacher*, NJW 2009, S. 2561 ff.; *Waldhoff/Dieterich*, ZG 2009, S. 97 ff.; *Tappe*, DÖV 2009, S. 881 ff.; *Scholl*, DÖV 2010, S. 160 ff.; *Christ*, NVwZ 2009, S. 1333 ff.; *Ohler*, DVBl. 2009, S. 1265 ff.; *Schmidt*, DVBl. 2009, S. 1274 ff.

9 Zu den Auswirkungen näher *Henneke*, Neuregelung des Verschuldensregimes durch Art. 109 GG und den Fiskalpakt mit ihren Auswirkungen auf Bund, Länder und Kommunen, in: ders., (Fn. 2), S. 55 ff.

10 Dem Bundesgesetzgeber ist dies inzwischen nach Art. 84 Abs. 1 S. 7 sowie Art. 85 Abs. 1 S. 2 GG untersagt. Dazu *Germann*, in: Kluth (Hrsg.), Föderalismusreformgesetz, 2007, Art. 84/85, Rn. 104 ff. Zu den „Gestaltungsmöglichkeiten“ bei bereits übertragenen Aufgaben siehe näher *Schoch*, Rechtsdogmatische Fundierung der kommunalen Selbstverwaltung nach der Föderalismusreform I, in: Henneke, (Fn. 2), S. 11 (18 ff.).

II. Haushaltspolitik und Kommunalfinanzen im Zeitalter der Schuldenbremse

1. Haushaltspolitik als Achillesferse der Kommunalpolitik

Die kommunale Selbstverwaltung sichert zusammen mit den Sozialversicherungsträgern, die ebenfalls über das Recht der Selbstverwaltung verfügen, zentrale Bereiche der staatlichen Infrastrukturleistungen ab. Man muss dabei nur die Bereiche Kinderbetreuung[11], Schule[12], Gesundheitsversorgung, Wasser- und Energienetze und örtliche sowie regionale Verkehrsinfrastrukturen[13] anführen, um dies zu veranschaulichen. Insbesondere die kommunale Selbstverwaltung steht deshalb auch in der juristischen Ausbildung exemplarisch für die Vermittlung des Rechtsrahmens der Leistungsverwaltung.[14]

Im Unterschied zur staatlichen Ebene stehen den Kommunen, genauer: den Städten und Gemeinden, nur in wenigen Bereichen Teile des Steueraufkommens zur Verfügung.[15] Relevant sind vor allem die Gewerbe- und die Grundsteuer.[16] Ähnlich ist es um ihre Gestaltungsfreiheiten in diesem Bereich bestellt, die sich auf das Hebesatzrecht nach Art. 106 Abs. 5 S. 2 und Abs. 6 S. 2 GG[17] sowie wenige Aufwand- und Verbrauchsteuern nach Art. 106 Abs. 6 S. 1 GG[18] beschränken. Den größeren Teil ihrer Einnahmen müssen die Kommunen aus anderen Quellen bestreiten.[19] Dabei kommt neben den Einnahmen aus Gebühren, Beiträgen und Entgelten sowie bei den Landkreisen aus der Kreisumlage vor allem den Finanzzuweisungen der Länder die größte Bedeutung zu. Erwähnenswert sind in diesem Zusammenhang die interkommunalen Finan-

11 LVerfG LSA, LVG 3/04, Urt. v. 12.07.2005, LVerfGE 16, 535 ff.

12 LVerfG LSA, LVG 9/01 u. a., Urt. v. 15.01.2002, LVerfGE 13, 364 ff.

13 LVerfG LSA, LVG 4/01, Urt. v. 08.07.2003, LVerfGE 14, 413 ff.

14 Das betrifft insbesondere das Recht der kommunalen öffentlichen Einrichtungen sowie den Anschluss- und Benutzungszwang. Dazu näher *Wolff/Bachof/Stober/Kluth*, Verwaltungsrecht II, 7. Aufl., 2010, § 97, Rn. 179 ff.

15 Eine instruktive Gesamtbetrachtung der Staatsfinanzierung liefert *Blankart*, Öffentliche Finanzen in der Demokratie, 8. Aufl., 2011.

16 Zu Einzelheiten *Henneke*, (Fn. 3), S. 171.

17 Dazu näher *Henneke*, (Fn. 3), S. 172 ff.

18 Zu Einzelheiten *Henneke*, (Fn. 3), S. 139 ff.

19 Zu Einzelheiten später im Text.

zierungsmechanismen, die teilweise in die Finanzzuweisungen der Länder integriert sind.

Die weitreichende finanzielle Abhängigkeit der Kommunen vom Landeshaushaltsgesetzgeber wird zwar durch die verfassungsrechtliche Garantie der kommunalen Finanzausstattung als Teil des Selbstverwaltungsrechts formal abgesichert. Wie viele andere in der Verfassung garantierte Rechte muss die praktische Wirksamkeit aber immer wieder vor den Verfassungsgerichten erkämpft werden. Die Einführung der Schuldenbremse hat dies nicht einfacher werden lassen.

2. Die Schuldenbremse des Grundgesetzes

Der verfassungsändernde Gesetzgeber hat die Regelungen zur Staatsverschuldung im Jahr 2009 maßgeblich verändert und im Rahmen der „Föderalismusreform II“ eine sogenannte neue „Schuldenbremse“ ins Grundgesetz eingefügt,[20] um die Verschuldung von Bund und Ländern in Zukunft zu begrenzen. Die bisherige Regelung hatte nicht verhindern können, dass die Verschuldung von Bund und Ländern in den vergangenen Jahrzehnten stets angewachsen war.[21]

Die grundlegenden finanzverfassungsrechtlichen Vorgaben für die Verschuldung von Bund und Ländern finden sich in Art. 109 GG. Art. 115 GG wiederholt und konkretisiert die Vorgaben für die Staatsverschuldung für den Bund.

Der Kern der deutschen Schuldenregel bildet Art. 109 Abs. 3 S. 1 GG, indem er vorschreibt, dass die Haushalte von Bund und Ländern auszugleichen sind, und das ohne Einnahmen aus Krediten. Diesen Grundsatz schränkt Satz 2 indes ein, indem er Regelungen für die Kreditfinanzierung der Haushalte in konjunkturellen Schwächephasen und bei besonderen Notsituationen für zulässig erklärt. Außerdem wird dem Bund in Satz 4 grundsätzlich ein Verschuldungsrahmen von 0,35 % des Bruttoinlandsprodukts zugestanden.

Art. 109 Abs. 3 S. 5 GG legt fest, dass die Länder die Ausgestaltung der Vorgaben des Art. 109 Abs. 3 GG für die Haushalte im Rahmen ihrer verfassungs-

20 BGBl. 2009, Teil 1 Nr. 48, S. 2284.

21 Zu den Defiziten der alten Regelung z. B. *Engels/Hugo*, DÖV 2007, S. 445 ff.; *Tappe*, DÖV 2009, S. 881 ff.

rechtlichen Kompetenzen regeln. Eine strukturelle Verschuldungskomponente wie für den Bund sieht das Grundgesetz für die Länder nicht vor.[22] Die Gesetzesbegründung betonte jedoch, dass mit Blick auf die in Art. 115 GG gewählte Umsetzung der Verschuldungsregeln durch den Bund die nähere Ausgestaltung auch für die Länder Regelungsspielräume lasse.[23]

Will ein Land seinen Haushalt bei schwacher Konjunktur oder bei Notsituationen mit Einnahmen aus Krediten ausgleichen, so muss es zuvor von der Ermächtigung des Grundgesetzes in Art. 109 Abs. 3 S. 2 GG Gebrauch machen und entsprechende Regelungen im Landesrecht einführen. Andernfalls gilt für die Landes-Haushaltspolitik strikt das Gebot aus Art. 109 Abs. 3 S. 1 GG: Der Haushalt ist dann ohne Einnahmen aus Krediten auszugleichen.

Die Erstreckung der Schuldenbremse des Grundgesetzes auf die Länder wird von einigen Ländern und Autoren für verfassungswidrig, weil mit Art. 20 Abs. 1 i. V. m. Art. 79 Abs. 3 GG unvereinbar, gehalten, da die Haushaltsautonomie der Länder durch die Vorgaben unzulässig beschränkt werde.[24]

Zu beachten ist dabei, dass für die 16 Landeshaushalte nicht Art. 115 Abs. 3 GG, sondern ausschließlich Art. 109 Abs. 3 GG gilt. Sein Satz 5 überlässt die nähere Ausgestaltung für die Länderhaushalte den Ländern im Rahmen ihrer verfassungsrechtlichen Kompetenzen. Eine Bindung ist zwar an das grundsätzliche Kreditaufnahmeverbot des Art. 109 Abs. 3 S. 1 GG vorgesehen. Den Ländern bleiben jedoch erhebliche Ausgestaltungsspielräume. Sie können entsprechend Art. 109 Abs. 3 S. 2 GG Regelungen erlassen, die sowohl Konjunkturschwankungen wie außergewöhnlichen Notsituationen Rechnung tragen. Ein weiterer Gestaltungsspielraum ergibt sich für die Länder aus dem systematischen Zusammenhang zur Regelung für den Bundeshaushalt in Art. 115 Abs. 2 GG. Die Länder können danach frei entscheiden, ob und wie sie Einnahmen und Ausgaben durch finanzielle Transaktionen bereinigen. Autonom regeln können sie auch die Kontrolle und den Ausgleich von Abweichungen von der zulässigen Kreditaufnahme, also den Umgang mit im Haushaltsvollzug angefallenen ungeplanten Kreditaufnahmen. Damit wird deutlich, dass den Ländern ein ganz erheblicher Spielraum für die rechtliche Regelung der faktischen Kreditfinan-

22 Zu den Auswirkungen auf die Kommunen *Henneke,* NdsVBl. 2009, 121, 124 ff.

23 Vgl. BT-Drs. 16/12410, S. 17; K-Drs. 174 S. 11 f.

24 Siehe etwa die Argumentation des Landes Schleswig-Holstein in BVerfGE 129, 108 ff.

zierung ihrer Haushalte bleibt, den sie in der Landesverfassung und in den haushaltsbezogenen Landesgesetzen ausfüllen können. Die verfassungsrechtliche Kritik greift deshalb nicht durch.

3. Die Relevanz der Schuldenbremse für die Kommunalfinanzen

Da die Kommunen nicht nur staatsorganisationsrechtlich, sondern auch haushalts- und finanzrechtlich den Ländern zugeordnet sind, wie dies exemplarisch in Art. 106 Abs. 9 GG zum Ausdruck gebracht wird, sind die Länder auch für die Begrenzung der kommunalen Kreditaufnahme und Verschuldung „verantwortlich". Entsprechend kommt den landesgesetzlichen Regelungen zum kommunalen Haushaltssicherungskonzept eine gesteigerte Bedeutung zu.[25] Damit wird zwar an klassische Regelungen angeknüpft; ihre Handhabung ist aber – auch kommunalaufsichtlich – durch den neuen gesamtstaatlichen Rahmen geprägt und damit durch eine größere Strenge gekennzeichnet.

4. Weiterer Gang der Untersuchung

Welche Folgen dies für die kommunale Finanzausstattung hat bzw. haben sollte, soll in den folgenden Abschnitten genauer untersucht werden. Bevor die insoweit einschlägigen Regelungen genauer in den Blick genommen werden, soll aber zunächst in Gestalt eines Inkurses auf die verschiedenen Modelle einer selbstverwaltungsfreundlichen Aufgabenfinanzierung eingegangen werden, um die größeren Zusammenhänge zwischen Selbstverwaltung und Finanzierung herauszuarbeiten.

25 Zu Einzelheiten *Henneke*, (Fn. 2), S. 55 (111 ff.).

III. Systeme der Finanzierung von Selbstverwaltungsträgern

1. Typen und Charakteristika der Selbstverwaltung

Selbstverwaltung beruht auf dem Gedanken, dass innerhalb des Staates[26] einzelnen Verwaltungsträgern das Recht und die Pflicht[27] zugewiesen wird, einen gesetzlich bestimmten Aufgabenkreis eigenverantwortlich, d. h. nur unter staatlicher Rechtsaufsicht, wahrzunehmen.[28]

Zu den wesentlichen Elementen des Selbstverwaltungsbegriffs gehören die Zuweisung von selbstverwaltungstauglichen Aufgaben, die einen hinreichenden Gestaltungsspielraum in Bezug auf das Ob und/oder Wie der Aufgabenwahrnehmung belassen, die Existenz bzw. Schaffung einer rechtlich selbständigen[29] Organisation, die Träger des Selbstverwaltungsrechts ist, sowie die Sicherung der finanziellen Grundlage für die Aufgabenwahrnehmung.

Nur auf dieser Grundlage können die spezifischen staats- und verwaltungswissenschaftlichen „Rationalitäten" der Selbstverwaltung[30] zur Geltung und Wirksamkeit gebracht werden: die Nutzung des Sachverstandes und der Verwaltungskraft der durch ehrenamtliche Tätigkeit einbezogenen Personenkreise,

26 Selbstverwaltung unterscheidet sich damit grundlegend von gesellschaftlich-verbandlicher Selbstorganisation und basiert auf der Delegation von Aufgaben innerhalb des Staates. Zu der damit verbundenen Grundsatzdebatte vgl. *Jellinek*, System der subjektiven öffentlichen Rechte, 1892, S. 262 ff., 274 f.; siehe auch *Stern*, Das Staatsrecht der Bundesrepublik Deutschland, Bd. I, 2. Aufl., 1984, § 12 I 1 und II 2. Dem stehen soziologisch gemeinte Formeln wie etwa diejenige, dass die „Gemeinde Grundlage und Glied des demokratischen Staates" ist (so oder ähnlich formuliert in § 1 vieler Gemeindeordnungen), nicht entgegen.

27 Auf die Wechselbezüglichkeit von Recht und Pflicht weist bereits *Jellinek*, (Fn. 26), S. 274 ff. hin.

28 Zu dieser „juristischen" Definition von Selbstverwaltung in Abgrenzung zur „politischen" siehe bereits *Laband*, Das Staatsrecht des Deutschen Reiches, 5. Aufl., 1911, Bd. I, S. 95 ff.; *Wolff/Bachof*, Verwaltungsrecht II, 4. Aufl., 1976, § 84 IV b. Zur Konzeption der gesellschaftlichen Selbstverwaltung *Salzwedel*, VVDStRL 22 (1965), 206 (223 ff.); siehe insgesamt auch *Kluth*, Funktionale Selbstverwaltung, 1997, S. 18 ff.

29 Dabei reicht auch Teilrechtsfähigkeit aus, wie etwa bei den Fakultäten.

30 Dazu auch aus dem Blickwinkel der „Gründungsmotive" *Kluth*, (Fn. 28), S. 220 ff. Zu den verschiedenen Bedeutungs- und Funktionsebenen von Selbstverwaltung siehe auch *Schmidt-Aßmann*, in: GS Martens, 1987, S. 249 (252, 255).

die zur Staatsentlastung führt; die Ermöglichung eigenständiger politischer Diskurse und Entscheidungen unabhängig von den Festlegungen auf staatlicher Ebene, die zu Politikentlastung führt; die (zumindest partielle) Heranziehung der in den Selbstverwaltungsträgern organisierten (natürlichen und juristischen) Personen zur Finanzierung der Aufgaben.

Aus einer staatsstrukturellen Perspektive wird durch die Etablierung von Selbstverwaltung das Prinzip der Dezentralisation verwirklicht, das auch den Bundesstaat prägt.[31] Die Einheit des Staates und der Staatsgewalt wird dabei durch das Zusammenspiel der Grundsätze des Vorrangs und des Vorbehalts des Gesetzes garantiert, da auch die Selbstverwaltungsträger nur durch Gesetz errichtet werden können, dabei zugleich ihre Verbandskompetenz festgelegt wird und jedenfalls ihre grundrechtsrelevanten Befugnisse auf einem Parlamentsgesetz basieren müssen. Ihre Gestaltungsfreiheit wird demnach durch Gesetz begründet[32] und zugleich begrenzt.

Mit dem organisationsrechtlichen geht ein demokratischer Pluralismus einher, der je nach Betrachtungsweise die vom Staatsvolk abgeleitete Legitimation schwächt[33] oder durch die Erschließung zusätzlicher Legitimationspotenziale das demokratische Leben stärkt.[34] Für den Bereich der kommunalen Selbstverwaltung ist dieses Ergebnis auf Grund der zwingenden verfassungsrechtlichen Vorgaben in Art. 28 Abs. 1 GG vorgegeben, für den Bereich der funktionalen Selbstverwaltung führt es zu einem grundsätzlichen Streit, den das Bundesverfassungsgericht (nur) im Ergebnis entschieden hat.[35]

Der Status der verschiedenen Selbstverwaltungsträger und die Intensität ihres Selbstverwaltungsrechts können aus verschiedenen Blickwinkeln beschrieben

31 *Stern*, (Fn. 26), § 12 I 1 und I 7.

32 Gesetz meint hier auch das Verfassungsgesetz, das im Falle des Art. 28 Abs. 2 GG die Gestaltungsfreiheit der Kommunen begründet.

33 So etwa die Sichtweise von *Heuss*, Demokratie und Selbstverwaltung, 1921; *Köller*, Funktionale Selbstverwaltung und ihre demokratische Legitimation, 2009; weniger kritisch bei ähnlicher Problemanalyse *Peters*, Zentralisation und Dezentralisation, 1928, S. 26 ff.

34 So etwa die Sichtweise bei *Kluth*, in: Schnapp (Hrsg.), Funktionale Selbstverwaltung und Demokratieprinzip, 2001, S. 17 ff.; *Grzeszick*, in: Maunz/Dürig, Grundgesetz, Stand: 60. EGL 2010, Art. 20, Rn. 178 ff.; *Sommermann*, in: v. Mangoldt/Klein/Starck, GG Kommentar, Band 2 (Art. 20 – 82), 6. Aufl., 2010, Art. 20 Abs. 2, Rn. 182.

35 BVerfGE 107, 59 ff.

werden. Aus einer formalen Perspektive ist zwischen verfassungsrechtlich verankerten Selbstverwaltungsrechten, wie bei der kommunalen Selbstverwaltung und der Selbstverwaltung der Hochschulen[36], und einfachgesetzlich begründeten Selbstverwaltungsrechten[37] zu unterscheiden.

Eine zweite bedeutsame Unterscheidung bezieht sich auf die Art und Struktur der Aufgaben, die einem Selbstverwaltungsträger zugewiesen sind. Im Fall der Kommunen ist insoweit zwischen freiwilligen und pflichtigen Selbstverwaltungsaufgaben einerseits, und den Aufgaben des übertragenen Wirkungskreises andererseits, zu unterscheiden.[38] Im Bereich der funktionalen Selbstverwaltung, einschließlich der sozialen Selbstverwaltung, sind Aufgaben des übertragenen Wirkungskreises in deutlich geringerem Umfang anzutreffen.[39] Dabei ist zu beachten, dass die Gesamtcharakteristik eines Verwaltungsträgers als Selbstverwaltungsträger maßgeblich durch das Verhältnis von Selbstverwaltungsaufgaben zu übertragenen staatlichen Aufgaben geprägt wird. Dieses wirkt sich unter anderem auch auf die Machtverteilung zwischen den Leitungsorganen aus, da die Kompetenzen der Vertretungskörperschaft im übertragenen Wirkungskreis eng begrenzt sind, weil sie durch den Verwaltungsleiter (Bürgermeister, Landrat) „in eigener Verantwortung" zu erledigen sind.[40]

Innerhalb der Selbstverwaltungsaufgaben kommt weiterhin der Reichweite der gesetzlichen Pflicht zur Aufgabenwahrnehmung sowie den inhaltlichen Vorgaben für die Aufgabenerfüllung, den sog. Standards, eine erhebliche Bedeutung zu. Wird durch die Pflichtigkeit einer Aufgabe die Entscheidung über das Ob einer Aufgabenerfüllung durch den Gesetzgeber vorgegeben[41], so er-

36 Bei den Hochschulen ist zudem zwischen dem grundrechtlichen Schutz des Selbstverwaltungsrechts im Bereich der Wissenschaft und der Einrichtungsgarantie der Landesverfassungen zu unterscheiden; siehe zu beiden Aspekten *Kluth*, (Fn. 28), S. 419 ff., 517 ff.

37 Zu deren Schutz *Kluth*, (Fn. 28), S. 520 ff.

38 *Wolff/Bachof/Stober/Kluth*, (Fn. 14), § 96, Rn. 61 ff.

39 Eine Ausnahme bilden die Landwirtschaftskammern, die in großem Umfang die staatlichen Aufgaben im Bereich der Agrarverwaltung wahrnehmen; zu Einzelheiten *Franz*, in: Jahrbuch des Kammerrechts 2002, 2003, S. 123 ff.

40 Zu diesem Gesichtspunkt näher *Kluth*, in: Meyer/Wallerath (Hrsg.), Gemeinden und Kreise in der Region, 2003, S. 65 ff.

41 Zu den verfassungsrechtlichen Anforderungen an die gesetzgeberische Begründung einer Pflicht zur Aufgabenwahrnehmung im kommunalen Bereich siehe näher *Mehde*,

streckt sich der Standard auf die Modalitäten der Aufgabenerfüllung und vertieft damit die Fremdsteuerung des Selbstverwaltungsträgers. Derartige Vorgaben sind auf Grund des Gesetzesvorbehalts, dem alle verfassungsrechtlich begründeten Selbstverwaltungsrechte unterliegen, grundsätzlich zulässig, soweit dadurch nicht unverhältnismäßig[42] oder gar in den Kernbereich[43] des mit dem Selbstverwaltungsrecht begründeten politischen und rechtlichen Gestaltungsrechts eingegriffen wird.

Die in Zeiten der Dominanz leistenden Staatshandelns entscheidende Abstufung der Intensität des Selbstverwaltungsrechts betrifft die Art der Finanzierung. Dabei geht es nicht in erster Linie um den Umfang der eröffneten Finanzierungsquellen, sondern vor allem darum, wie weit das eigene Gestaltungsrecht der Selbstverwaltungsträger in diesem Sektor reicht und ob die zur Verfügung stehenden Finanzierungsquellen in einem angemessenen Verhältnis zu den zugewiesenen Aufgaben stehen, wie es der Ausdruck der aufgabengerechten Finanzierung auf einen treffenden knappen Nenner bringt. In diesem Bereich sind die Unterschiede zwischen den verschiedenen Selbstverwaltungstypen so groß, dass es dazu einer genaueren Betrachtung bedarf.

2. Systeme der Finanzierung von Selbstverwaltungsträgern

a) Relevante Merkmale und Rahmenbedingungen

Für die Beurteilung der Selbstverwaltungstauglichkeit von Finanzierungssystemen bedarf es einer Unterscheidung zwischen drei Aspekten: (1) die Entscheidungszuständigkeit für das eingesetzte Finanzierungsinstrument, (2) das Vorhandensein einer ausreichend leistungsfähigen Finanzierungsquelle (Abga-

in: Maunz/Dürig, Komm. z. GG., Art. 28, Rn. 55. Es ist auffällig, das in den letzten Jahr(zehnt)en fast nur noch über die Finanzierungsaspekte und kaum noch über die Grenzen der Umwandlung einer freiwilligen in eine pflichtige Selbstverwaltungsaufgabe diskutiert wird.

42 Zur Geltung des Grundsatzes der Verhältnismäßigkeit im Staatsorganisationsrecht grundlegend *Heusch*, Der Grundsatz der Verhältnismäßigkeit im Staatsorganisationsrecht, 2002; zu den Grenzen des Eingriffs in einfachgesetzlich begründete Selbstverwaltungsrechte durch das rechtsstaatliche Willkürverbot siehe *Kluth*, (Fn. 28), S. 520 ff.

43 Die Kernbereichslehre wurde für die kommunale Selbstverwaltung entwickelt und hat dort nur selten praktische Bedeutung erlangt. Siehe dazu näher *Schmehl*, BayVBl. 2006, 325 ff.

benschuldners) und (3) ein „angemessenes" Verhältnis des Finanzierungsertrages zu den durch die Aufgaben begründeten Kostenlasten. Dabei ist (4) zudem zu klären, inwieweit die Aufgabenlast an die konkret in einer Haushaltsperiode zur Verfügung stehenden Haushaltsmittel angepasst werden kann.

Taugliche Finanzierungsinstrumente für Selbstverwaltungsträger sind (1) Vorzugslasten (Gebühren, Beiträge, Entgelte, ggf. in Sonderformen wie Umlagen), (2) Erträge aus wirtschaftlicher oder sonstiger Betätigung, (3) Beteiligung am Steueraufkommen und (4) staatliche Zuweisungen (mit einem unterschiedlichen Grad an Zweckbindung).

Das ganze Spektrum der aufgezeigten Finanzierungsinstrumente ist nur bei Gemeinden und Städten anzutreffen, da nur diesen Anteile aus dem Steueraufkommen unmittelbar zustehen. Bei den anderen Selbstverwaltungsträgern sind folgende Ausprägungen anzutreffen:

- Die Kammern finanzieren sich mit wenigen Ausnahmen durch Beiträge, Gebühren und Entgelte ihrer Mitglieder, die diese als Pflichtbeiträge oder für die Inanspruchnahme von besonderen Dienstleistungen entrichten.[44]
- Die Sozialversicherungsträger finanzieren sich aus den Beiträgen der Versicherten[45], die durch steuerfinanzierte Staatszuschüsse[46] ergänzt werden.
- Die Realverbände werden durch die Beiträge der Grundstückseigentümer finanziert, die durch staatliche Zuweisungen ergänzt werden.[47]
- Die Hochschulen werden primär durch im Rahmen von Zielvereinbarungen[48] ausgehandelte staatliche (Global-)Zuschüsse finanziert, die in unterschiedlichem Umfang je nach Bundesland durch Beiträge[49], Fördermittel und eigene Einnahmen ergänzt werden.

---

44 Zu Einzelheiten der Kammerfinanzierung *Rieger*, in: Kluth (Hrsg.), Handbuch des Kammerrechts, 2. Aufl., 2010, § 13.

45 Siehe exemplarisch § 220 SGB V.

46 Zu diesen und der verfassungsrechtlichen Problematik der Beitragsfinanzierung von Fremdlasten *Butzer*, Fremdlasten in der Sozialversicherung, 2001.

47 *Kluth*, (Fn. 28), S. 164 ff., 172, 176, 178, 180, 182, 184 (zu den einzelnen Organisationen).

48 Zur Zielvereinbarung als Instrument der kooperativen Hochschulsteuerung und -finanzierung *Schmuck*, Zielvereinbarungen im Hochschulbereich, 2010.

49 Studienbeiträge, Langzeitstudienbeiträge usw. Dazu näher *Weltemeyer/Suß*, NJW 2011, 2844 ff.

Die Entscheidungsfreiheit der Selbstverwaltungsträger bei der „Nutzung" der verschiedenen Finanzierungsquellen ist von ganz unterschiedlicher Reichweite und in den meisten Bereichen durch gesetzliche Vorgaben determiniert. Das ist die Folge des „strengen" Gesetzesvorbehalts im Bereich des Abgabenrechts[50] und der „Steuerverteilungshoheit" der Parlamente, die diesen eine zentrale Rolle in allen Bereichen der Finanzierung staatlicher Verwaltungsaufgaben zuweist.

b) Die Ertragsgestaltungs- und Verwendungsfreiheit der verschiedenen Einnahmenarten

Im Bereich der Steuern, die für die Kommunalfinanzierung von großer Bedeutung sind[51], besteht ein begrenzter kommunaler Einfluss bei der Bestimmung der Hebesätze gem. Art. 106 Abs. 2 S. 2 GG, also im Bereich der Gewerbe- und Grundsteuer.[52] Im Bereich der landesgesetzlich unterschiedlich geregelten[53] örtlichen Steuern steht den Kommunen zwar teilweise auch die Entscheidung über das Ob der Erhebung zu, doch kommt diesen Steuern nur eine sehr geringe quantitative Bedeutung zu. Auf Grund der eine Steuer kennzeichnenden Verwendungsfreiheit stellt diese für alle staatlichen Stellen dasjenige Finanzierungsinstrument dar, das die größten Freiheitsgrade schafft. Zugleich ist die Höhe des Aufkommens aber auch von der wirtschaftlichen Leistungsfähigkeit der Steuerschuldner direkt abhängig, wie besonders das Beispiel der Gewerbesteuer erkennen lässt, die durch eine hohe Volatilität gekennzeichnet ist.[54]

---

50 Für Steuern folgt dies unmittelbar aus Art. 105 GG, für die übrigen Abgaben aus der Grundrechtsrelevanz der Abgabenerhebung. Siehe zu Einzelheiten *Vogel/Waldhoff*, in: Bonner Kommentar zum Grundgesetz, Vorbem. z. Art. 104a – 115, Bearbeitung 1997, Rn. 472 ff.

51 Zu Einzelheiten siehe unter V. 1.

52 Die kommunale Gestaltungsfreiheit wurde in diesem Bereich durch die gesetzliche Vorgabe eines Mindesthebesatzes begrenzt. Das ist mit der Gewährleistung des Hebesatzrechts „im Rahmen der Gesetze" vereinbar, BVerfGE 125, 141 (162 ff.). Von der in Art. 106 Abs. 5 S. 3 GG vorgesehenen Möglichkeit, den Gemeinden auch bei der Einkommensteuer ein Hebesatzrecht einzuräumen, wurde bislang noch kein Gebrauch gemacht. Dazu auch *Siekmann*, in: Sachs (Hrsg.), GG Kommentar, 6. Aufl., 2011, Art. 106, Rn. 46.

53 Übersicht bei *Henneke*, (Fn. 3), S. 179 ff.

54 Das zeigt z. B. der Vergleich der Jahre 2003 (15,6 Mrd. Euro) und 2008 (32,2 Mrd. Euro). Weitaus stabiler verhalten sich die Umsatzsteuer und die Grundsteuer.

Im Bereich der sog. Vorzugslasten (Gebühren/Beiträge/Entgelte) sind die Möglichkeiten der Ertragsgestaltung durch die inhaltliche Determination der Höhe der Abgaben durch den entstandenen Aufwand bzw. den begründeten Aufwand oder Vorteil von vorneherein gering. Es gibt zwar auch in diesem Bereich in einem überschaubaren Umfang Möglichkeiten der Überschusserwirtschaftung.[55] Eine spürbare Erzielung von frei verwendbaren zusätzlichen Einnahmen kann auf diesem Wege aber nicht erreicht werden.

Damit bleiben als weitere eigene und frei verwendbare[56] Einnahmequellen die Erträge aus einer wirtschaftlichen Betätigung sowie aus der Vermögenswirtschaft (Vermietungen usw.) im weitesten Sinne. Es handelt sich dabei jedoch um Einnahmearten, die in der Regel nur bei Kommunen ab einer bestimmten Größe[57] erzielt werden können und die zudem voraussetzen, dass es ein wirtschaftliches Umfeld gibt, auf dem die entsprechenden Aktivitäten mit Erfolg verwirklicht werden können.

Die an letzter Stelle zu erwähnenden, in der Sache aber ganz und gar nicht nachrangigen staatlichen (Landes-)Zuschüsse sind es schließlich, die alle Bereiche abdecken müssen, die nicht durch andere Finanzierungsquellen gedeckt sind. Dabei gibt es landesspezifische Unterschiede in der Struktur der Zuschüsse. Diese betreffen vor allem die Struktur und „Berechnung" der Zuweisungen, die in unterschiedlicher Art und Weise auf einzelne Aufgabenfelder bezogen sind. Je „gröber" die Zuweisungen strukturiert sind, desto größer sind auch die Spielräume der Kommunen bei der Mittelverwendung. Zugleich ist es für die Kommunen aber auch schwieriger, eine Unterfinanzierung nachzuweisen, da dabei konkret nachgewiesen werden muss, bei welchen Aufgaben eine solche Unterfinanzierung vorliegt.[58] Vor dem Hintergrund der Erfahrungen mit dem Kon-

55 Dazu eingehend *Franz*, Gewinnerzielung durch kommunale Daseinsvorsorge, 2005.

56 Nicht selten werden die Erträge aus wirtschaftlicher Betätigung zur Deckung von Unterfinanzierungen bei anderen kommunalen Unternehmen im Bereich der Daseinsvorsorge verwendet, so dass nur begrenzt von einer freien Verwendbarkeit gesprochen werden kann.

57 Es muss also kommunale Unternehmen mit einer entsprechenden Größenordnung und in Marktbereichen geben, die Gewinnerzielung zulassen. Dazu gehören u. a. die Sparkassen und auch die im Bereich der Energiewirtschaft tätigen Unternehmen.

58 Zu den insoweit bestehenden Anforderungen an die Zulässigkeit einer kommunalen Verfassungsbeschwerde siehe ThürVerfGH, Urt. v. 18.03.2010 52/08 , Rn. 43 juris; LVerfG LSA, LVerfGE 17, 410 (423).

nexitätsprinzip, das die Landesgesetzgeber bzw. Landesregierungen ohnehin zwingt, die Kosten von den Kommunen übertragenen Aufgaben zu „ermitteln“, sind einige Länder[59] dazu übergegangen, die Kosten für alle den Kommunen zugewiesenen Aufgaben zu ermitteln und auf dieser Grundlage eine aufgabenspezifische Finanzzuweisung vorzunehmen. Bei dieser Vorgehensweise würde das Land durch „seine“ Kalkulation der voraussichtlichen Kosten der Aufgaben zugleich die Wirtschaftlichkeit der Aufgabenerfüllung steuern. Da bei einer solchen Vorgehensweise gewisse Pauschalierungen und Typisierungen zulässig sind[60], kann es bei einzelnen Kommunen tatsächlich dazu kommen, dass höhere Kosten anfallen. Derartige Ungenauigkeiten treten indes in jedem System auf, das darauf abzielt, Wirtschaftlichkeitsanreize zu setzen.

c) Die Selbstverwaltungsfreundlichkeit der Finanzierungssysteme im Einzelnen

Fragt man vor dem Hintergrund nach den Kriterien der Selbstverwaltungsfreundlichkeit von Einnahmensystemen, so wird deutlich, dass dabei die Einzelheiten der Aufgabenzuweisung sowie die Leistungsfähigkeit der „zur Verfügung“ stehenden Abgabenschuldner eine zentrale Rolle spielen. Folgende Einzelbeobachtungen können als Basis für die Entwicklung einer allgemeineren Aussage genutzt werden:

Je stärker die Entscheidung über das Ob und Wie der Aufgabenwahrnehmung für den Selbstverwaltungsträger vorgegeben ist, desto stärker machen sich auch Unterschiede bei der Leistungsfähigkeit der Abgabenschuldner bemerkbar, da Leistungsschwächen in diesem Bereich durch eine Reduktion des Aufgabenumfangs kompensiert werden können.

Eine Finanzierung durch Vorzugslasten ist dann besonders selbstverwaltungsfreundlich, wenn ausreichend leistungsfähige Mitglieder zur Verfügung stehen und eine ausreichend große Entscheidungsfreiheit über die Aufgabengestaltung besteht. Das zeigt positiv die Erfahrung im Bereich der Kammern. Im kommunalen Bereich ist dieses Modell nur für solche Aufgabenfelder geeignet, die überhaupt vorzugslastentauglich sind.

59 Unter anderem Sachsen-Anhalt ab dem Jahr 2014.

60 Dazu auch *Kluth*, LKV 2009, 239 ff.

Ebenfalls selbstverwaltungsfreundlich ist die Steuerfinanzierung von Aufgaben, wobei auch hier die Existenz ausreichend leistungsfähiger Steuerschuldner als zusätzliche Bedingung zu erwähnen ist. Hinzu kommt, dass die Steuerquellen möglichst unabhängig von der konjunkturellen Entwicklung zur Verfügung stehen sollten.

Einnahmen aus wirtschaftlicher Betätigung und Vermögensverwaltung sind wegen ihrer Abhängigkeit von zahlreichen äußeren Faktoren, die nur begrenzt zu beeinflussen sind, grundsätzlich nicht selbstverwaltungsfreundlich.

Zuweisungen des Landes sind ebenso wie Umlagen einerseits für die Gewährleistung der Selbstverwaltung unverzichtbar, andererseits aber wegen ihrer Festlegung durch die Landespolitik nicht selbstverwaltungsfreundlich.

3. Zwischenergebnis

Als erstes Zwischenfazit kann damit festgehalten werden:

Sowohl für die staatliche Ebene als auch für den Bereich der Selbstverwaltung gilt der Grundsatz, dass Aufgaben nach Maßgabe der jeweiligen Leistungsfähigkeit wahrzunehmen sind. Diese „Selbstverständlichkeit“ ist durch die Einführung der Schuldenbremsen zur Umsetzung intergenerationeller Gerechtigkeit verstärkt worden. Er liegt aber implizit jeder Staatsaufgabenlehre zugrunde.

Der Konnex zwischen Aufgabenumfang und Leistungsfähigkeit wird in den verschiedenen Bereichen der Selbstverwaltung unterschiedlich hergestellt:

Während bei den Kammern durch die hohe Leistungsfähigkeit der Mitglieder durch das Beitragsrecht ein funktionsfähiger Ausgleich geschaffen und damit Selbstverwaltung funktionsgerecht praktiziert werden kann, ist es bei den Hochschulen umgekehrt so, dass der Haushaltsgesetzgeber durch die Höhe der Zuweisungen den Aufgabenrahmen steuert. Durch die Zielvereinbarungen wird dieser Prozess kooperativ gesteuert.

Bei den Kommunen ist eine funktionsgerechte Finanzierung im eigenen Wirkungskreis nur dort zu verwirklichen, wo die Einwohner über eine ausreichende Leistungsfähigkeit verfügen. Wo dies nicht der Fall ist, bedarf es einer solidarischen Ergänzungsfinanzierung, die der Landesgesetzgeber „organisieren“ muss.

Im übertragenen Wirkungskreis trifft den Landesgesetzgeber schon vom Grunde her die Verpflichtung, mit der Aufgabenzuweisung die erforderliche Leistungsfähigkeit herzustellen.

Hinzu kommt die dogmatisch-methodische Frage, wie weit die Herstellung einer ausreichenden Leistungsfähigkeit verfassungsrechtlich detailliert strukturiert ist bzw. werden kann. Ähnlich wie im Bereich des Länderfinanzausgleichs stellt sich auch bei der Kommunalfinanzierung die Frage nach dem Verhältnis von Dogmatik und Pragmatik, insbesondere in Gestalt der Frage, ob (verfassungs-)gerichtliche Entscheidungen und ihre wissenschaftsfundierten Dogmen politische Verhandlungen wirksam steuern können.

IV. Verfassungsrechtliche Grundaussagen zur Finanzierung der kommunalen Selbstverwaltung

1. Die Aussagen des Grundgesetzes

Das Grundgesetz enthält bedeutsame Rahmenvorgaben für die Ausgestaltung der kommunalen Selbstverwaltung durch die für das Kommunalverfassungsrecht zuständigen Landesgesetzgeber. Den maßgeblichen normativen Befund hat das Bundesverfassungsgericht für den Bereich der kommunalen Einnahmen und Finanzierung in seiner Entscheidung vom 27.01.2010[61], die die bundesgesetzliche Vorgabe eines Mindesthebesatzes im Bereich der Gewerbesteuer[62] betraf, zutreffend folgendermaßen beschrieben:

> a) Art. 28 Abs. 2 Satz 1 GG garantiert die kommunale Selbstverwaltung. Der einfache Gesetzgeber darf dieses Recht nicht aufheben und die Selbstverwaltung nicht derart einschränken, dass sie innerlich ausgehöhlt wird (vgl. BVerfGE 1, 167 <175>).
>
> Schon vor der Einführung des Art. 28 Abs. 2 Satz 3 GG war die Finanzhoheit, die jedenfalls das Recht zu eigenverantwortlicher Einnahmen- und Ausgabenwirtschaft umfasst, Bestandteil der kommunalen Selbstverwaltungsgarantie (vgl. BVerfGE 26, 228 <244>). Zu ihr gehört unter anderem die Steuer- und Abgabenhoheit, die den Gemeinden erlaubt, ihre Einwohner aus eigenem Recht zu den aus der Aufgabenerfüllung resultierenden Lasten heranzuziehen (vgl. Pünder/Waldhoff, in: Henneke/Pünder/Waldhoff, Recht der Kommunalfinanzen, 2006, § 1 Rn. 10; Schmitt, Inhalt, verfassungsrechtliche Stellung und Bedeutungsgehalt der kommunalen Finanzhoheit, 1995,

---

61 BVerfGE 125, 141 (159 f.).

62 § 16 Abs. 4 Satz 2 GewStG.

S. 54; Henneke, Jura 1986, S. 568 <570>; vgl. auch Bonk, FR 1999, S. 443 <447>). Finanzzuweisungen und die Beteiligung an den Landessteuern dürfen nicht die einzigen kommunalen Einnahmequellen sein (vgl. Henneke, Jura 1986, S. 568 <570>). Den Gemeinden sind damit eigene Finanzierungsquellen, auch in der Form eigenverantwortlich auszuschöpfender Steuerquellen, gesichert. Aus Art. 28 Abs. 2 GG folgt allerdings über das in Satz 3 der Vorschrift Gewährleistete hinaus keine bestimmte Ausgestaltung des kommunalen Einnahmesystems.

b) Art. 106 Abs. 6 Satz 2 GG, der seit 1969 den Gemeinden das Recht zusichert, die Hebesätze der Realsteuern – nach heutigem Normtext: der Grundsteuer und der Gewerbesteuer – im Rahmen der Gesetze festzusetzen, verstärkt bereichsbezogen den Inhalt der von Art. 28 Abs. 2 GG bereits zum damaligen Zeitpunkt gewährleisteten Finanzautonomie. Während das Grundgesetz zuvor keine Regelungen zur Aufkommenszuständigkeit der Gemeinden enthielt, so dass zwar nicht der Bund, wohl aber die Länder die Aufkommenszuständigkeit der Gemeinden für die Gewerbesteuer abändern konnten (vgl. näher Zitzelsberger, Grundlagen der Gewerbesteuer, 1990, S. 222) und auch ein Hebesatzrecht der Gemeinden nicht gewährleistet war, sollte mit der Einführung des Art. 106 Abs. 6 Satz 2 GG sichergestellt werden, dass „das Hebesatzrecht für die Realsteuern den Gemeinden weder vom Bund noch vom Land genommen werden" kann (BTDrucks V/2861, S. 47, Nr. 250; zur konstitutiven Bedeutung der Bestimmung auch Schnorr, Das Hebesatzrecht der Gemeinden, 1973, S. 83 ff.; Zitzelsberger, Grundlagen der Gewerbesteuer, 1990, S. 222 f.). In der verfassungsrechtlichen Festschreibung des Rechts zur Festsetzung der Hebesätze bei den wichtigsten Gemeindesteuern sah der verfassungsändernde Gesetzgeber die Sicherung des für eine eigenverantwortliche Selbstverwaltung unentbehrlichen Spannungsverhältnisses zwischen dem Streben nach einem möglichst hohen Niveau der öffentlichen Leistungen und einer möglichst niedrigen Steuerbelastung (vgl. BTDrucks V/2861, S. 39, Nr. 183).

c) In zwei weiteren Schritten wurde in der Folgezeit die durch Art. 28 Abs. 2 Satz 1 GG gewährleistete Finanzhoheit der Gemeinden in Art. 28 Abs. 2 Satz 3 GG nochmals ausdrücklich und spezieller geregelt (vgl. ...).

Mit dem Gesetz zur Änderung des Grundgesetzes vom 27. Oktober 1994 (BGBl I S. 3146) wurde zunächst der jetzige Halbsatz 1 des Art. 28 Abs. 2 Satz 3 GG eingeführt. Auf dem Hintergrund gewachsener Belastungen der Gemeinden bei der Erfüllung ihrer vielfältigen staatlichen Aufgaben sollte – ohne konstitutive Neuerung – klargestellt werden, dass die finanzielle Eigenverantwortung zum Recht auf kommunale Selbstverwaltung gehört (vgl. Abschlussbericht der Gemeinsamen Verfassungskommission, BTDrucks 12/6000, S. 46; vgl. ...).

Das Gesetz zur Änderung des Grundgesetzes vom 20. Oktober 1997 (BGBl I S. 2470) verankerte mit dem 2. Halbsatz des Art. 28 Abs. 2 Satz 3 GG das Recht der Gemeinden auf eine mit Hebesatzrecht versehene wirtschaftskraftbezogene Steuerquelle im Grundgesetz. Diese Gewährleistung war von den Gemeinden als Kompensation für die gleichzeitige Abschaffung der Gewerbekapitalsteuer (durch das Gesetz zur Fortsetzung der Unternehmenssteuerreform vom 29. Oktober 1997 <BGBl I 1997, S. 2590>) gefordert worden. Sie geht über Art. 106 Abs. 6 Satz 2 GG insofern hinaus, als letztere Bestimmung den Gemeinden zwar das Recht zur Festlegung der Hebesätze für die Grundsteuer und die Gewerbesteuer, aber nicht die Existenz dieser beiden Steuerarten garantiert (vgl. BTDrucks 13/8488, S. 6; ...), so dass das Hebesatzrecht der Gemeinden zunächst nicht gegen den Wegfall seines Gegenstandes geschützt war. Auch der 1997 hinzugekommene zweite Halbsatz des Art. 28 Abs. 2 Satz 3 GG bedeutet keine institutionelle Garantie gerade der Grundsteuer oder der Gewerbesteuer (vgl. BTDrucks 13/8488, S. 6; …). Über den Gehalt des Art. 106 Abs. 2 Satz 2 GG hinaus gewährleistet die Bestimmung aber, dass die wirtschaftskraftbezogene Gewerbesteuer nicht abgeschafft wird, ohne dass die Gemeinden an ihrer Stelle eine andere wirtschaftskraftbezogene Steuerquelle mit Hebesatzrecht erhalten. Die kommunale Finanzautonomie sollte durch eine Garantie des Bestandes der Gewerbeertragsteuer oder einer anderen an der Wirtschaftskraft orientierten Steuer gewährleistet werden (vgl. BTDrucks 13/8488, S. 5; 13/8340, S. 2).

Zugleich mit der Einführung des Art. 28 Abs. 2 Satz 3, 2. Halbsatz GG wurde den Gemeinden durch die Änderung von Art. 106 Abs. 3 Satz 1 und Abs. 5a GG ein Anteil an dem Aufkommen der Umsatzsteuer zugewiesen sowie der bisherige Wortlaut des Art. 106 Abs. 6 Satz 2 GG, der den Gemeinden das ‚Aufkommen der Realsteuern' zusprach, dahingehend präzisiert, dass den Gemeinden das ‚Aufkommen der Grundsteuer und Gewerbesteuer' zusteht.

Daran wird deutlich, dass das Grundgesetz mit einer im Zeitverlauf steigenden Intensität und Klarheit einen Kernbereich der Finanzierung der Kommunen, insbesondere der Gemeinden, absichert und dabei vor allem die Beteiligung am Steueraufkommen absichert. Die kommunale Finanzhoheit, die jedenfalls das Recht zu eigenverantwortlicher Einnahmen- und Ausgabenwirtschaft umfasst, und insoweit Bestandteil der kommunalen Selbstverwaltungsgarantie ist, muss auf Grund dieser Vorgaben des Grundgesetzes auch durch die Landesverfassungen und die Landesgesetzgeber berücksichtigt und gewährleistet werden. Das gilt insbesondere für die landesgesetzliche Ausgestaltung von eigenen Finanzierungsquellen, auch in der Form eigenverantwortlich auszuschöpfender Steuerquellen, die über die bundesgesetzlich gesicherten Beteiligungen am Steueraufkommen hinausgehen. Aus Art. 28 Abs. 2 GG folgt allerdings über das in Satz 3 der Vorschrift Gewährleistete hinaus *keine bestimmte Ausgestaltung* des kommunalen Einnahmesystems. Hier bleibt es bei einem nicht unbeträchtlichen Gestaltungsspielraum der Länder.

Den zusätzlichen Garantiegehalt, der durch die Verfassungsänderung des Jahres 1994 in Art. 28 Abs. 2 S. 3 GG eingeführt wurde, umschreibt *Hellermann* zutreffend folgendermaßen:

Darüber hinaus ist auf Grund dieser Regelung der bis dahin ungesicherte verfassungsrechtliche Anspruch der Kommunen auf eine aufgabengerechte, angemessene Finanzausstattung anzuerkennen (Jarass/Pieroth GG Art 28 Rn 14; offen gelassen in BVerfG NVwZ 1999, 520, 521; vgl. auch BVerwGE 106, 280, 287 = NVwZ 1999, 883, 885; KommJur 2011, 424, 426). Hiervon ausgehend soll eine Gemeinde sich gegen staatlich auferlegte finanzielle Belastungen wenden können, wenn sie eine nachhaltige, von ihr nicht mehr zu bewältigende und hinzunehmende Einengung ihrer Finanzspielräume darlegt und nachweist (BVerwG KommJur 2011, 424, 426).[63]

Instrumentell hat der verfassungsändernde Gesetzgeber zudem klargestellt, dass zur Gemeindefinanzierung eine „wirtschaftskraftbezogene Steuerquelle" mit Hebesatzrecht gehören muss. Mit dem Wirtschaftskraftbezug wird zugleich deutlich, dass die Gemeindefinanzierung auf die Leistungsfähigkeit der örtlichen Gemeinschaft bezogen ist, womit naturgemäß auch die nicht unerheblichen Unterschiede die Wirklichkeit der Kommunalfinanzierung bestimmen. Die Bedeutung dieses Zusammenhangs hebt *Henneke* mit folgenden Worten hervor:

> Von einer eigenverantwortlichen Aufgabenerfüllung kann nur dann die Rede sein, wenn die kommunalen Körperschaften nicht nur aus eigenem Recht ihre Angelegenheiten wahrnehmen, sondern zudem auch aus eigenem Recht ihre Einwohner zu den durch die Aufgabenerfüllung entstehenden Lasten heranzuziehen befugt sind. Beide Rechte stehen historisch überkommen in unlösbarer Wechselwirkung zueinander.[64]

Da dieser – wie eingangs gezeigt wurde – für die Selbstverwaltung typische Nexus aber bei den Kommunen auf Grund der erheblichen Unterschiede in der Leistungsfähigkeit der Einwohner zu drastischen Unterschieden führt, zugleich aber weitgehend die gleichen gesetzlich zugewiesenen Aufgaben zu erfüllen sind, bedarf es wie auf der bundesstaatlichen Ebene zusätzlich funktionstüchtiger solidarischer Instrumente, die bereits in Art. 106 Abs. 6 GG angelegt sind.

Das Grundgesetz zielt damit selbst nicht auf eine Vollfinanzierung der Kommunen ab, sichert aber durch die schrittweise verstärkte Beteiligung am Steueraufkommen immerhin einen wichtigen Bereich der Einnahmen und damit auch der Aufgabenerfüllung ab. Durch die Einführung der an den Bundesgesetzgeber adressierten Aufgabenübertragungsverbote in den Art. 84 Abs. 1 S. 7 GG und Art. 85 Abs. 1 S. 2 GG ist zudem die Gefährdung der kommunalen Eigenverantwortlichkeit durch neue Aufgabenlasten ohne gleichzeitige Finanzierungssicherung abgewehrt worden.[65] Damit wurde die Verantwortung für die

63 *Hellermann*, in: Epping/Hillgruber, BeckOK GG, Edition 17, 2013, Art. 28, Rn. 53.

64 *Henneke*, in: Schmidt-Bleibtreu/Hofmann/Hopfauf (Hrsg.), Grundgesetz, Kommentar, 12. Aufl., 2011, Art. 28, Rn. 95.

65 Zu Einzelheiten *Germann*, (Fn. 10), Art. 84, 85, Rn. 104 ff.

Sicherung einer angemessenen Finanzausstattung der Kommunen noch stärker auf die Länder verlagert.

2. Die Finanzierungs(letzt)verantwortung der Länder

Archimedischer Punkt des Systems der Kommunalfinanzierung ist die in den Landesverfassungen z.T. explizit normierte und vom Grundgesetz vorausgesetzte Finanzierungsletztverantwortung der Länder.[66] Bei allen Unterschieden von Wortlaut und Systematik genügen diese Regelungen der Anforderung des Art. 28 Abs. 2 GG jedenfalls dann, wenn man die zwingenden Vorgaben des Art. 28 Abs. 2 GG in ihre Auslegung einbezieht. Insoweit sind auch auf der Ebene des Landesverfassungsgerichts die Vorgaben des Grundgesetzes jederzeit präsent.

Das Bundesverwaltungsgericht hat diese Vorgaben in seinem Urteil vom 30.01.2013[67] noch einmal deutlich herausgearbeitet und ist dabei auch von abweichenden und umstrittenen Aussagen einzelner Landesverfassungsgerichte zu den Auswirkungen von Haushaltsengpässen des Landes auf die Pflicht zur Gewährleistung der finanziellen Mindestausstattung der Kommunen abgewichen.

Den Ausgangspunkt der Argumentation bildet die ebenso schlichte wie stringente Feststellung, dass der Anspruch der Gemeinden auf eine aufgabenadäquate Finanzausstattung „sich schon aus Satz 1 der Garantie" ergibt, weil das Recht der Gemeinden, grundsätzlich alle Angelegenheiten der örtlichen Gemeinschaft in eigener Verantwortung zu regeln, voraussetze, „dass die Gemeinden über eine Finanzausstattung verfügen, die sie hierzu in den Stand versetzt" (Rz. 11).

Das Gericht weist in einem weiteren Schritt seiner Argumentation darauf hin, dass im mehrstufigen Verwaltungsaufbau „der Finanzbedarf eines jeden Verwaltungsträgers grundsätzlich gleichen Rang" hat (Rz. 13). Das gelte zwischen der staatlichen und der kommunalen Ebene genauso wie innerhalb der kommunalen Ebene.

66 Texte bei *Henneke*, (Fn. 3), S. 331 f. (8.3.5.1.).

67 BVerwG, Urt. v. 30.01.2013 – Az. 8 C 1.12. Das Urteil wird im Folgenden nach seinen Randziffern zitiert (jeweils in Klammern nach der zu belegenden Stelle).

Dem ist jedenfalls insoweit zuzustimmen, als aus der Zuordnung einer Aufgabe zu einer bestimmten Verwaltungsebene alleine noch nicht auf ihre Bedeutung geschlossen werden kann. Man darf die Aussage aber nicht so verstehen, dass daraus eine gleiche Bedeutsamkeit aller Aufgaben folgt. Vielmehr muss im Falle finanzieller Engpässe insoweit eine Bewertung vorgenommen werden, für die es auch verfassungsrechtliche Maßstäbe gibt. Relevant wird diese Frage aber erst dann, wenn eine echte finanzielle Notlage der öffentlichen Haushalte besteht und der (Landes-)Gesetzgeber nicht in der Lage ist, durch eine Korrektur der Aufgabenzuweisungen für eine finanzielle Entlastung zu sorgen. Zu dieser besonderen Problematik führt das Gericht aus:

> Ob es eine verfassungsfeste finanzielle Mindestausstattung der Gemeinden gibt, hinter die der (Landes-)Gesetzgeber auch bei einer allgemeinen Notlage der öffentlichen Haushalte nicht zurückgehen darf, haben das Bundesverfassungsgericht (…) und das Bundesverwaltungsgericht (…) bislang nicht entschieden. Die Verfassungsgerichte der Länder haben ihren jeweiligen Landesverfassungen derartige Mindestgarantien entnommen und dies – soweit die Ausstattung aus Landesmitteln in Rede steht – allenfalls gelegentlich unter einen Vorbehalt der eigenen Leistungsfähigkeit des Landes gestellt; die Gemeinden müssen hiernach mindestens über so große Finanzmittel verfügen, dass sie ihre pflichtigen (Fremd- wie Selbstverwaltungs-)Aufgaben ohne (nicht nur vorübergehende) Kreditaufnahme erfüllen können und darüber hinaus noch über eine ‚freie Spitze' verfügen, um zusätzlich freiwillige Selbstverwaltungsaufgaben in einem bescheidenen, aber doch merklichen Umfang wahrzunehmen. (Rz. 19).

Die zum Beleg umfangreich zitierten Entscheidungen des Landesverfassungsgerichts werden dabei so interpretiert, dass Entscheidungen, die einen Leistungsfähigkeitsvorbehalt des Landes annehmen, eng in dem Sinne zu verstehen sind, dass es sich um eine Haushaltsnotlage handelt. Ob die Gerichte ihre Aussagen selbst so verstanden wissen wollen, kann man in einigen Fällen bezweifeln.[68]

Für die Sichtweise des Bundesverwaltungsgerichts spricht, dass die Kommunen in Zeiten knapper Kassen (unterhalb der Schwelle eines Haushaltsnotstandes) nur durch den Verzicht auf die Wahrnehmung freiwilliger Aufgaben und die Erhöhung der Abgabenbelastung der Einwohner, die oft schon die Grenzen der Verhältnismäßigkeit erreicht hat, Abhilfe schaffen können, während der Landesgesetzgeber immer die Möglichkeit hat, Aufgaben- und Ausgaben-

68 Siehe etwa VerfG LSA, Urt. v. 09.10.2012, Az. LVG 57/10, Rn. 14, www.lverfG.justiz.sachsen-anhalt.de = DVBl. 2012, 1560 m. Anm. Henneke.

lasten zu reduzieren. Insoweit erscheint es konsequent, keine Abstriche an der Finanzierungspflicht zuzulassen.[69]

Das darf aber nicht dahingehend missverstanden werden, dass die Leistungsfähigkeit des Landes keinen Einfluss auf die Bestimmung der finanziellen Mindestausstattung der Kommunen besitzt, stellt doch auch diese keine reine Rechengröße dar, sondern ist vielfältiger Interpretation zugänglich. Deshalb hat auch die unter anderem vom Verfassungsgericht Sachsen-Anhalt formulierte Position gute Gründe auf ihrer Seite:

> Dass der kommunale Finanzausgleich von der ausreichenden Leistungsfähigkeit des Landes abhängig ist, ergibt sich trotz der Selbstverwaltungsgarantie für einen eigenen Wirkungskreis (Art. 28 Abs. 2 GG) aus der bundesstaatlichen Finanzverfassung (Art. 106 Abs. 9 GG). Soweit Art. 28 Abs. 2 S. 3 GG eine Finanzgarantie für Selbstverwaltungskörperschaften enthält, beeinflusst diese die Regelungen über die Kommunalfinanzen nicht dahin, dass die Länder verpflichtet wären, zunächst einmal für eine umfassende Finanzausstattung der Kommunen zu sorgen und notfalls ihre eigenen Aufgaben zu vernachlässigen. Verlangt aber das Grundgesetz nicht, die Kommunen mit Vorrang zu behandeln, und sieht es sie gerade auch bei der Finanzverfassung als Teil der Länder an, dann würde eine aus Art. 28 Abs. 2 S. 3 GG hergeleitete Verpflichtung, den Kommunen eine allein an deren Aufgaben orientierte Ausstattung zu sichern, entweder den Ländern – bei Wahrung ihrer eigenen Aufgabengarantie (Art. 30 GG) – etwas Unmögliches abfordern oder doch ihnen wenigstens abverlangen, ihre Befugnisse aus Art. 30 GG zurückzunehmen.
>
> Mit Rücksicht auf die bundesstaatliche Ordnung wird daher von allen Landesverfassungsgerichten – unabhängig davon, ob die jeweilige Landesverfassung dies ausdrücklich vorsieht – (vgl. BayVerfGH, Urt. v. 28.11.2007, a. a. O., RdNr. 204 bb, m.w.N, nach juris; VerfGH NRW, Urt. v. 19.07.2011, a. a. O., RdNr. 56, m.w.N, nach juris; LVerfG, (LVerfG, Urt. v. 13.07.1999, a. a. O., S. 463 f., m. w. N.) ein Vorbehalt der finanziellen Leistungsfähigkeit des Landes statuiert. Er bezieht sich nicht nur auf die vom Land zu erbringende Ausgleichsleistung, sondern auch auf das vom Land im Ergebnis zu gewährleistende Niveau der Finanzbedarfsbefriedigung. Lediglich der Thüringische Verfassungsgerichtshof ist der Auffassung, dass eine Art. 93 Abs. 1 S. 1 ThürVerf genügende Finanzausstattung zwar grundsätzlich auch finanzkraftabhängig sei, aber die Gewährung einer finanziellen Mindestausstattung nicht unter dem Vorbehalt der Leistungskraft des Landes stehe (ThürVerfGH, Urt. v. 21.06.2005 – VerfGH 28/03 –, LVerfGE 16, 593).
>
> Das Landesverfassungsgericht teilt daher die Auffassung des BayVerfGH (Urt. v. 28.11.2007, a. a. O., RdNr. 204 bb), dass der den Gemeinden verbleibende Spielraum für die Wahrnehmung freiwilliger Selbstverwaltungsaufgaben sich nach den konkreten finanziellen Möglichkeiten des Landes richtet, da das Land neben dem gemeindlichen Selbstverwaltungsrecht noch zahlreiche andere, gleichwertige Güter zu schützen und zu erhalten hat (z. B. die innere Sicherheit, das Bildungswesen

---

69 Zutreffend auch VfG Bbg., LVerfGE 10, 237 (241).

> oder die Justizgewährung). Dieser Spielraum kann sich bei sehr knappen finanziellen Möglichkeiten des Landes auf ein Minimum reduzieren. Die Rücksichtnahme auf die Staatsfinanzen stellt eine übergreifende und legitime Aufgabe des Gesetzgebers zum Wohl des Staatsganzen dar.[70]

Diesen Vorbehalt der Leistungsfähigkeit erstreckt das Gericht auch auf die Pflicht zur Gewährleistung einer finanziellen Mindestausstattung, verdeutlicht dabei aber auch, welche weitergehenden Handlungspflichten für den Landesgesetzgeber in einer solchen Lage entstehen:

> Auch die Gewährleistung der finanziellen Mindestausstattung steht unter dem Vorbehalt der Leistungskraft des Landes (LVerfG, Urt. v. 13.07.1999, a.a.O., S.463; NdsStGH, Urt. v. 07.03.2008, a.a.O., RdNr.67, nach juris; BayVerfGH Urt. v. 28.11.2007, a.a.O., RdNr.206, nach juris; VerfGH NW 19.07.2011, a.a.O., RdNr.57, nach juris).
>
> Ebenso wie der BayVerfGH, der VerfGH NW und der NdsStGH vermag das Landesverfassungsgericht nicht die Auffassung des ThürVerfGH (vgl. Urt. v. 21.06.2005 – VerfGH 28/03 –, LVerfGE 16, S.593) zu teilen, wonach die Gewährleistung der finanziellen Mindestausstattung nicht unter dem Vorbehalt der Leistungskraft des Landes steht, sondern davon unabhängig ist. Aus Art.88 Abs.1 LVerf kann dies nicht abgeleitet werden. Aus Art.2 Abs.3, 87 Abs.1 LVerf folgt die organisationsrechtliche Einordnung der Kommunen als Teil des Landes. Beide sind gleichgewichtig entsprechend ihren Aufgaben an den insgesamt zur Verfügung stehenden Finanzmitteln zu beteiligen. Die Gemeinden stehen dem Land gegenüber nicht schutzlos da. Die durch Art.2 Abs.3, 87 Abs.1 LVerf vorausgesetzte Gleichwertigkeit von Land und Gemeinden wird einerseits verletzt, wenn das Land ohne sachlichen Grund seine Aufgaben höher bewertet als die Aufgaben der Gemeinden (LVerfG, Urt. v. 13.07.1999, a.a.O., 464).
>
> Zum anderen teilt das Landesverfassungsgericht auch die Auffassung des NdsStGH (Urt. 16.05.2001 – 6-9/99, 1/00 –, RdNr.137, zitiert nach juris), dass das Land, sofern den Gemeinden die Wahrnehmung freiwilliger Selbstverwaltungsangelegenheiten unmöglich wird, weil die zur Verfügung stehenden Finanzmittel aufgrund ihrer Pflicht zur Erfüllung landesgesetzlich vorgeschriebener Aufgaben bzw. Standards der Aufgabenerfüllung bereits ausgeschöpft sind, durch Art.88 Abs.1 LVerf verpflichtet ist, den Gemeinden neue Steuer- oder Abgabenquellen zu erschließen. Sofern dies angesichts der Finanzlage ausgeschlossen ist, ist das Land gehalten, die landesgesetzlich verursachten Kosten für die Erfüllung der Aufgaben des eigenen Wirkungskreises durch eine Verminderung der Pflichtaufgaben bzw. durch eine Senkung der bei der Aufgabenerfüllung einzuhaltenden Standards zu reduzieren. Soweit es sich um bundesgesetzliche Aufgabenzuweisungen und Standards handelt, muss das Land einen entsprechenden Einfluss im Bundesrat geltend machen.[71]

70 VerfG LSA, (Fn.68), Rz.15.

71 VerfG LSA, (Fn.68), Rz. 17f.

Auch wenn die Akzentuierungen beider Positionen unterschiedlich ausfallen, stimmen sie im Kern darin überein, dass die Aufgabenlast an die Leistungsfähigkeit angepasst werden muss und dass dies eine Aufgabe ist, die alle hoheitlichen Ebenen, die Aufgabenlasten der Kommunen begründen, gleichermaßen trifft, wobei den Ländern die primäre Handlungsverantwortung obliegt.

V. Die Erfüllung des Finanzierungsauftrags in der Praxis

1. Die Bedeutung der einzelnen Finanzierungsarten der kommunalen Selbstverwaltung

Für die Beurteilung der Finanzlage der Kommunen ist nicht nur die Gesamthaushaltslage und das darin zum Ausdruck kommende Verhältnis von Einnahmen und Ausgaben bedeutsam, sondern auch die Verteilung der Einnahmen auf die verschiedenen Quellen, da nur so die Selbstverwaltungstauglichkeit der Finanzierung insgesamt beurteilt werden kann. Soweit dabei auf die Zahlen für das Gesamtsystem der kommunalen Selbstverwaltung in Deutschland zurückgegriffen wird, sind damit naturgemäß die nicht unerheblichen regionalen Unterschiede verzeichnet. Da es für die Zwecke dieses Beitrags aber nicht zwingend erforderlich ist, die Unterschiede im Detail herauszuarbeiten, kann dies hingenommen werden in dem Bewusstsein, dass die Einzelfalle durchaus erheblich vom Durchschnittsbild abweichen können.

Die beste Orientierung liefert für die vorliegenden Zwecke die vom Deutschen Städtetag in seinen Gemeindefinanzberichten gezeichnete Lage und Entwicklung im Zeitraum 1995 bis 2012.

Danach ist bei der Gegenüberstellung von Einnahmen und Ausgaben folgendes Bild zu verzeichnen:

Jahr	1995	2000	2005	2010	2012
Einnahmen[72]	145,4	148,0	150,9	175,4	189,7
Ausgaben	152,7	146,1	153,2	182,3	187,4
Saldo	−4,04	+1,93	−2,2	−6,9	+2,3

72 Alle Angaben in Mrd. Euro.

Es handelt sich demnach um eine durchaus wechselhafte Entwicklung, die jedenfalls nicht durch eine lineare Verschlechterung der Finanzlage der Gemeinden gekennzeichnet ist. Allerdings stellt sich das Bild in vielen Gemeinden anders, und zwar negativer, dar, wenn man die Kreditaufnahme und die Verschuldung in die Betrachtungen einbezieht.[73]

Eine detaillierte Aufschlüsselung der Bedeutung der verschiedenen Einnahmequellen führt zu folgender prozentualer Verteilung, die wegen der nicht unerheblichen Schwankungen ebenfalls im Zeitverlauf dargestellt werden soll:

Jahr	1995	2000	2005	2010	2012	Tendenz
Steuern	30,3	35,1	35,9	36,4	38,6	+
Zuschüsse Bund/Land	27,6	27,4	29,2	31,1	32,5	+
Investitionszahlungen	6,7	5,7	5,0	5,8	4,2	–
Gebühren	13,6	11,4	10,5	9,2	8,9	–
Beiträge usw.	7,7	7,6	6,1	3,4	3,0	–
Sonstige	13,8	12,4	12,9	14,1	12,7	–

Im Spiegel der Ausgaben lassen sich folgende Entwicklungen bei den verschiedenen Kostenbereichen erkennen:

Jahr	1995	2000	2005	2010	2012	Tendenz
Personal[74]	26,5	27,0	26,6	24,7	25,8	–
Sachaufwand	17,4	19,3	19,7	21,2	21,3	+
Soziale Leistungen	19,9	17,9	22,9	23,0	23,9	+
Zahlungen a. öff. Bereich	4,4	4,1	3,9	4,1	4,1	–
Zinsen	3,8	3,6	3,0	2,4	2,2	–
Sachinvestitionen	18,8	16,8	12,2	12,7	10,3	–
Sonstige Ausgaben	8.8	10,9	11,4	12,0	12,3	+

73 Dazu näher *Freier/Grass*, Kommunale Verschuldung in Deutschland: Struktur verstehen Risiken abschätzen, DIW Wochenbericht Nr. 16.2013, S. 13 ff.

74 Alle Angaben in %-Zahlen.

Beide Übersichten lassen eine nicht geringe Dynamik zwischen den einzelnen Einnahmen- und Ausgabenbereichen erkennen, die auch, aber nicht ausschließlich durch die wirtschaftliche und konjunkturelle Entwicklung geprägt sind. Beachtlich ist vor allem, dass mit den deutlich gestiegenen Steuereinnahmen zugleich auch der Umfang der sachlich nicht von vorneherein gebundenen Mittel gewachsen ist. Die Zusammensetzung der Einnahmen aus Steuern stellt sich für das Jahr 2012 im Vergleich zu 2000 folgendermaßen dar:

Jahr	2000	2012
Gewerbesteuer	13,0 %	17,0 %
Umsatzsteuer	1,8 %	1,9 %
Einkommensteuer	14,4 %	13,7 %

Den darüber hinaus bestehenden örtlichen Aufwand- und Verbrauchsteuern kommt keine sichtbare Relevanz zu, weil sie nicht in allen Bundesländern bzw. Kommunen in gleicher Weise erhoben werden und ihr Anteil am Gesamtsteueraufkommen der Kommunen bei 0,8 % und bezogen auf die gesamten Einnahmen nur bei 0,3 % liegt.[75]

2. Die Kluft zwischen Durchschnittswerten und Einzelfällen

Die Betrachtung der Entwicklung der Einnahmen und Ausgaben anhand von Tabellen, die sich auf die Gesamtheit aller Städte und Gemeinden beziehen, ist nur sehr beschränkt realistisch in Bezug auf die Lage der einzelnen Kommunen. Zu groß sind die Unterschiede zwischen den einzelnen Regionen in Deutschland und teilweise auch zwischen unmittelbar benachbarten Städten. So verfügt etwa Frankfurt am Main über gewaltige Steuereinnahmen, während das benachbarte Offenbach mit seinen bescheidenen Einnahmen nicht einmal die Pflichtaufgaben finanzieren kann.

Damit wird nicht nur deutlich, dass die Durchschnittswerte hier wie auch in anderen Fällen keine verlässliche Grundlage für eine Beurteilung der Lage der gerade durch ihre Selbständigkeit und Vielfalt geprägten kommunalen Selbstverwaltung darstellen, sondern auch die Strukturproblematik der erheblichen Unterschiede in der Leistungsfähigkeit in das Zentrum der Aufmerksamkeit

75 *Henneke*, (Fn. 3), S. 146.

gestellt wird. Es reicht nicht aus, dass insgesamt genügend Finanzen für alle Kommunen fließen, sondern dass die einzelne Kommune ausreichend finanziert ist. Je stärker hier die Leistungsfähigkeit auseinander klafft, umso mehr stellt sich die Frage, ob das auf Dezentralität basierende Modell der kommunalen Selbstverwaltung noch in der Lage ist, eine nachhaltige Aufgabenerfüllung zu garantieren.

In den letzten zwei Jahrzehnten ist es trotz mehrerer Anläufe nicht gelungen, ein alternatives System[76] der Neuordnung der Beteiligung der Städte und Gemeinden am vor Ort erwirtschafteten Steueraufkommen zu finden, das die lokalen und regionalen Leistungsunterschiede[77] besser ausgleicht als das bisherige System, das zudem in erheblichem Maße konjunkturabhängig ist. Zuletzt konnte sich am 15.06.2011 nach fünfzehnmonatiger Beratung die Gemeindefinanzkommission in ihrer AG Kommunalsteuern nicht auf eine Novellierung[78] verständigen und Verbesserungen der kommunalen Finanzlage nur im Bereich der Sozialausgaben beschließen.[79]

Einer der Hauptgründe für das kontinuierliche Scheitern von Reformvorschlägen wird darin gesehen, das niemand sicher voraussagen kann, wer bei den verschiedenen Reformvorschlägen in welchem Umfang Gewinner oder Verlierer sein wird. Deshalb wird immer wieder nach politischen Kompromissen für einzelne Aufgabenbereiche gesucht, die aber an den Unstimmigkeiten des Gesamtsystems nichts ändern.

---

76 Zu den verschiedenen Vorschlägen siehe *Hey*, in: FS Stern II, 2012, S. 25 ff.

77 Diese sind besonders abhängig von der Größe und regionalen Lage der Kommunen. Vor allem die ostdeutschen Kommunen unter 20.000 Einwohner sind wegen fehlender Unternehmen und geringen Einkommen der Einwohner vielfach nicht in der Lage, sich ausreichend zu finanzieren. Zu Einzelheiten *Simmler/Walch*, DIW Wochenbericht Nr. 43/2011, S. 3 ff.

78 Im Raum standen das von der Bundesregierung vorgeschlagene „Prüfmodell" (Abschaffung der Gewerbesteuer und Einführung eines mit Hebesatzrecht ausgestatteten Zuschlags der Gemeinden zur Einkommensteuer und Körperschaftssteuer", das „Kommunalmodell" (Verbreiterung der Bemessungsgrundlage der Gewerbesteuer u. a. durch Einbeziehung der Freiberufler) und ein Modell der Stiftung Marktwirtschaft (u. a. Einführung einer kommunalen Wirtschaftssteuer und einer Bürgersteuer).

79 Siehe www.dstgb.de/dstgb/Schwerpunkte/Gemeindefinanzen/Gemeindefinanzkommission.

Ausgehend von den hier aufgezeigten Rahmenbedingungen für eine selbstverwaltungsfreundliche Finanzierung ist im Bereich der Steuerfinanzierung ein Modell anzustreben, das sich am Prinzip der fiskalischen Äquivalenz orientiert. Dieses Prinzip besagt, dass Entscheidungsträger, Nutznießer lokaler öffentlicher Güter und deren Kostenträger identisch sein sollen.[80] Die Umsetzung dieses Prinzips ist im Bereich der Finanzierung der Kammern weitgehend verwirklicht. Für den kommunalen Bereich müsse es im Bereich der Finanzierung aus dem Steueraufkommen an Steuern anknüpfen, die möglichst konjunkturneutral und mit Bezug auf die Einwohner und ihre Leistungskraft fließen.[81]

Allerdings wird auch bei einem solchen Modell wegen der nach wie vor sehr unterschiedlichen Struktur und Leistungskraft der Einwohner und Unternehmen in den Kommunen auf Umlagemodelle nicht verzichtet werden können, wie sie bereits in Art. 106 Abs. 6 S. 6 GG vorgesehen sind.[82] Hinzu kommt, dass überall dort, wo der Gesetzgeber für die kommunale Aufgabenerfüllung zwingende Vorgaben macht, die Orientierung des Umfangs der wahrgenommenen Aufgaben an der jeweiligen Leistungsfähigkeit durchbrochen wird. Die Antwort darauf stellt das Konnexitätsprinzip dar.[83]

3. Die Konnexitätsprinzipien[84] als Antwort

Konnexität sichert im Falle der (landes-)gesetzlichen Zuweisung einer Aufgabe eine tragfähige Rechtsgrundlage (!) für deren Finanzierung durch die zuweisende Stelle. Sie sichert somit nur den pflichtigen Aufgabenbereich im eigenen und übertragenen Wirkungskreis ab und nicht den Kern der Selbstverwaltung, die freiwilligen Aufgaben.

---

80 Dazu grundsätzlich *Blankart*, Öffentliche Finanzen in der Demokratie, 2003, S. 570.

81 Zu weiteren Einzelheiten *Simmler/Walch*, DIW Wochenbericht Nr. 43/2011, S. 3 (7 ff.).

82 Dazu *Kluth*, DÖV 1994, 456 ff.

83 Dazu näher *Mückl*, Konnexitätsprinzip in der Verfassungsordnung von Bund und Ländern, in: Henneke/Pünder/Waldhoff (Hrsg.), Recht der Kommunalfinanzen, 2006, S. 33 ff.; *Engelken*, Das Konnexitätsprinzip im Landesverfassungsrecht, 2. Aufl., 2012; *Kluth*, LKV 2009, 337 ff.

84 Zu den landesverfassungsrechtlichen Regelungen *Henneke*, (Fn. 3), S. 226 ff. (8.2.), dort S. 264 ff. (8.3.) auch eine ausführliche Darstellung und Bewertung der Rechtsprechung der Landesverfassungsgerichte.

Im Verhältnis des Bundes zu den Kommunen besteht keine Konnexitätsregelung, sondern seit der Föderalismusreform I ein Aufgabenübertragungsverbot, das eine vergleichbare Schutzfunktion entfaltet und bei der Zuweisung von bundesgesetzlich veranlassten Aufgaben an die Kommunen durch die Landesgesetzgeber das landesverfassungsrechtliche Konnexitätsprinzip auslöst. Das hat zur Folge, dass die Länder „gezwungen" sind, finanzielle Belastungen auf Grund von bundesgesetzlich normierten Aufgaben ggf. im Verhältnis zum Bund auf den entsprechenden Pfaden geltend zu machen.

Es ist nun Aufgabe der Länder, die dort grundgelegten Gedanken konsequent umzusetzen. In diesem Bereich sind in den letzten Jahren ganz überwiegend positive Entwicklungen zu verzeichnen, die durchaus als Bewährung der kommunalen Selbstverwaltung zu beurteilen sind. Dies betrifft sowohl die Normierung der Konnexitätsregelungen selbst als auch die Entwicklung der Rechtsprechung der Landesverfassungsgerichte zu ihrer Anwendung – auch wenn es dort noch einige dunkle Flecke geben mag.

Die Europäische Union überträgt zwar den Kommunen *formal keine Aufgaben*, kann aber durch allgemeine Standardsetzungen (u. a. im Bereich des Umweltrechts) Kostenfolgen auch im Bereich der kommunalen Aufgaben auslösen. Für diesen Bereich fehlt es ebenfalls an einer Konnexitätsregelung, soweit die Standards nicht durch den Landesgesetzgeber umgesetzt werden bzw. die Konnexitätsregelungen diesen Bereich aus dem Anwendungsbereich ausschließen.

Da die meisten Konnexitätsregelungen vergleichsweise jung sind und nur ab Inkrafttreten veranlasste Aufgabenzuweisungen erfassen, wird der größte Bereich kommunaler Aufgaben nicht erfasst. Hinzu kommen weitere Systemlücken in einzelnen Ländern, die den Anwendungsbereich beschränkt haben.

Zu diskutieren ist, ob eine Erstreckung der Konnexitätsregelungen auf Bestandsaufgaben, also Aufgaben, die im Zeitpunkt des Inkrafttretens der Konnexitätsregelungen bereits zugewiesen waren, zumindest dort erreicht werden kann, wo diese oder sie betreffende Standards geändert werden oder wo die Kommunen eine (wesentliche) Änderung der Kostenbelastung geltend machen können. Auf diese Weise könnte der Anwendungsbereich ausgedehnt und damit eine transparente aufgabengerechte Finanzierung durchgesetzt werden.

Bei Ländern, deren Konnexitätsregelungen explizit auf neue Aufgaben abstellen, erscheint dies ausgeschlossen. Das Gleiche gilt für Regelungen, die sich ausdrücklich auf einen Stichtag beziehen.

In den übrigen und meisten Fällen erscheint es mir aber durchaus möglich und im Wege einer teleologischen Interpretation sinnvoll, auch im Falle von nicht ganz unerheblichen Veränderungen der Aufgaben- und Kostenbelastung eine dann die gesamte Aufgabe erfassende Kostendeckungs- und Mehrbelastungsausgleichsregelung zu verlangen.

Von Konnexitätsregelungen erfasste Aufgaben können nicht zur Begründung einer Unterfinanzierung bei der allgemeinen Finanzausstattung herangezogen werden. Hier muss auf eine Anpassung der Kostendeckungsregelung geklagt werden.

4. Die Umsetzung von Wirtschaftlichkeits- und Sparsamkeitsgeboten

Die Wirtschaftlichkeits- und Sparsamkeitsgebote des Haushaltsrechts sollen Effizienz (Wirtschaftlichkeit i.e.S.) und Effektivität (Zielerreichung) des Verwaltungshandelns absichern. Bei der Fremdfinanzierung von Aufgaben besteht klassischerweise die Gefahr eines weniger sorgsamen Umgangs mit finanziellen Ressourcen. Deshalb ist die Einforderung einer (durchaus geringen) Eigenbeteiligung, etwa im Bereich der Kultur- und Forschungsförderung, ein anerkanntes Steuerungsinstrument in Fällen der Drittfinanzierung von Maßnahmen.

Ob dieses Steuerungsinstrument auch im Bereich der Finanzierung kommunaler Aufgaben angewendet werden kann, hängt davon ab, wie es um die finanziellen Spielräume der Kommunen bei den eigenen, frei verfügbaren Einnahmen bestellt ist. Bei Gemeinden und Kreisen mit ausreichenden freien Einnahmen wäre es grundsätzlich möglich, ihnen auch einen begrenzten Eigenanteil aufzubürden, ohne dass damit die angemessene Finanzausstattung gefährdet wird. Allerdings muss dabei erstens berücksichtigt werden, dass nur ein geringer Bruchteil der Kommunen dazu in der Lage ist, so dass diese Vorgehensweise nicht allgemein geeignet ist. Zweitens führt die Berücksichtigung eines solchen Eigenanteils bei einer Vielzahl von Aufgaben im Endergebnis zu einer erheblichen finanziellen Belastung, mit der Folge, dass auch insoweit rechtliche Unsicherheiten entstehen. Deshalb ist diese Vorgehensweise im Bereich der kommunalen Finanzzuweisungen und im Bereich der Anwendung des Konnexitätsprinzips letztlich untauglich.

Den „richtigen“ Weg für die Sicherstellung einer wirtschaftlichen und kostengünstigen Aufgabenerfüllung weisen die Leitsätze einer Entscheidung des Landesverfassungsgerichts Sachsen-Anhalt vom 9.10.2012, die auch auf andere Länder übertragen werden können:

> 1. Art. 88 Abs. 1 der Landesverfassung verpflichtet den Gesetzgeber nicht sämtliche Ausgaben der Gemeinden zu berücksichtigen, sondern nur die notwendigen Ausgaben, die bei einer effizienten Aufgabenerfüllung entstehen. Für den Finanzausgleich nach Art. 88 Abs. 1 kommt es nicht auf die tatsächlichen Ausgaben der Gemeinden an, sondern auf die Ausgaben, die fiktiv eine Gemeinde objektiv hätte, wenn sie sparsam und wirtschaftlich haushalten würde. Daher haben die Fragen, ob eine Aufgabe überhaupt öffentlich wahrgenommen werden muss und wenn ja, welches Leistungsniveau dafür notwendig ist, eine entscheidende Rolle zu spielen. Ferner sind solche Aufgaben nur dann in den Finanzausgleich einzubeziehen, wenn sie so kostengünstig wie möglich wahrgenommen werden.
>
> 2. Ein Finanzausgleich im Spannungsverhältnis zwischen einer gebotenen, an einer sparsamen und wirtschaftlichen Haushaltsführung orientierten Aufgabenerfüllung und dem Freiraum der garantierten Aufgabenautonomie der Gemeinden ist mit der Landesverfassung nur vereinbar, wenn der Gesetzgeber eine typisierende Bedarfsanalyse vorgenommen hat. Dabei ist der Gesetzgeber nicht verpflichtet, einen einzelfallbezogenen und damit „gemeindescharfen" Finanzausgleich vorzunehmen. Er darf typisieren und generalisieren. Dabei kommt es nicht auf die Verhältnisse einzelner Gemeinden, sondern auf die aller Gemeinden an.[85]

VI. „Freie Spitze" und interkommunale Solidarität

1. Die Berechnung und Gewährleistung der „freien Spitze"

Das Bundesverwaltungsgericht hat die sog. freie Spitze mit den Worten umschrieben, dass diese den Gemeinden die Möglichkeit eröffnen muss, „in einem bescheidenen, aber doch merklichen Umfang" freiwillige Selbstverwaltungsaufgaben wahrzunehmen.[86]

In der Literatur wird in diesem Zusammenhang von 5 bis 10 % der insgesamt verfügbaren Mittel gesprochen.[87]

---

85 VerfG LSA, Urt. v. 09.10.2012 – LVG 57/10, www.lverfG.justiz.sachsen-anhalt.de = DVBl. 2012, 1560 m. Anm. Henneke.

86 BVerwG, (Fn. 67), Rz. 19.

87 *Hellermann*, (Fn. 63), Art. 28, Rn. 53.1; *Dreier*, in: ders. (Hrsg.), Grundgesetz Kommentar, Bd. 2, 2. Aufl., 2004, Art. 28, Rn. 156 m. w. N.

Diese Orientierung betrifft den Normalfall einer Kommune mit einem ausgeglichenen Haushalt. Es liegt auf der Hand, dass in Fällen der Überschuldung, die bekanntlich vielfältige Ursachen haben kann, eine freie Spitze nicht in gleicher Art und Weise gewährleistet werden kann.

Zudem ist auch in diesem Zusammenhang daran zu erinnern, dass in Zeiten der Schuldentilgung durch das Land, um die Vorgaben der Schuldenbremse zu erfüllen, auch Werte unterhalb von 5 % durch die Kommunen hinzunehmen sind.

2. Grundsätze und Kriterien interkommunaler Solidarität

Neben dem Verbot der Überkompensation, das als Grenze von interkommunalen Umverteilungsmaßnahmen in der Rechtsprechung bereits seit längerer Zeit etabliert ist[88], leitet das Bundesverwaltungsgericht unter Rz. 15 aus Art. 28 Abs. 2 GG auch ein Verbot der Änderung der Steuerkraftreihenfolge ab und verweist zur Begründung auf die Rechtsprechung des BVerfG zum Länderfinanzausgleich.

Die Übertragbarkeit dieses Argumentationsansatzes steht in einem Spannungsverhältnis zu einer deutlich großzügigeren Rechtsprechung einiger Landesverfassungsgerichte und vermag insoweit nicht zu überzeugen.

Vor allem sprechen die zahlreichen „Zufälligkeiten“, die sich bei der finanziellen Leistungsfähigkeit der Kommunen auswirken, gegen einen zu engen Maßstab bei der Beurteilung von Umlageregelungen. Bei einem zu engen Maßstab ist es kaum möglich, verfassungskonforme Gesetze zu formulieren, die man auch noch verstehen und handhaben kann.

88 VerfG LSA, LKV 2010, 477 ff.

VII. Abschließende Betrachtung und Ausblick: Zwischen Dogmatik, Pragmatik und parlamentarischer Letztverantwortung

Jenseits der durch Art. 28 Abs. 2 S. 1 u. 3 GG geforderten finanziellen Mindestausstattung gewährt das Grundgesetz den Landesverfassungen einen erheblichen Gestaltungsfreiraum zur konkreten „technischen" Ausgestaltung der Kommunalfinanzierung.

Durch die Einführung der Konnexitätsregelungen ist für einen großen Teil der Aufgaben, die der Landesgesetzgeber den Kommunen pflichtig zugewiesen hat, eine Kostenermittlung durch den Landesgesetzgeber zur Pflicht geworden. Diese erweist sich zugleich als das passende Instrument, um Wirtschaftlichkeitsanreize umzusetzen. Die ebenfalls in der Rechtsprechung anzutreffende Methode der Berücksichtigung einer Interessenquote vermag demgegenüber nicht zu überzeugen.

Eine Steigerung der Wirtschaftlichkeit der Kommunalverwaltung durch weitere Gebietsreformen ist nur begrenzt möglich, da das Gestaltungspotenzial (wenn es überhaupt besteht) insofern weitgehend ausgereizt wurde, jedenfalls solange man dem klassischen Leitbild der kommunalen Selbstverwaltung als ortsnaher Verwaltung verpflichtet bleibt, wie es Art. 28 GG zugrunde liegt.

Die Rolle von Funktionalreformen und Aufgabenkritiken ist demgegenüber nicht ausgeschöpft, da die eingeleiteten Prozesse oft nicht konsequent umgesetzt wurden.

Es kommt zu einer Verschärfung der Unterschiede in der Leistungsfähigkeit in Bereichen, die stark durch den demografischen Übergang betroffen sind. In diesem Bereich dürfte der kommunalen Gemeinschaftsarbeit besondere Bedeutung zuwachsen.

Ebenfalls noch nicht abgeschlossen ist die Aufgabenkritik. Dabei ist daran zu erinnern, dass die Konnexitätsdebatte trotz ihrer vordergründigen Schutzwirkung zugunsten der kommunalen Selbstverwaltung letztlich durch eine Reaktion auf die zunehmende Verlagerung von Aufgaben vom Staat auf die Kommunen bzw. die Verdichtung der gesetzlichen Steuerung der kommunalen Aufgabenerfüllung auch im Selbstverwaltungsbereich bedingt war und ist. Das bedeutet aber zugleich, dass das Verhältnis von „echter und umfassender" Selbstverwaltung zu übertragenen Staatsaufgaben immer stärker zu Ungunsten der Selbstverwaltung ausfällt. Dies wirkt sich auch auf den Charakter der

Selbstverwaltung insgesamt negativ aus, weil unter anderem die innerkommunalen Machtverhältnisse vom Rat auf den Bürgermeister bzw. Kreistag auf den Landrat verschoben werden.

Aufgabe der Landesverfassungsgerichte wird es auch in den kommenden Jahren sein, diese Entwicklung weiter aufmerksam und kritisch zu begleiten und dabei auch den verfassungsrechtlichen Rahmen auszuleuchten.

Demokratie unter Finanzierungsvorbehalt?

Zur Auslegung der Haushaltsvorbehalte in den Verfassungen der neuen Bundesländer

*Heinrich Amadeus Wolff und Daniel Mundil**

I. Einführung

Die Forderung nach einer verstärkten Inanspruchnahme plebiszitärer Elemente erfreut sich in der politischen Debatte einer dauerhaften Beliebtheit. Oft wird in der direkten Beteiligung der Bürger an Gesetzgebungsverfahren ein Ausweg aus einer angeblich zunehmenden Politikverdrossenheit gesehen.[1] Neben dem unmittelbaren Einfluss der Bürger auf Gesetzgebungsverfahren wird dabei auch eine direkte Beteiligung an großen Infrastrukturvorhaben gefordert.[2] In der geführten Debatte entsteht schnell der Eindruck, Plebiszite wären grundsätzlich dazu geeignet, staatlichen Entscheidungen eine herausragende Legitimierungswirkung zukommen zu lassen. Ob dies tatsächlich zutrifft, kann und soll an dieser Stelle nicht erörtert werden. Mangels empirischer Erfahrungswerte in diesem Bereich dürfte es schwer sein, einen solchen Zusammenhang zu bejahen. Näher beleuchtet werden soll aber der Bestand an bereits existierenden Möglichkeiten unmittelbarer Volksgesetzgebung.

---

* Der Verfasser Wolff hat den Lehrstuhl für Öffentliches Recht, insbesondere Staatsrecht und Verfassungsgeschichte, an der Europa-Universität Frankfurt (Oder) inne. Der Verfasser Mundil ist wissenschaftlicher Mitarbeiter an diesem Lehrstuhl und Rechtsanwalt in Berlin.

1 Vgl. etwa: *von Arnim,* Wer kümmert sich um das Gemeinwohl? – Auflösung der politischen Verantwortung im Parteienstaat, ZRP 2002, 223 (231); *Elicker,* Verbietet das Grundgesetz ein Referendum über die EU-Verfassung?, ZRP 2004, 225 ff.; kritisch zu Letzterem: *Herbst,* Volksabstimmung ohne Grundgesetz?, ZRP 2005, 29 ff.

2 Bereits kritisch zu dieser Entwicklung: *Ewer,* Kein Volksentscheid über die Zulassung von Infrastrukturprojekten, NJW 2011, 1328 ff.

Betrachtet man die geltende Rechtslage in Deutschland, so kann nicht auf eine herausragende Bedeutung plebiszitärer Elemente geschlossen werden. Anders als beispielsweise in der Schweiz spielen Plebiszite in Deutschland keine wichtige Rolle.[3] Insbesondere der Verfassungsgeber auf Bundesebene maß direktdemokratischen Mechanismen eine geringe Bedeutung zu und entschied sich klar für eine repräsentative Ausgestaltung der Demokratie.[4] Das Grundgesetz enthält daher nur vereinzelt plebiszitäre Elemente. Zwar nennt Art. 20 Abs. 2 GG Abstimmungen als legitime Form staatlicher Mitbestimmung; die konkret im Grundgesetz verankerten Möglichkeiten direkter Demokratie betreffen jedoch nur wenige Rechtsbereiche, die zudem keine Berührungspunkte zur Tagespolitik aufweisen. So kennt das Grundgesetz eine direkte Beteiligung der Bürger lediglich bei der Neugliederung des Bundesgebietes gem. Art. 29 GG, der Neugliederung Berlins und Brandenburgs gem. Art. 118a GG sowie der Neuerarbeitung einer Verfassung gem. Art. 146 GG. All diesen Beteiligungsverfahren gemein ist, dass sie Materien betreffen, die in der tagesaktuellen politischen Auseinandersetzung kaum eine Rolle spielen. Nach der verfassungsrechtlichen Konzeption des Grundgesetzes sollen die Bürger daher außerhalb der regulären Wahlen keinen nennenswerten unmittelbaren Einfluss auf die Bundespolitik nehmen.

Anders als das Grundgesetz sah die Weimarer Reichsverfassung noch Elemente direkter Demokratie vor. Das Volk durfte sich in unterschiedlicher Art und Weise an der Gesetzgebung beteiligen. Nach Art. 73 Abs. 1, 3 WRV konnte der Reichspräsident die Initiative zu einem Referendum ergreifen. Ihm war es möglich, eine Abstimmung der Bürger über ein bereits durch den Reichstag beschlossenes Gesetz herbeiführen. Gemäß Art. 73 Abs. 3 WRV war es aber auch umgekehrt einem Zehntel der Stimmberechtigten möglich, die Initiative zu einem Volksentscheid zu ergreifen. Der Reichstag war in allen Fällen stets beteiligt, da Volksentscheide gem. Art. 73 Abs. 3 WRV lediglich über bereits beschlossene Gesetze oder über Gesetzentwürfe stattfanden, die bereits in den Reichstag eingebracht waren. Eine Einschränkung gab es für Volksentscheide über den Haushaltsplan und die Besoldungsordnungen. Diese erfolgten gem.

---

3 Vgl. etwa zum Schweizer Modell: *Böhm,* Die direkte Demokratie in der Schweiz, DÖV 2013, 1 ff.

4 *Böckenförde,* Demokratische Willensbildung und Repräsentation, in: HStR III, 3. Aufl., Heidelberg 2005, § 34 Rn. 21; *Grzeszick,* in: Maunz/Dürig, Grundgesetz-Kommentar, 69. Ergänzungslieferung, München 2013, Art. 20 (Demokratie), Rn. 110.

Art. 73 Abs. 4 WRV nur auf Initiative des Reichspräsidenten. Die Weimarer Reichsverfassung hielt insgesamt einen Bestand an plebiszitären Elementen vor, die das Grundgesetz nicht übernommen hat.

Im Gegensatz zum Grundgesetz lassen alle Landesverfassungen eine direkte Volksbeteiligung zu. So kennen alle Bundesländer unterschiedlich ausgestaltete Formen der Volksgesetzgebung.[5] Unterscheiden kann man dabei zwei Hauptausrichtungen. Einerseits kann der parlamentarische Gesetzgeber selbst das Volk um Zustimmung bitten und damit für ein Referendum die Initiative ergreifen.[6] Andererseits kann es auch das Volk sein, welches ein bestimmtes Vorhaben an sich reißt und dann alternativ zum parlamentarischen Gesetzgebungsverfahren entscheidet.[7]

In den meisten Landesverfassungen ist die Volksgesetzgebung in unterschiedliche Phasen gegliedert, die man grob in einen Initiativ- und einen Entscheidungsbereich unterteilen kann. Legt man in Ersterem dem Volk noch einen konkreten Vorschlag vor, über den das Parlament entscheiden muss, kommt es bei einem tatsächlichen Volksentscheid zu einer Entscheidung des Volkes über ein Gesetz ohne ein Mitentscheidungsrecht des Parlaments. Die Volksgesetzgebung findet demnach anstelle der Parlamentsgesetzgebung statt.[8]

Ähnlich wie auf der Landesebene kennt auch der kommunale Bereich Formen unmittelbarer Demokratie. Auch hier existiert mittlerweile flächendeckend die Möglichkeit der unmittelbaren Beteiligung der Bevölkerung an der Entscheidungsfindung.[9] Die Verfahren sind dabei an die kommunale Ebene angepasst, entsprechen in ihrer Grundstruktur aber den Verfahren auf der Landesebene. Auch hier unterscheidet man einen Initiativ- und einen Entscheidungsbereich.[10]

---

5 *Böhm* (Fn. 3), S. 2.

6 Umfassend zum Begriff des Referendums und zur praktischen Anwendung dieses Instruments: *Neumann,* Sachunmittelbare Demokratie, Baden Baden 2009, Rn. 321 ff.

7 *Neumann* (Fn. 6), Rn. 255, spricht davon, dass Volksgesetzgebung ein vom Volk initiiertes Gesetzgebungsverfahren sei.

8 *Neumann* (Fn. 6), Rn. 255 f.

9 Umfassend zu den Plebisziten auf kommunaler Ebene: *Muckel,* Bürgerbegehren und Bürgerentscheid – wirksame Instrumente unmittelbarer Demokratie in den Gemeinden?, NVwZ 1997, 223 ff.

10 In Brandenburg mündet etwa ein Bürgerbegehren gem. § 15 Abs. 1 BbgKVerf automatisch in einem Bürgerentscheid gem. § 15 Abs. BbgKVerf, wenn die Gemeindevertretung nicht die mit dem Bürgerbegehren verlangte Maßnahme beschließt.

Plebiszitäre Elemente finden sich, wenn auch deutlich abgeschwächt, zudem auf der europäischen Ebene. So wurde zur Stärkung der demokratischen Mitbestimmung ein Bürgerbegehren in Art. 11 Abs. 4 EUV eingefügt. Mit der Norm sollte die demokratische Binnenstruktur der Europäischen Union maßgeblich verstärkt werden, ohne eine echte Volksentscheidung auf der Unionsebene zu begründen.[11]

Unmittelbare Mitbestimmung durch das Volk findet daher vor allem auf der Ebene des Landesrechts statt.

II. Die Ausgestaltung direktdemokratischer Verfahren in den Landesverfassungen

Die Landesverfassungen gestalten die Formen der Volksgesetzgebung unterschiedlich aus.

Im Land Brandenburg etwa ist der Bereich der Volksgesetzgebung dreistufig aufgebaut.[12] Letztlich kann jedoch auch dieser in einen Initiativ- und einen Entscheidungsbereich unterteilt werden. Geregelt ist das brandenburgische Verfahren in den Art. 76–79 BbgLVerf. Die Einzelheiten des Verfahrens sind im „Gesetz über das Verfahren bei Volksinitiative, Volksbegehren und Volksentscheid" niedergelegt.[13]

Zunächst kann über eine Volksinitiative gem. Art. 76 BbgLVerf dem Landtag ein Gesetzesentwurf unterbreitet werden. Für eine solche Initiative ist ein Quorum von 20.000 Einwohnern des Landes erforderlich. Die Volksinitiative kann daher auch als Massenpetition der Bürger eingeordnet werden.[14] Ein gewisses rechtliches Novum stellt die brandenburgische Volksinitiative insoweit dar, als sie alle Einwohner zu möglichen Antragstellern erklärt. Dadurch fin-

11 *Streinz/Ohler/Herrmann,* Der Vertrag von Lissabon, 3. Aufl., München 2010, S. 82.

12 *Platter,* Volksinitiative, Volksbegehren und Volksentscheid, in: Gunter Fritsch [Hrsg.], 20 Jahre Landesverfassung, Berlin 2012, S. 115.

13 Gesetz vom 14.04.1993, GVBl. I S. 94, zuletzt geändert durch Gesetz vom 01.02.2012, GVBl I Nr. 9 S. 1.

14 *Lieber,* in: Lieber/Iwers/Ernst, Verfassung des Landes Brandenburg, Wiesbaden 2012, S. 496.; *Neumann* (Fn. 6); S. 197 f.

det eine erhebliche Erweiterung des Kreises der Teilnahmeberechtigten statt. Neben den Bürgern des Landes können auch Einwohner ohne deutsche Staatsangehörigkeit teilnehmen.[15] Diese Erweiterung, die allerdings nur für die erste Stufe der Volksgesetzgebung gilt, kann durchaus als Besonderheit des brandenburgischen Verfassungsrechts bewertet werden.[16]

Gelangt eine Volksinitiative auf der ersten Stufe der Volksgesetzgebung in Brandenburg nicht zu ihrem Ziel, wird das Verfahren der Volksgesetzgebung in zwei weiteren Schritten fortgesetzt. Im Falle der Ablehnung des Antrags durch den Landtag kann ein Volksbegehren gem. Art. 77 BbgLVerf initiiert werden. Dazu bedarf es gem. Art. 77 Abs. 1 BbgLVerf zunächst eines Antrags der Volksinitiative. Stimmen mindestens 80.000 Stimmberechtigte dem Antrag innerhalb von sechs Monaten zu, kommt das Volksbegehren zustande. Der Landtag hat nun zwei Monate Zeit über das Volksbegehren zu befinden. Entspricht er ihm nicht, so findet gem. Art. 78 Abs. 1 S. 1 BbgLVerf in einem dritten Verfahrensabschnitt ein Volksentscheid statt. Der Landtag kann hierbei gem. Art. 78 Abs. 1 S. 2 einen konkurrierenden eigenen Gesetzentwurf mit zur Abstimmung stellen. Gemäß Art. 78 Abs. 2 BbgLVerf kommt ein Gesetz im Wege des Volksentscheides zustande, wenn eine Mehrheit dem Entwurf zustimmt, die mindestens einem Viertel der Abstimmungsberechtigten entspricht. Das Verfahren ist insgesamt als kooperativ einzuordnen, da über die gesamte Verfahrenslänge hin eine Zusammenarbeit zwischen Bürgern und Landtag stattfindet.[17] Die brandenburgische Variante stellt daher einen Kompromiss zwischen repräsentativer und direkter Demokratie dar.

Sehr ähnlich sind die Verfahren in den anderen neuen Bundesländern ausgestaltet. Diese haben allesamt die Möglichkeit direkter politischer Teilhabe der Bürger in ihre Landesverfassungen aufgenommen. Dabei weisen die Länder Sachsen und Sachsen-Anhalt in den Grundstrukturen der Verfahren die größte Nähe zur brandenburgischen Ausgestaltung auf.[18] Auch das Land Mecklenburg-Vorpommern hat in Art. 59, 60 LVerfMV den dreistufigen Ablauf der Volksgesetz-

15 *Lieber* (Fn. 14).

16 *Fliegauf*, Verfassungsgesetzgebung und Volksentscheid, LKV 1993, 181 (182); Zu den verfassungsrechtlichen Problemen, die sich aus dieser Ausgestaltung ergeben: *Platter* (Fn. 12), S. 116 m. w. N.

17 *Platter* (Fn. 12), S. 116.

18 *Fliegauf* (Fn. 16), S. 181; in Sachsen wird die Volksinitiative gem. Art. 71 Abs. 1 SächsLVerf als Volksantrag bezeichnet.

gebung etabliert. In Thüringen ist das Verfahren dagegen klassisch zweistufig ausgestaltet. Einem Volksbegehren, welches gem. Art. 82 Abs. 1 ThürLVerf in den Landtag eingebracht werden kann, folgt gem. Art. 82 Abs. 7 ThürLVerf unmittelbar ein Volksentscheid. Anders als in den anderen Ländern fehlt es hier am Verfahrensabschnitt der Volksinitiative.

Die Ausgestaltung, die die Volksgesetzgebung in den Landesverfassungen der neuen Bundesländer gefunden hat, wird als Fortentwicklung der Bürgerbeteiligung begrüßt.[19] Ob sie tatsächlich zu einer Verbesserung geführt hat, kann nicht so klar beantwortet werden. Zum einen stellen die Verfahrensanforderungen und auch die festgesetzten Abstimmungsquoren eine gewisse Hürde für etwaige Abstimmungen auf;[20] zum anderen ist eine quantitativ relativ geringe Wahrnehmung der direktdemokratischen Elemente durch die Bürger zu beobachten. Exemplarisch zeigt sich dies am Beispiel des Landes Brandenburg. Hier wurden explizit besonders niedrige Abstimmungshürden in Form von Quoren geschaffen.[21] Dennoch ist die reine Zahl der erfolgten Volksgesetzgebungsverfahren als eher niedrig anzusehen.[22]Die Wirkung der Volksgesetzgebung erschöpft sich jedoch nicht allein in ihrer tatsächlichen Ausübung. Übersehen werden sollten nicht die politischen Auswirkungen, die von ihrer bloßen Existenz ausgehen. Eine im Amt befindliche Regierung hat die Möglichkeit eines Plebiszits stets vor Augen. Gerade bei besonders sensiblen politischen Themen wird dabei auch immer die Möglichkeit eines abweichenden Volksentscheides mit ins politische Kalkül gezogen. Anders als auf der Bundesebene kann das Volk hier auch außerhalb von Wahlen unmittelbar politisch

19 *Fliegauf* (Fn. 16), S. 185.

20 Zur Weiterentwicklung und Stärkung der Volksgesetzgebung werden daher Reformanstrengungen zur Absenkung der genannten Hürden vorgeschlagen. Zu diesen Ansätzen vgl. *Obermann,* Entwicklung direkter Demokratie im Ländervergleich, LKV 2012, 241 ff.

21 *Lieber* (Fn. 14), S. 497, sieht den Grund dieser niedrigen Quoren vor allem in der geringen Bevölkerungsdichte in Brandenburg. Gemessen an der Einwohnerzahl ist die Volksinitiative bereits bei einer Beteiligung von unter einem Prozent der Gesamtbevölkerung (2,448 Mio. Einwohner) möglich. Im Falle eines Volksbegehrens liegt das Quorum bei ca. 6 % der gesamten Landesbevölkerung. Im Vergleich dazu verlangt etwa Art. 74 Abs. 1 BayLVerf mit einem Zehntel der stimmberechtigten Bürger ein deutlich höheres Quorum.

22 Bisher fanden seit 1992 26 Volksinitiativen und 9 Volksbegehren statt. Vgl.: http://www.landtag.brandenburg.de/de/mitgestalten/volksgesetzgebung/volksgesetzgebung_in_brandenburg_seit_1992/396602 (Stand 03.09.2013).

wirken. Aus dieser Möglichkeit ergibt sich ein starker mittelbarer Einfluss auf die handelnden Politiker. Diese Droh- bzw. Ventilfunktion lässt die Plebiszite weit über die tatsächliche Inanspruchnahme hinaus wirken.

Neben den genannten Einschränkungen einer direkten Volksgesetzgebung bestehen aber noch weitere Hürden, die eine entsprechende Initiative überwinden muss. Vor einer Abstimmung der Bürger sind zahlreiche Formalien zu beachten. Bereits auf dieser Stufe kann ein Verfahren wieder enden. Daneben bestehen inhaltliche Beschränkungen, die es zu beachten gilt. Die Landesverfassungen nehmen unterschiedliche Materien aus dem Anwendungsbereich der Volksgesetzgebung heraus. Generell sind Volksabstimmungen auf der Landesebene zunächst auf den Kompetenzbereich der Landesgesetzgebung beschränkt.[23] So selbstverständlich diese Regel erscheint, so sehr ließe sich damit auch das geringe Interesse der Bürger an solchen Entscheiden erklären. Auf der Landesebene existieren nur wenige Politikbereiche, die tatsächlich von der Öffentlichkeit so wahrgenommen werden, dass sich eine entsprechende Zahl von Unterstützern zusammenfindet.

III. Die unterschiedlichen Vorbehalte in den Landesverfassungen

Alle Landesverfassungen haben die Gegenstände, über die ein Volksbegehren bzw. -entscheid stattfindet, inhaltlich beschränkt. Dabei sind zumeist bestimmte Politikbereiche oder auch bestimmte Auswirkungen aus dem Anwendungsbereich der Volksgesetzgebung ausgeschlossen. Bereits die Weimarer Reichsverfassung, als Vorbildverfassung für die heute bestehenden Formen direktdemokratischer Beteiligung, kannte solche Beschränkungen. So war gem. Art. 73 Abs. 4 WRV ein Volksentscheid über den Haushaltsplan, Abgabengesetze und Besoldungsordnungen nur möglich, wenn sie der Reichspräsident veranlasste. Solche Abstimmungen konnten demnach lediglich als Referendum erfolgen, nicht jedoch im Wege eines Volksbegehrens eingebracht werden.

23 *Platter* (Fn. 12), S. 118; *Lieber* (Fn. 14), S. 497.

1. Darstellung der unterschiedlichen Vorbehaltsarten

Auch die Landesverfassungen der neuen Bundesländer kennen inhaltliche Einschränkungen für die Volksgesetzgebung. So sind meist Ausnahmen zugunsten des Haushalts, von Abgabengesetzen, Personalentscheidungen und Besoldungsfragen in den Verfassungen verankert.[24] Die Verfassungstexte folgen dabei einer gewissen deutschen Tradition. Anders als es in anderen Staaten der Fall ist, kennt das deutsche Rechtssystem von jeher eine Beschränkung von Plebisziten für finanziell sensible Politikbereiche.[25]

Für das Land Brandenburg etwa bestimmt Art. 76 Abs. 2 BbgLVerf, dass Initiativen zum Landeshaushalt, zu Dienst- und Versorgungsbezügen, Abgaben und Personalentscheidungen unzulässig sind. Obwohl die Beschränkungen ausdrücklich nur im Regelungsbereich der Volksinitiative verankert wurden, sind sie auch auf die weiteren Verfahrensschritte des Volksbegehrens und des Volksentscheides anzuwenden. Dies folgt aus der Einheitlichkeit des Verfahrens der Volksgesetzgebung. Somit kann nur ein zulässiger Gegenstand einer Volksinitiative auch Gesetzgebungsgegenstand eines Volksbegehrens oder eines Volksentscheids werden.[26]

Von einer Volksinitiative gem. Art. 76 BbgLVerf zu unterscheiden, ist dagegen eine eingereichte Massenpetition. Bei dieser ist eine Berufung auch auf Gegenstände möglich, die inhaltlich einer Volksinitiative entzogen sind.[27] Zu beachten ist in diesen Fällen aber eine Beschränkung auf die Petitionswirkung. Entsprechende Massenpetitionen müssen wie gesammelte Einzelpetitionen nach Art. 24 BbgLVerf behandelt werden. Eine Anwendung der Verfahrensgarantien

24 Vgl. dazu Art. 82 Abs.2 ThürLVerf, der eine Einschränkung für den Landeshaushalt, zu Dienst- und Versorgungsbezügen, und zu Abgaben und Personalentscheidungen enthält; Art. 73 Abs. 1 SächsLVerf enthält eine Einschränkung für Abgaben-, Besoldungs- und Haushaltsgesetze; Art. 81 Abs. 1 LVerfSA enthält Beschränkungen zugunsten der Haushaltsgesetze, Abgabengesetze und Besoldungsregelungen; Art. 60 Abs. 2 LVerfMV enthält Beschränkungen für Haushaltsgesetze, Abgabengesetze und Besoldungsgesetze.

25 Vgl. dazu die Darstellung von *Isensee,* Plebiszit unter Finanzvorbehalt, in: FS-Mußgnug, S. 101 ff., Heidelberg 2005, S. 104 f.; von einer Tradition spricht auch: *Lieber* (Fn. 14), S. 499; differenzierender zu dieser „Verfassungstradition“: *Neumann* (Fn. 6), Rn. 810.

26 *Isensee* (Fn. 25), S. 116.

27 *Lieber* (Fn. 14), S. 499.

des Art. 76 BbgLVerf kommt hingegen nicht in Betracht.[28] Für die Praxis problematisch ist hier, eine konkrete Abgrenzung vorzunehmen, da die Volksinitiative einen Doppelcharakter zwischen einem Akt der Volksgesetzgebung und einer entsprechenden Massenpetition besitzt.[29] Praktisch lösbar wird dieses Problem, indem alle Volksinitiativen, die sich auf die unzulässigen Gegenstände des Art. 76 Abs. 2 BbgLVerf beziehen und daher als Volksinitiative unzulässig sind, als Massenpetitionen behandelt und entsprechend bearbeitet werden.

2. Beschränkungen auf Plebiszite, die den Landeshaushalt oder das Haushaltsgesetz nicht betreffen

Die wichtigste inhaltliche Beschränkung für die Volksgesetzgebung stellt der sog. Haushaltsvorbehalt dar. Einen solchen kannte bereits die Weimarer Reichsverfassung, indem Art. 73 Abs. 4 WRV über den Haushaltsplan lediglich ein vom Reichpräsidenten initiiertes Referendum zuließ.

Der Haushaltsvorbehalt folgt einem nachvollziehbaren Grundgedanken. Die Volksgesetzgebung soll nicht dazu führen, das finanzielle Gleichgewicht eines Bundeslandes zu beeinträchtigen. Anders als der parlamentarische Gesetzgeber stimmen die Bürger immer nur über Einzelfälle ab. Dabei ist zumindest denkbar, dass das der finanzpolitische Gesamtzusammenhang aus dem Blickfeld der Abstimmenden gerät. Der Einzelne dürfte nur selten in der Lage sein, die gesamte Haushaltssituation eines Landes zu überblicken.[30] Über den Vorbehalt für den Landeshaushalt oder auch das Haushaltsgesetz soll daher ein finanziell stabiler Landeshaushalt sichergestellt werden. Nicht ganz von der Hand gewiesen werden kann hier jedoch auch ein gewisses Grundmisstrauen gegenüber den Bürgern. Der Verfassungsgeber wollte wohl auch einen allgemeinen Zugriff von Interessengruppen auf den Staatshaushalt ausschließen.[31]

---

28 *Lieber* (Fn. 14), S. 499.

29 *Lieber* (Fn. 14), S. 496.

30 BVerfGE 102, 176 (187 f.).

31 *Rux,* Die Haushaltsvorbehalte in Bezug auf die direktdemokratischen Verfahren in den Verfassungen der neuen Bundesländer, in: LKV 2002, 252 (254) unter Verweis auf: *Isensee,* Volksgesetzgebung – Vitalisierung oder Störung der parlamentarischen Demokratie, DVBl 2001, 1161 (1164); *BayVerfGH,* NVwZ-RR 2000, 401 (404).

a) Unterschiede in den Textfassungen

Zwischen den einzelnen Landesverfassungen bestehen bei der Ausgestaltung des Haushaltsvorbehaltes einige Unterschiede in den Gesetzesformulierungen. Dabei sind zwei Unterschiede bemerkenswert. So beinhalten einige Verfassungen eine Beschränkung für Volksgesetzgebungsgegenstände, die sich auf den Landeshaushalt beziehen (Haushaltsvorbehalt).[32] Im Land Brandenburg formuliert Art. 76 Abs. 2 BbgLVerf etwa eine Beschränkung für solche Volksinitiativen, die den Landeshaushalt betreffen. Andere Landesverfassungen entscheiden sich für eine Beschränkung in Bezug auf das Haushaltsgesetz (Haushaltsgesetzvorbehalt).[33]

Grundsätzlich sind in Bezug auf die unterschiedlichen Textfassungen zwei mögliche Sichtweisen denkbar.

Einerseits kann man divergierenden Formulierungen eine rechtliche Bedeutung beimessen und daraus Rückschlüsse für deren Auslegung ziehen. In diesem Fall müssten die Landesverfassungen, die eine Beschränkung für das Haushaltsgesetz (Haushaltsgesetzvorbehalt) enthalten, als die engere Regelung gelten. Demnach wären lediglich Vorhaben, die direkt zu einer formalen Änderung des Haushaltsgesetzes führen würden, erfasst. Streiten könnte man sich bei diesem Wortlaut lediglich noch darüber, ob auch mittelbare Einflüsse auf den Haushalt unter den Wortlaut fallen.

Andererseits ist auch denkbar, die unterschiedlichen Formulierungen als sprachliche Varianten zu begreifen. Regelmäßig folgen aus unterschiedlichen Normentexten verschiedene Rechtsfolgen. Dies gilt jedoch nicht mehr in dieser Strenge, wenn die Texte von unterschiedlichen Urhebern stammen. Die verschiedenen Wendungen könnten daher alleinige Folge unterschiedlicher Verfassungsgeber sein. Eine Schlussfolgerung aus der unterschiedlichen Wortwahl könnte demnach nicht gezogen werden. Vielmehr müsste dem Umstand Rechnung getragen werden, dass unterschiedliche Gesetzgeber eine unterschiedliche Wortwahl verwenden. Konkrete rechtliche Schlussfolgerungen ergeben sich in diesem Falle, zumindest aus der Unterschiedlichkeit heraus, nicht.[34] Nach die-

32 Art. 82 Abs. 2 ThürLVerf; Art. 59 Abs. 3 LVerfMV.

33 Vgl. etwa Art. 73 Abs. 1 SächsLVerf; Art. 81 Abs. 1 LVerfSA.

34 An dieser Stelle wird auch die Sichtweise vertreten, dass alle Landesverfassungen zu einer weiten Interpretation des Haushaltsvorbehaltes tendieren. Demnach schlössen

ser Sichtweise besteht keine Gesamtsystematik für alle Regelungen, sondern lediglich eine Auslegung für die jeweilige Vorschrift.[35]

Dieser Ansatz kann so weit fortgeführt werden, dass der divergierende Wortlaut zugunsten einer gewissen Vereinheitlichung gar keine eigenständige Bedeutung mehr hat. Demnach sollten die Finanzvorbehalte im Lichte der Homogenitätsklausel des Art. 28 Abs. 1 GG einen allgemeingültigen Schutz der Landeshaushalte gewährleisten. Das notwendige Schutzniveau fordere eine entsprechende Anpassung der geregelten Finanzvorbehalte im Wege der Auslegung.[36]

Im Ergebnis führt eine solche Sichtweise zu einem einheitlichen Anwendungsbereich der Finanzvorbehalte, welche unabhängig von der jeweiligen Formulierung der Norm ist.

Diese völlig fehlende Relevanz der unterschiedlichen Kodifizierungen kann jedoch nicht pauschal unterstellt werden. Selbst im Falle einer gewissen Einheitlichkeit aufgrund Art. 28 Abs. 1 GG bliebe den Ländern ein weiter Spielraum für die Gestaltung ihrer Verfassungen. Innerhalb eines solchen Spielraums bekommen unterschiedliche Wortlaute eine wenn auch begrenzte Bedeutung für die Auslegung.

b) Unterschiedliche Interpretationsansätze der Haushaltsvorbehalte

Neben den Unterschieden in den Verfassungstexten bestehen auch Differenzen in den Auslegungstendenzen der Haushaltsvorbehalte. Unterschieden werden können hier drei verschiedene Auslegungsrichtungen.

Die engste Auslegung der Verfassungsvorbehalte beschränkt sich rein formal auf das Haushaltsgesetz. Erfasst werden vom Haushaltsvorbehalt demnach nur solche Plebiszite, die das Haushaltsgesetz unmittelbar ändern.[37]

Ein weiter Ansatz stellt dagegen auf die Finanzwirksamkeit eines Volksgesetzgebungsverfahrens ab. Erfasst sind hier sämtliche Plebiszite mit Auswir-

---

die Landesverfassungen die Staatsfinanzen generell als Gegenstand der Volksgesetzgebung weitgehend aus: *Isensee* (Fn. 25), S. 126.

35 *Rux* (Fn. 31), S. 253.

36 Für eine solche Vereinheitlichungstendenz: *Isensee* (Fn. 25), S. 126 f.

37 Vgl. etwa *SächsVerfGH,* NVwZ 2003, 472 ff.; *BerlVerfGH,* Urt. v. 06.10.2009, Az. 143/08.

kungen finanzieller Art.[38] Da es fast keine politische Materie gibt, die nicht irgendeine finanzielle Auswirkung mit sich bringt,[39] spielt der Haushaltsvorbehalt daher bei nahezu allen Volksgesetzgebungsverfahren eine Rolle. Der Raum für Volksgesetzgebungsverfahren wird durch diese Sichtweise erheblich eingeschränkt.

Zwischen enger und weiter Auslegung der Haushaltsvorbehalte ist noch eine vermittelnde Sichtweise erkennbar. Die Beschränkung erfasst hier über formale Änderungen hinaus auch solche Plebiszite, die mittelbare finanzielle Folgen für den Haushalt nach sich ziehen. Zu diesen mittelbaren Auswirkungen sollen jedoch nur solche zählen, die zu gewichtigen Verschiebungen oder Veränderungen im Haushalt führen.[40] Die Sichtweise beschränkt demnach die weite Auslegung um eine normative Komponente. Sie kann hier als am ausgewogensten, aber auch am impraktikabelsten angesehen werden.

Welche Sichtweise den Vorzug verdient, kann nicht ohne Weiteres für alle Bundesländer gesagt werden. Nicht zuletzt der Wortlaut der einzelnen Verfassungstexte wird hier maßgeblich zu berücksichtigen sein. Landesverfassungen, deren Wortlaute sich bereits auf einen formalen Schutz des Haushaltsgesetzes beschränken, werden in aller Regel auch zurückhaltend interpretiert werden müssen.[41] Dagegen existieren aber auch Stimmen, die eine einheitliche Auslegung unabhängig vom jeweiligen Wortlaut der Verfassungen einfordern.[42] Zunächst soll sich die Sicht auf die Rechtspraxis in den einzelnen Ländern richten.

3. Die Haushaltsvorbehalte in der Rechtsprechung der Landesverfassungsgerichte

Auch in der Rechtsprechung der Landesverfassungsgerichte haben sich die unterschiedlichen Auslegungsansätze der Haushaltsvorbehalte niedergeschla-

38 So etwa im Saarland, wo Art 99 Abs. 1 S. 3 LVerfSaarl bereits eine entsprechende Auslegungsrichtung vorgibt. Vgl. *SaarlVerfGH,* Beschl. v. 23.01.2006, Az. Lv 3/05; Mit ähnlicher Auslegungstendenz: *ThürVerfGH,* Urt. v. 19.09.2001, Az. 4/10.

39 *Neumann* (Fn. 6), Rn. 850 m. w. N.

40 So etwa Brandenburg. Vgl. *BbgVerfG*, LKV 2002, 77.

41 So etwa Sachsen und Berlin: *SächsVerfGH,* NVwZ 2003, 472 ff.; *BerlVerfGH,* Urt. v. 06.10.2009, Az. 143/08.

42 Isensee (Fn. 25), S. 111, spricht von eingeebneten Finanzvorbehalten.

gen.[43] Nimmt man das vertretene Meinungsspektrum von engem Begriffsverständnis bis hin zu einer weiten Interpretation der Haushaltsvorbehalte, finden sich fast sämtliche Auslegungsvarianten in den Judikaten wieder. Auch in den neuen Bundesländern decken die verschiedenen Landesverfassungsgerichte den Argumentationsspielraum fast vollständig ab. Bisher sind drei Grundsatzurteile in Thüringen, Brandenburg und Sachsen ergangen, die man als Vertreter der verschiedenen Meinungen ansehen kann.

a) Urteil des Thüringer Verfassungsgerichtshofs

Die weiteste Auslegung erfährt der Haushaltsvorbehalt in Thüringen. Der Verfassungsgerichtshof bezog dabei klar Position zugunsten der Parlamentsgesetzgebung. Bemerkenswert an der Entscheidung ist die ausdrückliche Feststellung des Vorrangs der Parlaments- vor der Volksgesetzgebung.[44] Explizit geregelt ist ein entsprechender Vorrang in der Landesverfassung nicht. Dennoch zieht das Gericht einen solchen aus dem Sinn und Zweck der Verfassungsnormen, die sich klar zugunsten einer repräsentativen Demokratie interpretieren lassen.[45]

Den Haushaltsvorbehalt in Art. 82 Abs. 2 ThürLVerf legt das Gericht eher weit aus, indem es den Anwendungsbereich ausdrücklich über das Haushaltsgesetz hinaus erstreckt.[46] Demnach ist ein Volksbegehren mit dem Haushaltsvorbehalt unvereinbar, „wenn es gewichtige staatliche Einnahmen oder Ausgaben auslöst und den Landeshaushalt wesentlich beeinflusst. Wesentlich nimmt ein solches Volksgesetz nur dann auf den Gesamtbestand des Haushaltes Einfluss, wenn es das Gleichgewicht des gesamten Haushaltes stört und deswegen zu einer bedeutsamen Beeinträchtigung des Budgetrechts des Parlaments führt, weil das Volksgesetz den Landtag nötigt, das geltende Recht in wichtigen Regelungsfeldern der neuen Ausgabensituation nachhaltig anzupassen."[47] Wann eine solche schwerwiegende Beeinträchtigung vorliegt, ist Sache des Einzelfalls. Für die Begründung dieser weiten Auslegung stellt der Verfassungsgerichtshof wesentlich auf das Budgetrecht des Landtages ab. Im Kern wird auch

43 In den neuen Ländern stehen dafür exemplarisch: *SächsVerfGH,* NVwZ 2003, 472; *ThürVerfGH*, Urt. v. 19.09.2001, Az. 4/01; *BbgVerfG*, LKV 2002, 77.

44 *ThürVerfGH*, Urt. v. 19.09.2001, Az. 4/01, Rn. 177 ff. (zit. juris).

45 *ThürVerfGH* (Fn. 44).

46 *ThürVerfGH* (Fn. 44), Rn. 200.

47 *ThürVerfGH* (Fn. 44), Rn. 212.

hier auf einen Vorrang der Parlamentsgesetzgebung abgestellt, indem vor allem die Budgetverantwortung und die Komplexität des Haushalts betont werden.[48] Das Urteil stellt zudem auch auf den Schutz vor sog. Sonderinteressen ab und lässt bereits eine potenzielle Missbrauchsgefahr zur Begründung eines umfassenden Schutzes des Landeshaushaltes ausreichen.[49]

Obwohl der Verfassungsgerichtshof nicht ausdrücklich jedes finanzwirksame Plebiszit in den Anwendungsbereich des Haushaltsvorbehalts stellt, lässt sich das Urteil ohne Weiteres in diese Richtung interpretieren. Der generelle Vorrang der Parlamentsgesetzgebung ist leicht ins Feld zu führen, um ein entsprechendes finanzrelevantes Plebiszit zu verhindern. Auch durchzieht das gesamte Urteil eine eher kritische Grundhaltung in Bezug auf Volksgesetzgebungsverfahren. Der Verfassungsgerichtshof in Thüringen ordnet die direktdemokratischen Elemente der Landesverfassung als bloße Ergänzung der Parlamentsgesetzgebung ein. Im Zweifelsfall dürfte sich diese daher auch stets gegenüber plebiszitären Elementen durchsetzen.

b) Urteil des Landesverfassungsgerichts Brandenburg

Einen ähnlichen, in der konkreten Argumentation dennoch deutlich abgeschwächten Standpunkt, nimmt das Landesverfassungsgericht Brandenburg zur Reichweite des Haushaltsvorbehalts ein. Trotz einer ähnlichen Definition des Anwendungsbereichs lässt sich hier eine eher vermittelnde Position erkennen. Das Gericht interpretiert den Haushaltsvorbehalt dahingehend, dass solche Initiativen unzulässig seien, die unter Berücksichtigung der Auswirkungen auf das Gesamtgefüge des Haushalts eine wesentliche Beeinträchtigung des Budgetrechts des Parlaments darstellen.[50] Wann ein solcher Fall gegeben sei, hänge von einer wertenden Gesamtbetrachtung ab. Voraussetzung seien aber immer gewichtige staatliche Ausgaben oder Minderausgaben.[51] In der Begründung seiner Auslegung ist das Landesverfassungsgericht Brandenburg deutlich zurückhaltender als der Verfassungsgerichtshof Thüringen. Es vermag weder dem Wortlaut, der Entstehungsgeschichte noch der Systematik des Art. 76 Abs. 2 BbgLVerf eine klare Tendenz zugunsten einer engen oder weiten Auslegung zu

48 *ThürVerfGH* (Fn. 44), Rn. 207.

49 *ThürVerfGH* (Fn. 44), Rn. 209.

50 *BbgVerfG*, LKV 2002, 77 (80).

51 *BbgVerfG*, LKV 2002, 77 (81).

entnehmen.[52] Abgestellt wird im Rahmen einer teleologischen Auslegung vielmehr allein auf den Schutz des Budgetrechts.[53] Deutlich zurückhaltender geht das Urteil mit Erwägungen zur Komplexität oder der Gefahr möglicher Sonderinteressen um. Beide Ansätze stellt das Landesverfassungsgericht als Stütze für den Haushaltsvorbehalt zurück.[54] Die Erwägungen zur Budgethoheit werden zudem dadurch abgeschwächt, dass das Urteil ausdrücklich die Gleichrangigkeit von Volksgesetzgebung und parlamentarischer Gesetzgebung feststellt und dadurch eine allzu weite Auslegung des Haushaltsvorbehalts für unzulässig hält.[55] Anders als im Thüringer Urteil wird in Brandenburg demnach kein klares Vorrangverhältnis definiert. Die Entscheidung der Brandenburger Richter kann als abgeschwächte Variante der weiten Auslegung angesehen werden. Sie geht über einen bloßen Schutz des formalen Haushaltsgesetzes hinaus, betont aber gleichzeitig die vorsichtige Anwendung dieser Ausdehnung. Sie stellt damit gewissermaßen eine vermittelnde Position zwischen weiter und enger Auslegung des Anwendungsbereiches der Haushaltsvorbehalte dar.

c) Urteil des Sächsischen Verfassungsgerichtshofs

Als Beispiel für eine besonders enge Auslegung eines Haushaltsvorbehaltes kann die Entscheidung des Sächsischen Verfassungsgerichtshofs angesehen werden.[56] Deutlich wird darin die Gleichrangigkeit von Volks- und Parlamentsgesetzgebung betont und festgestellt, dass daraus ein bewusst gewolltes Spannungsverhältnis resultiere.[57] Unter Anwendung der üblichen Auslegungsmethoden kommt der Sächsische Verfassungsgerichtshof zum Vorrang einer eher engen Interpretation des Art. 73 Abs. 1 SächsLVerf.[58] Dies liegt beim Wortlaut der sächsischen Verfassung auch nahe, da diese explizit nur von „Haushaltsgesetzen“ spricht und das Gericht keine Argumente für eine darüber hinausgehende Auslegung sieht.[59] Insbesondere das Budgetrecht sei solange nicht

52 *BbgVerfG*, LKV 2002, 77 (79).

53 *BbgVerfG*, LKV 2002, 77 (79).

54 *BbgVerfG*, LKV 2002, 77 (81).

55 *BbgVerfG*, LKV 2002, 77 (81).

56 *SächsVerfGH*, NVwZ 2003, 472.

57 *SächsVerfGH*, NVwZ 2003, 472 (473).

58 *SächsVerfGH*, NVwZ 2003, 472 (473 ff.).

59 *SächsVerfGH*, NVwZ 2003, 472 (473).

gestört, wie sich der Gesetzgeber in der Lage befinde, einen verfassungskonformen Haushalt vorzulegen.[60] Damit legt das Gericht einen sehr begrenzten Anwendungsbereich des Haushaltsvorbehalts in Sachsen fest. Dieser ist fast ausschließlich bei Plebisziten einschlägig, die direkt das Haushaltsgesetz ändern.[61] Die Entscheidung der sächsischen Richter grenzt sich damit deutlich von der hier bereits aufgezeigten Entscheidungspraxis der anderen Landesverfassungsgerichte ab. Bemerkenswert ist auch eine deutliche Distanzierung von Auslegungsansätzen, die einen Wertungsspielraum eröffnen, wie beispielsweise denen in Brandenburg oder Thüringen. Wie bereits dargestellt, wird meist auf einen gewissen Schweregrad der Auswirkungen auf den Landeshaushalt abgestellt. Dieser normative Ansatz wird mit dem Argument der fehlenden Bestimmbarkeit und einer daraus resultierenden Rechtsunsicherheit verworfen.[62]

d) Zwischenergebnis

Eine einheitliche Auslegungsrichtung kann den Entscheidungen der Landesverfassungsgerichte in den neuen Bundesländern nicht entnommen werden. Es scheint, als lassen die gewählten Auslegungsansätze gewisse Rückschlüsse auf das jeweilige Grundverständnis gegenüber plebiszitären Elementen erkennen. Je positiver dieses gegenüber plebiszitären Elementen ist, desto eher scheinen die Gerichte auch zu einer engen Auslegung der Haushaltsvorbehalte zu tendieren. Dagegen beruhen Entscheidungen, die eher einem weiten Anwendungsbereich zuneigen, vorrangig auf dem für die Bundesebene geltenden Grundgedanken einer rein repräsentativ ausgestalteten Demokratie.[63]

4. Auslegungsmöglichkeiten zu den Haushaltsvorbehalten

Die Verfassungsgerichte der Länder interpretieren die Haushaltsvorbehalte ebenso wie die Literatur unterschiedlich weit. Trotz der Besonderheit der jeweiligen Textfassungen sollte der Versuch unternommen werden, den genauen Regelungskern der unterschiedlichen Haushaltsvorbehalte zu erfassen. Auch

---

60 *SächsVerfGH*, NVwZ 2003, 472 (475).

61 *SächsVerfGH*, NVwZ 2003, 472 (473).

62 *SächsVerfGH*, NVwZ 2003, 472 (476).

63 S. dazu *Grzeszick,* in: Maunz/Dürig, Grundgesetz-Kommentar, 69. Ergänzungslieferung, München 2013, Art. 20 (Demokratie), Rn. 110.

bei unterschiedlichen Textfassungen dürfte es einen gemeinsamen Grundgedanken aller Haushaltsvorbehalte geben, der möglicherweise für oder gegen eine bestimmte Auslegungsrichtung spricht. Findet sich solch ein einheitlicher rechtlicher Grundgedanke, ist es auch möglich, eine generelle Auslegungstendenz zugunsten einer weiten oder engen Interpretation der Haushaltsvorbehalte zu entwickeln.

a) Wortlaut

Der Wortlaut der hier genannten Normen ist zumindest bei den Haushaltsvorbehalten, die sich ausdrücklich auf das Haushaltsgesetz beziehen (Haushaltsgesetzvorbehalte), eindeutig. Hier werden bereits grammatikalisch lediglich solche Gesetzgebungsverfahren erfasst, die zumindest unmittelbar das Haushaltsgesetz ändern.[64] Eine erweiternde Auslegung, wie sie hier zum Teil vorgeschlagen wird,[65] kann lediglich dahingehend noch mit dem Wortlaut in Einklang gebracht werden, dass auch mittelbare Änderungseinwirkungen erfasst werden sollen. Diese weite Wortlautinterpretation ist jedoch bei den Landesverfassungen, die das „Haushaltsgesetz" explizit nennen, eher kritisch zu würdigen.[66] Der Begriff „Haushaltsgesetz" ist gegenständlich auf das Haushaltsgesetz als konkrete Rechtsnorm bezogen. Sprachlich liegt es daher näher, diese Gegenständlichkeit auch strikt durchzuhalten. Der Verfassungsgeber hat in den entsprechenden Landesverfassungen eine begrifflich enge Formulierung gewählt, die nicht ohne Weiteres umgangen werden sollte. Bereits vom Wortlaut her spricht daher viel dafür, diesen Vorschriften einen engen Anwendungsbereich zuzuweisen, der lediglich Vorhaben mit unmittelbaren Auswirkungen zum Landeshaushalt ausschließt.[67]

Anders stellt sich die Wortlautauslegung in den Landesverfassungen dar, die Vorhaben mit Bezug zum „Landeshaushalt" ausschließen (Haushaltsvorbehalt). Die begrifflich weite Formulierung „Landeshaushalt" oder nur „Haushalt" bezieht sich gegenständlich nicht ausschließlich auf das konkrete Haushaltsgesetz.[68] Zumindest sprachlich können hier auch solche Vorhaben erfasst wer-

64 *Rux* (Fn. 31), S. 253.

65 *Isensee* (Fn. 25), S. 126 f.

66 *Klatt,* Die Zulässigkeit des finanzwirksamen Plebiszits, in: Der Staat 50, S. 1 ff. (17).

67 Dies wäre etwa in Sachsen der Fall. Vgl. Art. 73 Abs. 1 SächsLVerf.

68 Art. 76 Abs. 2 *BbgLVerf* spricht vom „Landeshaushalt".

den, die sich rein mittelbar auf den Haushalt auswirken. Unterscheiden sollte man aber Auswirkungen auf den „Haushalt" von den „finanzwirksamen Gesetzen", welche die denkbar weiteste Auslegung zulassen.[69]

Im Ergebnis steht der weite Wortlaut einer Auslegung zumindest offen, die auch mittelbare Auswirkungen auf den Haushalt erfasst. Haushaltsvorbehalte mit einem engen Wortlaut zugunsten des Haushaltsgesetzes lassen dagegen eine weite Auslegung nur schwer zu.

b) Systematik

Eng verbunden mit dem Wortlaut der Vorschriften ist die Normensystematik. Die Landesverfassungen mit einem eher weiten Wortlaut enthalten weitere Einschränkungen.[70]Dabei sind fast immer Beschränkungen für Vorhaben, die sich auf Abgaben oder Dienst- und Versorgungsbezüge beziehen, enthalten. In Art. 76 Abs. 2 BbgLVerf etwa werden neben der Beschränkung zugunsten des Landeshaushalts explizit Initiativen zu Dienst- und Versorgungsbezügen, Abgaben und Personalentscheidungen für unzulässig erklärt. Diese inhaltlichen Beschränkungen stehen selbstständig neben den Haushaltsvorbehalten. Gemeinsam ist diesen Merkmalen jeweils ein direkter Bezug zum Haushalt, da sie sich unmittelbar finanziell auswirken.

Systematisch machen diese Einschränkungen nur Sinn, wenn man einem engen Auslegungsansatz bei der Interpretation des Haushaltsvorbehalts folgt. Abgabenregelungen haben auf der Einnahmeseite immer direkten Bezug zum Haushalt. Selbiges gilt für die Bezügeregelungen.[71] Eine weite Auslegung des Begriffes „Landeshaushalt" würde dazu führen, dass die daneben aufgeführten Regelungen keinen eigenen Anwendungsbereich mehr besitzen würden.[72] Systematisch spricht daher viel dafür, auch die Begriffe des „Haushalts" und des „Landeshaushalts" eng auszulegen und auf direkte Auswirkungen auf das

69 *Klatt* (Fn. 68), S. 14. Einen solchen engen Vorbehalt enthält etwa die Verfassung des Saarlandes. Vgl. Art. 99 Abs. 1 *LVerfSaarl.*

70 So schließt etwa Art. 76 Abs. 2 *BbgLVerf* Initiativen zu Dienst- und Versorgungsbezügen, Abgaben und Personalentscheidungen aus. Ebenso gestaltet sich die Rechtslage in Art. 59 Abs. 2 *LVerfMV.*

71 *SächsVerfGH,* NVwZ 2003, 472 (476 f.).

72 *Klatt* (Fn. 68), S. 17; *Rux* (Fn. 31), S. 253; *SächsVerfGH,* NVwZ 2003, 472 (476 f.)

Haushaltsgesetz zu beschränken.[73] Jedenfalls muss der Haushaltsvorbehalt zugunsten eines eigenständigen Anwendungsbereiches der genannten Merkmale interpretiert werden. Damit unvereinbar dürfte eine Auslegung sein, die jede Finanzwirksamkeit eines Plebiszites in den Anwendungsbereich des Finanzvorbehalts bringt. Die Systematik dieser Vorschriften spricht daher zumindest gegen eine weite Interpretation des Finanzvorbehalts.

Folgt man dieser systematischen Sichtweise, macht es auch kaum einen praktischen Unterschied, ob der Verfassungsgeber vom „Haushaltsgesetz" oder vom „Landeshaushalt" spricht. Der unterschiedliche Wortlaut würde hier zu einer einheitlich engen Sichtweise verschwimmen. Um ein solches Ergebnis zu stützen, bedarf es dennoch weiterer Argumente. Solche können sowohl in der Entstehungsgeschichte als auch im Sinn und Zweck der Regelungen zu finden sein.

c) Entstehungsgeschichte

Historisches Vorbild für die Volksgesetzgebung auf Landesebene dürfte in unterschiedlich starker Ausprägung die Weimarer Reichsverfassung gewesen sein. Sie stellte erste Regeln für Plebiszite in Deutschland auf. Betrachtet man den historischen Text, fällt der eng gewählte Wortlaut auf. Artikel 73 Abs. 4 WRV spricht vom Haushaltsplan. Die Regelung beinhaltet damit vom Wortlaut her einen eher begrenzten Anwendungsbereich des Haushaltsvorbehalts. Dennoch kann nicht ausgeblendet werden, dass dieser beschränkte Wortlaut in der Praxis der damaligen Zeit eher extensiv ausgelegt wurde und damit einer weiten Interpretation des Haushaltsvorbehalts folgte.[74] Ob daraus tatsächliche Schlussfolgerungen auf die Auslegung der heutigen Verfassungsvorbehalte zu ziehen sind, ist jedoch eher kritisch zu sehen. Die Entstehung der landesverfassungs-

---

73 Kritisch zu diesem Ergebnis: *Isensee* (Fn. 25), S. 123 f., der hier einen Anwendungsbereich dieser Materien für die Fälle sieht, die aufgrund ihrer Geringfügigkeit nicht bereits unter den Haushaltsvorbehalt fallen.

74 *BVerfGE* 102, 176 (185) stellt die damalige Auslegung dahingehend dar, dass alle Gesetze erfasst wurden, die das Gesamtgewicht des Haushalts störten, einzelne Etatposten änderten oder wesentliche Bedeutung auf dem budgetrechtlichen Gebiet erlangten. Insgesamt sei demnach von einer eher weiten Auslegung der Einschränkungsmerkmale des Art. 73 Abs. 4 WRV auszugehen. Ebenso: *VerfGHNW,* NVwZ 1982, 188 (189); *BremStGH,* NVwZ 1998, 388 (389f.); *Isensee* (Fn. 25), S. 118.

rechtlichen Normen erfolgte mit großem zeitlichem Abstand und autonom von der damaligen Rechtslage.[75]

Abzustellen ist vielmehr auf die konkrete Entstehungsgeschichte der Normen in der Nachwendezeit nach 1990.[76] Vorbildcharakter hatte hier vor allem die neu verabschiedete Landesverfassung von Schleswig-Holstein. Für Brandenburg etwa hatten die dortigen Regelungen über die Plebiszite unmittelbaren Modellcharakter.[77] Ob die dortige Regelung nach dem gesetzgeberischen Willen einer engen oder weiten Auslegung unterliegen sollte, kann man heute nicht mehr eindeutig beantworten.[78] Das BVerfG hat sich im Falle der Regelung in Schleswig-Holstein für eine weite Auslegung entschieden.[79] Selbst wenn man vorliegend jedoch die Auslegung durch das BVerfG für zutreffend hält, kann daraus nicht die Schlussfolgerung gezogen werden, dass aus einer Wortlautanlehnung auch eine Auslegungsanlehnung zu entnehmen ist. Vielmehr liegt es nahe, dass die Verfassungsgeber redaktionell Formulierungen im Wortlaut übernommen haben, ohne sich über die spätere konkrete Auslegung dieser Vorschriften Gedanken zu machen.[80] Die historische Auslegung kann vorliegend nicht zu einem abschließenden Ergebnis führen. Der Entstehungsgeschichte der Haushaltsvorbehalte ist weder ein weiter noch ein enger Anwendungsbereich klar zu entnehmen. Entsprechende Schlussfolgerungen für eine eher enge Interpretation können allenfalls noch aus der Tatsache einer besonders plebiszitfreundlichen Grundstimmung in der damaligen Zeit nach 1990 gezogen werden.[81]

---

75 *Neumann* (Fn. 6), Rn. 810; *Rux* (Fn. 31), S. 253; *Klatt* (Fn. 68), S. 18 f.

76 *Klatt* (Fn. 68), S. 18.

77 *BbgVerfG*, LKV 2002, 77 (78); *Rux* (Fn. 31), S. 253.

78 Für eine enge Interpretation der Art. 41 ff. SchlHLVerf: *Rux* (Fn. 31), S. 253, der darauf abstellt, dass bei einer weiten Interpretation der Wortlaut des Art. 99 Abs. LVerfSaarl hätte gewählt werden können. Die saarländische Verfassung schließt alle finanzwirksamen Gegenstände von der Volksgesetzgebung aus und kann daher als denkbar weitester Anwendungsbereich des Haushaltsvorbehalts angesehen werden.

79 BVerfGE 102, 176 (185 ff.).

80 So stellt das BbgVerfG explizit fest, dass der Verfassungsgeber sich zur Bedeutung der konkreten Auslegung keine Gedanken gemacht habe: *BbgVerfG*, LKV 2002, 77 (78).

81 Von einer solchen geht etwa das BbgVerfG aus: *BbgVerfG*, LKV 2002, 77 (78). Es betont aber an dieser Stelle ausdrücklich, dass daraus keine Rückschlüsse für die Anwendung des Haushaltsvorbehaltes zu ziehen seien.

Eine Auslegungstendenz zugunsten einer weiten oder engen Interpretation ist einer historischen Auslegung nach dem hier Gesagten nicht zu entnehmen.

d) Sinn und Zweck der Haushaltsvorbehalte

Der Bedarf eines Schutzes der Haushalte vor Plebisziten wird in zahlreichen Ansätzen verortet.[82] Die meistgenannte Begründung für die Beschränkung stellt dabei die Budgethoheit des Parlaments dar, welche durch die Haushaltsvorbehalte besonders geschützt werden soll.[83] Dieser Schutz kann dabei auch als allgemeine Vorgabe des Art. 28 Abs. 1 GG verstanden werden, der damit eine entsprechende Auslegung durch das Grundgesetz vorgibt.[84] Daneben werden aber auch andere Schutzgüter immer wieder ins Feld geführt, um einen möglichst umfassenden Finanzvorbehalt zu rechtfertigen. Zu nennen sind vorliegend die Gewaltenteilung und auch ein möglicher Schutz vor der Durchsetzung von Sonderinteressen.

aa) Schutz der Budgethoheit

Der Schutz der Budgethoheit des Parlaments wird vorrangig genannt, wenn nach der Berechtigung von Haushaltsvorbehalten gefragt wird.[85] Erst der umfassende Schutz der Budgethoheit gewährleiste die Staatsleitungsfunktion des Parlaments. Diese sei wiederum dadurch gefährdet, dass das Parlament gewissermaßen zur Umsetzung von Plebisziten degradiert werden könnte. Es würde demnach seine Rolle einbüßen und sich hinter einem möglichen Volksgesetzgeber in das Staatsgefüge eingliedern müssen.[86]

Die Zahl der Argumente, die zugunsten der Budgethoheit angeführt werden, ist nahezu unüberschaubar geworden und könnte darüber hinaus fortgesetzt werden. Allen aufgeführten Argumenten kann eine Grundaussage zugunsten der Stellung des Parlaments im staatlichen Gefüge entnommen werden. Ge-

---

82 Vgl. dazu auch die umfassende Darstellung bei *Klatt* (Fn. 68), S. 19 ff.; ebenso bei *Isensee* (Fn. 25), S. 104 ff.

83 BVerfGE 102, 176 (187f.); *BbgVerfG*, LKV 2002, 77 (79); *BremStGH*, NVwZ 1998, 388 (389); *ThürVerfGH*, LKV 2002, 83 (92); *Rux* (Fn. 31), S. 254.

84 Für eine solche Vorgabe: *Isensee* (Fn. 25), S. 126 f.

85 Vgl. etwa BVerfGE 102, 176 (187 f.).

86 *Isensee* (Fn. 25), S. 106.

nerell soll die parlamentarische Volksvertretung der Bürger auch diesen gegenüber eine dominierende Position einnehmen und so wenig wie möglich in dieser Rolle beeinträchtigt werden. Im Ergebnis kann dies als ein klarer Ausdruck einer Grundentscheidung zugunsten eines Repräsentationsmodells angesehen werden.

Ein solcher Grundansatz gerät jedoch schnell in ein Spannungsverhältnis zur Demokratie selbst. In einem demokratischen Staatssystem soll die „Willensbildung vom Volk zu den Staatsorganen erfolgen“ (Art. 20 Abs. 2 S. 1 GG). Den hier aufgeführten Argumenten gemein ist eine Abkehr von diesem Grundprinzip. Überspitzt könnte man davon sprechen, dem Prinzip der Budgethoheit läge in Wirklichkeit die Wertung zugrunde, die Willensbildung müsse von den Volksvertretern zum Volk verlaufen. Der repräsentativen Demokratie würde demnach ein klarer Vorrang eingeräumt.[87]

Dieser Ansatz überzeugt jedoch nicht. Die Budgethoheit stellt keinen eigenständigen Selbstzweck dar, den es aus verfassungsrechtlichen Gründen besonders zu verteidigen gilt.[88] Vielmehr bewegt sich das gesamte Spannungsverhältnis zwischen Volksgesetzgebung und Budgethoheit einheitlich auf der Ebene des Verfassungsrechts. Lassen die Länder eine wie auch immer ausgestaltete Form der direkten Demokratie zu, tritt diese selbstständig neben das rein repräsentative Prinzip der parlamentarischen Demokratie. An dieser Stelle einen generellen Vorrang der parlamentarischen Gesetzgebung zu erblicken, überhöht die genannte Budgethoheit als eigenständiges Verfassungsprinzip.[89] Die Budgethoheit passt sich vielmehr in das Gefüge der jeweiligen Landesverfassung ein und unterliegt den entsprechenden strukturellen Ausformungen. Betrachtet man die Ebene des Landesverfassungsrechts isoliert, ergibt sich jedenfalls ein klarer Vorrang der Parlamentsgesetzgebung. Fast alle Verfassungen der neuen Bundesländer nennen die Volksgesetzgebung selbstständig neben der Parla-

87 Dieser wird etwa vom Thüringer Verfassungsgerichtshof explizit benannt: *ThürVerfGH*, Urt. v. 19.09.2001, Az. 4/01, Rn. 177 ff. (zit juris).

88 Für einen solchen deutlich zurückhaltenden Ansatz: *SächsVerfGH*, NVwZ 2003, 472 (475). Ebenso *Klatt* (Fn. 68), S. 24 ff.

89 *Jung*, Unverdient höchster Segen – Das BVerfG folgt (der wenig überzeugenden) Rechtsprechung der Landesverfassungsgerichte zum Finanztabu bei der Volksgesetzgebung, NVwZ, 2002, 41 (42).

mentsgesetzgebung.[90] Nimmt man eine solche in den Verfassungstexten angelegte Parallelität zunächst einmal an, ergibt sich jedenfalls kein offenkundiger Vorrang einer Gesetzgebungsart.

Insgesamt vermag es die Budgethoheit des Parlaments daher als Argument nicht, einen Vorrang der Parlamentsgesetzgebung vor der Volksgesetzgebung zu begründen. Soweit die Landesverfassungen eine solche enthalten, muss im jeweiligen Einzelfall deren inhaltliche Reichweite geprüft werden. Es bestehen in den genannten Landesverfassungen keine Anhaltspunkte für eine extensive Auslegung der Finanzvorbehalte zugunsten der Budgethoheit des Parlaments.[91]

bb) Schutz der Budgethoheit wegen der Komplexität des Haushalts

Einen Vorrang der Parlamentsgesetzgebung vermag auch die Komplexität des Haushaltsrechts nicht zu begründen. Eine solche wird oft bemüht, um einen Ausschluss der Volksgesetzgebung für haushaltsrelevante Plebiszite zu unterbinden. Haushaltsrechtliche Fragen seien demnach derartig komplex, dass sie kaum einer plebiszitären „Ja“ oder „Nein“-Entscheidung zugeführt werden können. Der Haushalt stelle ein kompliziertes Gesamtkonzept dar, welches durch die politisch nichtorganisierten Bürger kaum oder nur in seltenen Fällen in vollem Umfang überblickt werde.[92] Das Parlament gewährleiste dagegen einen vollständigen Ausgleich der verschiedenen Finanzpositionen im Haushalt und trage dafür vor den Wählern Verantwortung.[93] Es liegt zwar durchaus nahe, den Volksinitiativen ein vollumfängliches Verständnis für den Landeshaushalt abzusprechen. Komplexität rechtfertigt jedoch wiederum nicht ohne Weiteres einen Vorrang der Parlamentsgesetzgebung. Haushaltsrechtliche Fragen sind nicht die einzigen Rechtsfragen komplexer Art. Auch andere Rechtsmaterien weisen eine vergleichbare Problemdichte auf. Wäre der Sinn und Zweck

---

90 Vgl. etwa: Art. 75 BbgLVerf; Art. 55 Abs. 1 LVerfMV; Art. 70 Abs. 1 SächsLVerf; Art. 81 Abs. 1 ThürLVerf; Art. 77 Abs. 1 LVerfSA spricht davon, dass die Gesetze vom Landtag beschlossen werden, soweit nicht das Volk unmittelbar durch Volksentscheid handelt. In der gewählten Formulierung schimmert durchaus ein gewisser Vorrang der Volksgesetzgebung durch.

91 *Klatt* (Fn. 68), S. 29, sieht hier sogar eine Tendenz zugunsten einer engen Interpretation der Haushaltsvorbehalte.

92 BVerfGE 102, 176 (187 f.).

93 *Isensee* (Fn. 25), S. 106.

der Haushaltsvorbehalte allein in der Komplexität zu sehen, hätte der Verfassungsgeber von vornherein auch andere Materien aus der Volksgesetzgebung ausklammern müssen.[94] Das Komplexitätsargument kann folglich auch keinen klaren Vorrang der Parlamentsgesetzgebung begründen.

cc) Weite Auslegung der Haushaltsvorbehalte als Vorgabe des Art. 28 Abs. 1 GG

Ein möglicher besonderer Schutz für die Budgethoheit der Landesparlamente und eine damit verbundene weite Auslegung der Haushaltsvorbehalte könnte in Art. 28 Abs. 1 GG verankert sein. Die Verfassungssetzung der Bundesländer erfolgt nicht vollkommen frei. Die Landesverfassungen müssen den Homogenitätserfordernissen des Art. 28 Abs. 1 GG entsprechen. Für die Ausgestaltung der Demokratie in den Ländern schreibt das Grundgesetz die Existenz einer Volksvertretung vor. Damit besteht eine gewisse Grundaussage zugunsten einer repräsentativen Form der Demokratie. Dennoch wird die Existenz plebiszitärer Elemente in den Landesverfassungen grundsätzlich anerkannt.[95] Plebiszitäre Elemente in den Landesverfassungen existierten bereits vor Schaffung des Grundgesetzes und wurden somit vom Parlamentarischen Rat gewissermaßen in die Geltung des Grundgesetzes überführt.[96] Bei der Ausgestaltung dieser plebiszitären Elemente sind die Verfassungsgeber auf der Landesebene weitgehend frei.[97] Dennoch kann ein gewisser Widerspruch nicht übersehen werden, der aus einem Zusammenspiel aus Volks- und Parlamentsgesetzgebung resultiert. Das Grundgesetz verlangt das Bestehen einer Volksvertretung und statuiert damit ein Repräsentationsmodell. Es erlaubt aber auch Elemente der Volksgesetzgebung und lässt damit eine gewisse Konkurrenz beider Formen der staatlichen Willensbildung zu.

Aus dem Umstand einer Grundausrichtung zugunsten eines parlamentarischen Systems wird in der Literatur auf einen Vorrang der Parlamentsgesetzgebung

94 *Lembcke/Peuker/Seifarth,* Finanzwirksame Volksbegehren im Verfassungsstaat, ThürVBl 2007, 129 (133).

95 Vgl. BVerfGE 60, 175 (208); *Maunz/Scholz,* in: Maunz/Dürig, Grundgesetz-Kommentar, 69. Ergänzungslieferung, München 2013, Art. 28, Rn. 34.

96 *Dittmann,* Verfassungshoheit der Länder, in: HStR VI, 3. Aufl., Heidelberg 2008, § 127 Rn. 18.

97 BVerfGE 60, 175 (208).

geschlossen.[98] Dieser verlange einen hinlänglich funktionsfähigen Parlamentarismus, der nur durch einen umfassenden Schutz der Budgethoheit zu garantieren sei.[99] Die Budgethoheit sei für die parlamentarische Demokratie von elementarer Bedeutung und schließe Plebiszite, die gewichtige staatliche Einnahmen und Ausgaben unmittelbar auslösen und den im umfassenden Sinn verstandenen Landeshaushalt wesentlich beeinflussen, grundsätzlich aus.[100] Würde man diese Grundaussage dem Regelungsgehalt des Art. 28 Abs. 1 GG zugrunde legen, so wäre eine weite Auslegung der Haushaltsvorbehalte in den Landesverfassungen verfassungsrechtlich vorgegeben. Die Normen in den jeweiligen Landesverfassungen müssten entsprechend ausgelegt werden, um eine mögliche Unvereinbarkeit mit dem Grundgesetz zu vermeiden. Die Frage nach enger oder weiter Interpretation der Haushaltsvorbehalte würde sich nicht mehr stellen.

Es erscheint jedoch zweifelhaft, ob Art. 28 Abs. 1 GG den Verfassungsgebern der Länder solch detaillierte Vorgaben macht. Die Norm stellt Grundanforderungen für die Landesverfassungen auf, die im Wesentlichen einen Rahmen bilden sollen, der einer entsprechenden Ausgestaltung durch die Länder unterliegt. Selbst wenn man hier einen generellen Vorrang der Parlamentsgesetzgebung unterstellt, wäre ein solcher durch eine weite Interpretation der Haushaltsvorbehalte nicht gefährdet. Allen Landesverfassungen gemein ist ein grundsätzlicher Ausschluss von Volksgesetzgebung, die sich auf das Haushaltsgesetz bezieht.

Ob auch Plebiszite mit mittelbaren Auswirkungen auf die jeweiligen Haushalte erfasst werden müssen, um die Aussage zugunsten eines Repräsentationsmodells nicht zu gefährden, erscheint jedoch fragwürdig. Mittelbare finanzielle Einflüsse auf den Landeshaushalt kann das Parlament weiterhin beherrschen, da es ein Plebiszit mit finanziellen Auswirkungen jederzeit abändern oder aufheben kann. Die Budgethoheit verbleibt damit in letzter Konsequenz beim Parlament. Soweit sich dieses aus politischen Gründen dem Plebiszit beugt, kann dies auch als Ausdruck seiner verfassungsrechtlichen Handlungsfreiheit angesehen werden. Ein Parlament entscheidet immer aus politischen Erwägungen

98 *Isensee* (Fn. 25), S. 126.

99 *Isensee* (Fn. 25), S. 126 f.

100 *Isensee* (Fn. 25), S. 126 unter Verweis auf die Rspr. in Bayern und Thüringen: *ThürVerfGH*, LKV 2002, 83 (91 ff.); *BayVerfGH*, Beschl. v. 31.03.2000, Az. Vf. 2-IX-00; Rn. 168 ff. (zit. juris).

heraus. Die Bedenken gegen eine solche faktische Zwangssituation vermögen es jedenfalls nicht, eine erweiternde Auslegung der Haushaltsvorbehalte in den Landesverfassungen zu verlangen. Das Parlament verliert auch in Fällen eines problematischen Plebiszites nicht die Hoheit über den Haushalt. Artikel 28 Abs. 1 GG gibt daher keine spezifische Auslegung für die Haushaltsvorbehalte in den Landesverfassungen vor. Ein gewisser Vorrang der Parlamentsgesetzgebung, wie er dem Wortlaut des Art. 28 Abs. 1 GG zu entnehmen ist, führt nicht notwendig zu einer weiten Interpretation der Haushaltsvorbehalte. Durch den formalen Schutz des Haushaltsgesetzes bleibt nicht nur dieses selbst, sondern auch die Budgethoheit hinreichend geschützt. Einen darüber hinausgehenden Schutz der Landeshaushalte kann dem Art. 28 Abs. 1 GG nicht entnommen werden.

dd) Ausdruck der Gewaltenteilung

Möglicherweise kann jedoch die Gewaltenteilung als Begründung für eine weite Auslegung der Haushaltsvorbehalte herangezogen werden. Das Parlament erstellt den Haushalt nicht im Alleingang. Vielmehr obliegt ihm lediglich die Feststellung des Haushaltsplanes im Haushaltsgesetz. Das Initiativmonopol im Bereich der Haushaltsgesetzgebung liegt dagegen allein bei der jeweiligen Landesregierung.[101] Greift ein Plebiszit unmittelbar oder mittelbar in das Haushaltsgefüge ein, könnte darin auch ein Eingriff in einen Bereich zu sehen sein, der allein der Exekutive vorbehalten ist.[102] Jedes plebiszitär zustande gekommene Gesetz würde demnach mit dem Prinzip der Gewaltenteilung kollidieren, wenn es Auswirkungen auf die Finanzstrukturen hätte. Dies wäre bereits dann der Fall, wenn der bestehende Haushalt irgendwie geändert werden müsste. Der Ansatz spricht klar für eine weite Auslegung der Finanzvorbehalte.[103]

Auch dieser Ansatz kann jedoch nur teilweise überzeugen. Zuzugeben ist ein Schutz des Initiativrechts der Landesregierung unmittelbar für den Haushaltsplan selbst. Eine Volksinitiative, die unmittelbar darauf abzielt, das Haushalts-

101 Nach Art. 101 Abs. 3 BbgLVerf stellt der Landtag den Haushaltsplan durch Gesetz fest. Die Erstellung des Haushaltsplanes obliegt allein der Landesregierung. Vgl. dazu *Lieber* (Fn. 14), S. 633.

102 BVerfGE 102, 176 (188); *Isensee* (Fn. 25), S. 108.

103 BVerfGE 102, 176 (186 f.); *Isensee*(Fn. 25), S. 108.

gesetz zu ändern, würde auch unmittelbar in das Initiativmonopol der Landesregierung für die Haushaltsplanung eingreifen. Der rein formale Schutz des Haushaltsgesetzes wird jedoch in jedem Falle von der Finanzvorbehaltsklausel gewährleistet. Diese schließt selbst bei der engsten Auslegung ihres Anwendungsbereiches eine direkte Änderung des Haushaltsgesetzes aus. Zu fragen ist aber, ob es darüber hinaus auch eines Schutzes vor sämtlichen Gesetzen bedarf, die Auswirkungen auf den Haushalt haben. Jedenfalls der Grundsatz der Gewaltenteilung fordert eine solche Ausdehnung nicht. Die Landesregierung würde durch ein finanzwirksames Plebiszit ihr Initiativmonopol nicht einbüßen. Im Falle eines Volksentscheids, der eine Änderung des Haushaltsgesetzes erforderlich machen würde, bleibt das Initiativrecht der Landesregierung unangetastet. Diese müsste den Haushaltsplan entsprechend ändern und dann vom Landtag im Haushaltsgesetz feststellen lassen. Käme sie dabei zum Ergebnis einer Unverträglichkeit des Gesetzes mit dem Gesamtgefüge des Haushalts, so könnte sie im Parlament anregen, das im Wege des Volksentscheides zustande gekommene Gesetz zu ändern oder aufzuheben.[104] Eine rechtliche Bindung an das Plebiszit besteht nicht.[105] Soweit die Landesregierung durch einen entstehenden politischen Druck an einer sofortigen entgegenstehenden Gesetzgebung gehindert werden sollte, kann dies als rein politisches Argument nicht für eine bestimmte Auslegung des Finanzvorbehaltes sprechen.[106] Stellt der Verfassungsgeber der parlamentarischen Gesetzgebung die Volksgesetzgebung beiseite, so regelt er dieses Spannungsverhältnis mit.[107] Eine Auflösung desselben obliegt dann den politischen Kräften. Eine Verrechtlichung dieses Problems sollte nur in engen Grenzen erfolgen und sich eng am konkreten Verfassungswortlaut bewegen. Dieser sieht einen extensiven Anwendungsbereich des Finanzvorbehalts jedenfalls nicht ausdrücklich vor. Demnach spricht viel dafür, den Schutz des Initiativmonopols der Landesregierung nur so weit zu fassen, wie eine Volksgesetzgebung unmittelbar in die Erstellung des Haushaltsgesetzes eingreift.[108] Aus dem Gewaltenteilungsprinzip ergibt sich folglich keine Tendenz zugunsten einer weiten Auslegung der Finanzvorbehalte.

---

104 In diesem Sinne: *SächsVerfGH,* NVwZ 2003, 472 (476).

105 *Lieber* (Fn. 14), S. 513 m. w. N.

106 Eine solche Drucksituation sieht *Isensee* (Fn. 25), S. 112, als problematisch an.

107 *SächsVerfGH,* NVwZ 2003, 472 (473).

108 In diesem Sinne urteilte auch das VerfGBln, Urt. v. 06.10.2009, Az. 143/08 Rn. 78. Das Urteil beruhte auf einer entsprechenden Änderung des Wortlaut des Art. 62 Abs. 2 LVerfBln. In einem ähnlichen Sinne: *SächsVerfGH,* NVwZ 2003, 472 (476).

ee) *Verhinderung der Dominanz von Sonderinteressen*

Ein weiteres Argument, welches für eine weite Auslegung der Haushaltsvorbehalte angeführt wird, ist der Schutz vor sogenannten Sonderinteressen. Das Verbot des finanzwirksamen Plebiszits solle eine möglichst objektive Gesetzgebung sicherstellen.[109] Ein parlamentarisches Gesetzgebungsverfahren stelle im Gegensatz zur Volksgesetzgebung eine gewisse Distanz zu eigennützigen Interessenlagen her.[110] Anders verhalte es sich dagegen bei den Volksentscheiden. Hier können gesellschaftliche Gruppierungen unmittelbar über eigene finanzielle Vor- oder Nachteile entscheiden. Aus dieser Unmittelbarkeit ergibt sich die Gefahr eines Missbrauchs des Plebiszits. Eine solche Gefahrenlage wiederum erfordere einen weitgehenden Ausschluss von finanzwirksamen Plebisziten.[111] Das Parlament soll dieser Ansicht nach als eine Art Filter fungieren, der Sonderinteressen in die Allgemeinwohlinteressen überführt und damit „läutert".[112]

Ob dieser Ansatz nicht die Rolle des Volkes unter- bzw. die des Parlamentes überschätzt, mag dahinstehen.[113] Ein Vollverbot eines finanzwirksamen Plebiszits daraus abzuleiten, erscheint jedoch unangemessen. Zunächst ist auf eine völlig fehlende empirische Grundlage in diesem Bereich zu verweisen. Bisherige Erfahrungen mit Plebisziten auf Landesebene lassen eine entsprechende Gefahrenlage nicht erkennen.[114] Auch kann einer Dominanz entsprechender Interessen auf anderen Wegen begegnet werden. So stellen insbesondere die erforderlichen Abstimmungsquoren einen Schutz gegen organisierte Minderheiten sicher.[115] Auch das Mehrheitsprinzip, welches jedem Volksentscheid zugrunde liegt, birgt eine gewisse Unwahrscheinlichkeit für ein „Selbstbedienen" einer Minderheit. Ein Zugreifen von Gruppen auf Finanzmittel, die der Allgemeinheit dienen sollen, kann so jederzeit von einer Mehrheit in der Bevölkerung

109 *Isensee* (Fn. 25), S. 108 ff.

110 *ThürVerfGH*, LKV 2002, 83 (93), spricht ausdrücklich von der „Gefahr der Selbstbedienung".

111 *Isensee* (Fn. 25), S. 110.

112 *Isensee* (Fn. 25), S. 108 ff.

113 *Lembcke/Peuker/Seifarth* (Fn. 96), S. 134, sprechen von einer gewissen Idealisierung des Parlaments.

114 *Isensee* (Fn. 25), S. 110, räumt solche fehlenden Erfahrungen selbst ein.

115 *SächsVerfGH*, NVwZ 2003, 472 (475); *Degenhardt*, Volksbegehren und Volksentscheide „über den Haushalt", BayVbl 2008, 453 (458); ebenso kritisch zu dem Schutz vor Sonderinteressen: *Lembcke/Peuker/Seifarth* (Fn. 96), S. 134.

gestoppt werden. Ein gewisses Grundvertrauen muss dem Volk hier entgegengebracht werden und ist letztlich auch Existenzbedingung für ein demokratisches System. Verliert ein Volk in der breiten Mehrheit das Grundverständnis für das Allgemeinwohl, ist es nur eine Frage der Zeit, bis es entsprechende Partikularinteressen in das Parlament schaffen. Eine solche gesellschaftliche Entwicklung könnte demnach auch bei einer reinen Form der repräsentativen Demokratie nicht gestoppt werden. Als Grundlage für ein weites Verständnis der Haushaltsvorbehalte erscheint der Schutz vor Partikularinteressen jedenfalls weit über das erforderliche Maß hinauszugehen. Die bestehenden Instrumente des Rechts der Plebiszite, insbesondere die Abstimmungsquoren und das Mehrheitsprinzip, stellen hier eine ausreichende Absicherung dar.

e) Fazit

Keiner der hier gewählten Ansätze vermag eine weite Interpretation der Haushaltsvorbehalte zu begründen. Es spricht daher einiges dafür, den Haushaltsvorbehalten eher einen engen Anwendungsbereich zuzuweisen. Lassen Wortlaut und Entstehungsgeschichte außerhalb der explizit eng gefassten Haushaltsvorbehalte in einzelnen Landesverfassungen keine Auslegungstendenz erkennen, so sprechen Systematik und Telos der Haushaltsvorbehalte für eine zurückhaltende Anwendung. Keiner Landesverfassung in den neuen Bundesländern kann ein expliziter Vorrang der Parlamentsgesetzgebung vor der Volksgesetzgebung entnommen werden. Es besteht daher auch keine verfassungsrechtliche Notwendigkeit, einen solchen über eine ausgedehnte Auslegung der Haushaltsvorbehalte zu erreichen. Soweit die Landesverfassungen, wie in Sachsen, bereits dem Wortlaut nach eng gefasst sind, sollte dieser ausdrücklichen Auslegungsrichtung im Verfassungstext auch in der Anwendungspraxis Rechnung getragen werden. Offenere Textfassungen, wie etwa in Art. 76 Abs. 2 BbgLVerf, sollten mit dem oben Gesagten entsprechend zurückhaltend interpretiert werden. Auch hier sollte ein rein formaler Schutz des Haushaltsgesetzes genügen, um ausreichenden Schutz der Budgethoheit zu gewährleisten.

Parlamentarische Kontrolle in einem veränderten Umfeld – am Beispiel der Informationsrechte der Abgeordneten

*Hans-Heinrich Trute**

Die parlamentarische Kontrolle der Regierung ist ein zentrales Element des demokratischen Parlamentarismus. Demokratie ist durch die Freiheit von Informationen und die Transparenz der Ausübung von Herrschaft gekennzeichnet. Sie gründet auf der freien und gleichen Teilhabe der Bürger, die ihrerseits auf Informationen angewiesen sind. Ihren Ausdruck findet dies in den Informations- und Kommunikationsfreiheiten der Grundrechte. Ohne eine lebendige Öffentlichkeit und dementsprechend öffentliche Informationen ist Demokratie schwerlich denkbar. Zu Recht spricht das Bundesverfassungsgericht von dem allgemeinen Öffentlichkeitsprinzip der Demokratie,[1] bezogen auf die Öffentlichkeit der Gerichtsverhandlungen. Aber dies gilt auch für die anderen Staatsfunktionen, wenn auch in unterschiedlichem Umfang.

Indes besteht dieser Grundsatz, wie das Bundesverfassungsgericht betont, nicht ohne Ausnahmen.[2] Selbst dort, wo die Öffentlichkeit verfassungsrechtlich grundsätzlich geboten ist, kann sie aus zwingenden Gründen des Gemeinwohls auch ausgeschlossen werden. Wie die Demokratie ist auch ihr Element, die Öffentlichkeit, ein Prinzip, und somit nicht ohne Spannungen, Ambivalenzen und Gegengründe, die ebenfalls Verfassungsrang haben können. Absolute Transparenz, das kann man in diesen Zeiten der versuchten Vollüberwa-

---

* Der Verfasser ist Professor für Öffentliches Recht, Medien- und Telekommunikationsrecht an der Universität Hamburg und seit 1993 Mitglied des Verfassungsgerichtshofs des Freistaates Sachsen.

1 BVerfG, Urt. v. 14.01.1986 – 2 BvE 14/83, 2 BvE 4/84 – BVerfGE 70, 324, 358; BVerfG, Urt. v. 24.01.2002 – 1 BvR 2623/95, 1 BvR 622/99 – BVerfGE 103, 44, 63.

2 BVerfG, Urt. v. 24.01.2002 – 1 BvR 2623/95, 1 BvR 622/99 – BVerfGE 103, 44, 103.

chung aller elektronischen Kommunikationen wissen, ist weniger ein Traum, denn ein Albtraum.[3] So wird die Öffentlichkeit als rechtliches Prinzip nicht ohne Formen und Grenzen auskommen.[4] Dies gilt selbstverständlich auch für die Staatsfunktionen, die ihr jedenfalls im Grundsatz unterworfen sind.

Nachfolgend soll diesen Spannungen anhand der Auskunfts- und Fragerechte der Abgeordneten (und des Parlaments) nachgegangen werden, die in den Verfassungen der neuen Länder eine explizite Ausformung erfahren haben[5] und deshalb nicht mehr aus den Statusrechten der Abgeordneten abzuleiten sind, deren Grund sie indes immer noch darstellen. Bei ihnen ist die Ausformung der Gegengründe immer schon mitgeschrieben. Sie entfalten sich allerdings in einem durchaus veränderten Umfeld. Sie sind eingebettet in die Veränderung der Kommunikationsformen und der Transparenzanforderungen, die insbesondere die Stellung der öffentlichen Verwaltung verändert haben und mit ihr diejenige des Bürgers. Ihr Gegenstandsbereich, der über die Verantwortung der Regierung beschrieben wird, ist ebenfalls in Veränderungen begriffen. Erst vor diesem Hintergrund entfalten sie ihre Reichweite, aber auch ihre Grenzen.

I. Die veränderte Informationsordnung

Das Wissen des Parlaments speist sich – auch wenn man weitere Instrumente der Wissensorganisation des Parlaments hinzunimmt – nicht nur aus den in die Organisation und ihr Verhältnis zur Regierung eingeschriebenen Rechten der Abgeordneten, Fraktionen und des Parlaments als Organ, sondern der Sache nach aus vielen Quellen. Vor allem ist es eingebettet in die allgemeine gesellschaftliche, insbesondere medienvermittelte öffentliche Kommunikation, zu der das Parlament beiträgt; aber ebenso wirkt das Parlament als ein Forum politischer Resonanz, auf dem aus der gesellschaftlichen Kommunikation kommende Gehalte ihre parlamentarische Beachtung finden können.

---

3 Dazu *Schneider*, Der Transparenztraum, 2013.

4 *Schmidt-Aßmann*, Das Allgemeine Verwaltungsrecht als Ordnungsidee, 2004, Rdn. 81, 115: Eine totale Öffentlichkeit gibt es nicht; sie wäre so wenig freiheitlich wie demokratisch.

5 Art. 56 BbgLV; Art. 40 Verf M-V; Art. 51 SächsVerf; Art. 53 Verf Sachs-Anh; Art. 67 ThürVerf.

1. Informations- und Kommunikationsfreiheiten

Die gesellschaftliche Kommunikation findet ihre Abstützung in den Informations- und Kommunikationsfreiheiten und in deren Umsetzung etwa in den presserechtlichen Auskunftsansprüchen,[6] deren Bedeutung für die individuelle und gesellschaftliche Meinungsbildung und die Kontrolle der Staatsgewalten außer Frage steht. Sie können auch dazu beitragen, die Asymmetrien der Wissensverteilung zwischen dem Parlament und der von ihm zu kontrollierenden Regierung und Exekutive auszubalancieren, jedenfalls aber stellen sie andere Formen der Kontrolle staatlicher Funktionen dar, die nicht beziehungslos zu den Formen der parlamentarischen Kontrolle stehen. Sie bilden jedenfalls Anknüpfungspunkte auch für die parlamentarische Kontrolle.

In anderer Weise gilt dies auch für die Wissenschaftsfreiheit und die Kunstfreiheit, die gleichermaßen an der Konstitution von Öffentlichkeit beteiligt sind. Für die Wissenschaftsfreiheit gilt allemal, dass sie in grundlegender Weise die Generierung von validem Wissen abstützt und damit eine wichtige Ressource darstellt, auf die auch das Parlament zur Unterstützung seiner Kontrollanliegen und der Formulierung von Politik zurückgreifen kann.

Neben diesen Schutz der öffentlichen Kommunikation durch die Kommunikationsgrundrechte tritt die Informationsfreiheit des Art. 5 Abs. 1 S. 1 2. HS GG, der Schutz der freien Verfügbarkeit der Informationen. Ob und in welchem Umfang dieser auch den Zugang zu den Daten des Staates umfasst, oder ob er den Zugang nur zu den zur Veröffentlichung vorgesehenen und in diesem Sinne zugänglichen Informationen umfasst, ist nach wie vor in Einzelheiten umstritten.[7] Das mag dahinstehen, zumal die objektiv-rechtlichen Dimensionen der Grundrechte und hier auch des Art. 5 Abs. 1 S. 1 2. HS GG auf Eröffnung eines Informationszugangs drängen können.[8]Jedenfalls für die Da-

6 Vgl. dazu BVerwG, Urt. v. 20.02. 2013 – 6 A 2/12 – NVwZ 2013, 1006 ff.; OVG Bln-Bbg, Beschl. v. 12. 09. 2013 – OVG 6 S 46/13 – NVwZ 2013, 1501 ff.; VGH BW,Urt. v.11.09.2013 – 1 S 509/13 – juris.

7 BVerfG,Urt. v. 24.01.2002 – 1 BvR 2623/95, 1 BvR 622/99 – BVerfGE 103, 44, 60.

8 *Schoch*, IfG, 2009, EinlRdn. 52, 56; *Trute,* VVDStRL 57 (1998), 216, 250 f.; *Scherzberg*, Die Öffentlichkeit der Verwaltung, 2000, S. 336 ff.; *Kloepfer*, DÖV 2003, 221, 223, 227; *Rossi*, Informationsfreiheit und Verfassungsrecht, 2004, S. 209 ff.; *Guckelberger*, VerwArch 97 (2006), 62, 75. Zu Art. 10 EMRK und der Frage eines Zugangsrechts der Presse zu Verwaltungsinformationen vgl. EGMR Urt. v. 14.04.2009 – RS 37374/05 – „Társaság a Szabadságjogokért vs. Ungarn“.

ten der Verwaltung ist nicht zuletzt durch die Informationsfreiheitsgesetze des Bundes und der Länder deren Zugänglichkeit im Sinne des Art. 5 Abs. 1 S. 1 GG eröffnet. Ungeachtet dessen ist die Bedeutung der Zugänglichkeit von Informationen als Grundrechtsvoraussetzungsschutz unbestritten,[9] ebenso wie der vom Bundesverfassungsgericht immer wieder betonte Zusammenhang mit dem Demokratieprinzip. Zu diesem gehöre der Grundsatz der Zugänglichkeit von Informationen, die für die individuelle und öffentliche Meinungsbildung von Bedeutung seien.[10]

2. Vervielfältigung medialer Beobachtungsmöglichkeiten und Kontrolle

Die Kommunikationsformen der Medien werden indes zunehmend ergänzt und differenziert. Das Stichwort wäre hier Social Media. Diese neuen Kommunikationsformen steigern die vorhandenen Beobachtungsperspektiven, eröffnen weitere Fragestellungen und Debatten und vermitteln Selbstorganisationsprozesse für eine Öffentlichkeit, die die klaren Kommunikationsrollen einer auf one-to-many ausgerichteten medialen Kommunikation der klassischen Medien durch eine any-to-any Kommunikation wenn nicht ersetzt, so doch zumindest ergänzt und noch einmal vervielfältigt haben. Auf diesem Resonanzboden, der eine gelegentlich durchaus vereinfachende und zur vordergründigen Skandalisierung neigende Dimension hat, entfaltet sich nicht nur die individuelle und gesellschaftliche Meinungsbildung, sondern an diese schließen auch die parlamentarischen Kontrollmöglichkeiten ebenso an, wie die Mitglieder des Parlaments an dieser Debatte beteiligt sind. Parlamentarische Kontrolle ist nicht selten veranlasst durch eine Kommunikation im gesellschaftlichen Raum, stets eingebettet in diese Formen gesellschaftlicher Information und Kommunikation. Das Wissen des Parlaments ist allzu oft ein Wissen, das erst über die gesellschaftliche Kommunikation angefüttert wird, wie denn auch das Wissen der gesellschaftlichen Kommunikation eine stete Fütterung durch

9 BVerfG, Urt. v. 24.01.2002 – 1 BvR 2623/95, 1 BvR 622/99 – BVerfGE 103, 44, 59: Erst der prinzipiell ungehinderte Zugang zur Information versetzt die Medien in den Stand, die ihnen in der freiheitlichen Demokratie zukommende Funktion wahrzunehmen.

10 BVerfG, Urt. v. 24.01.2002 – 1 BvR 2623/95, 1 BvR 622/99 – BVerfGE 103, 44, 65.

die Mitglieder der Parlamente, der Regierung und der Verwaltung erfährt.[11] In dieser medialen Dauereinbettung entfaltet sich die parlamentarische Kontrolle der Regierung.

3. Demokratische Öffentlichkeit der Staatsfunktionen

Darüber hinaus ist das Demokratieprinzip wichtiger Motor für Transparenz und Publizität. Sie lassen sich, ungeachtet aller notwendigen Differenzierungen, nur in Medien einer Öffentlichkeit denken. Erst in einer öffentlichen Kommunikation ist die Bildung einer gemeinsamen politischen Identität, individuelle und kollektive Selbstbestimmung und Kontrolle der Staatsfunktionen überhaupt möglich, jedenfalls aber in diese eingebettet. Und sie umgreift mittlerweile, wenn auch differenziert, alle Staatsfunktionen,[12] neuerdings insbesondere die Verwaltung. Nicht zuletzt unter dem Druck des europäischen Konzepts von Verwaltungsöffentlichkeit, das früh schon Eingang in das Recht der europäischen Eigenverwaltung gefunden hat, etwa in der Ausprägung der Zugänglichkeit in einzelnen Teilbereichen wie beispielsweise dem der Umweltinformationen, hat sich ein allgemeiner Rechtsgrundsatz der Verwaltungsöffentlichkeit ausgebildet,[13] der heute durch die Informationsfreiheitsgesetze des Bundes und der Länder einfachgesetzlich abgestützt ist.

Die Verwaltungsöffentlichkeit vermittelt jenseits aller Rechtsschutzperspektiven des Einzelnen die Teilhabe an dem Wissen der Administration für Zwecke, die der Bürger selbst bestimmt und damit natürlich auch für politische Zwecke. Das aber verändert das Umfeld anderer Kontrollformen, auch der parlamen-

---

11 Vgl. zu den Rückkopplungen unter dem Stichwort „Zivilgesellschaft“ *Huber*, Regierung und Opposition, HStR Bd. III, 2005, § 47 Rdn. 65 f.

12 Für den demokratischen Parlamentarismus betonend BVerfG, Urt. v. 19.06.2012 – 2 BvE 4/11 – BVerfGE 131, 152, 204 f.; BVerfG, Urt. v. 28.02.2012 – 2 BvE 8/11 – BVerfGE 130, 318, 342, 350; BVerfG, Urt. v. 14.01.1986 – 2 BvE 14/83, 2 BvE 4/84 – BVerfGE 70, 324, 355; *Scherzberg*, Die Öffentlichkeit der Verwaltung, 2000; *Gostomzyk*, Die Öffentlichkeitsverantwortung der Gerichte in der Mediengesellschaft, 2006.

13 Vgl. insoweit *Schmidt-Aßmann*, Das allgemeine Verwaltungsrecht als Ordnungsidee, 2004, Rdn. 115; *Gersdorf*, Stichwort „Informationsfreiheit“, EvStL 2006, Sp. 995 ff.; *Wegener*, Informationsfreiheit und Verfassungsrecht, in: Planung – Steuerung – Kontrolle: Festschrift für Richard Bartlsperger, 2006, S. 165, 178 ff.; *Scherzberg*, Öffentlichkeitskontrolle, in: Hoffmann-Riem/Schmidt-Aßmann/Voßkuhle, Grundlagen des Verwaltungsrechts, Bd. III, 2013, § 49 Rdn. 18.

tarischen Kontrolle.[14] Der Bürger ist nicht mehr nur im Kontext des Rechtsschutzverfahrens als Wahrer seiner eigenen Interessen – vermittelt über subjektive Rechte – an der Kontrolle der Verwaltung beteiligt, er ist eben auch in die Lage versetzt, sich als Bürger mit der Verwaltung auseinanderzusetzen.

Das Bundesverfassungsgericht hat zu dem Zusammenhang von Verwaltungspublizität, Meinungsbildung und öffentlicher Kontrolle im Hinblick auf die im Standortregister erfassten und veröffentlichten Angaben über Freisetzungen und Anbau von gentechnisch veränderten Organismen darauf hingewiesen, dass diese in der demokratischen, pluralistischen Gesellschaft einen wichtigen Beitrag zum öffentlichen Meinungsbildungsprozess leisten.[15] Der öffentliche Meinungsaustausch und die Einbeziehung der Gesellschaft in diese umweltrelevanten Entscheidungen und ihre Umsetzung schützten nicht nur den Einzelnen, sondern stärkten die effektive Kontrolle staatlichen Handelns. Um solche Transparenz herzustellen, sei es legitim, bestimmte Daten der Öffentlichkeit allgemein und insoweit ohne weitere Bindung an bestimmte Zwecke zugänglich zu machen. Das Recht auf informationelle Selbstbestimmung schließe die Schaffung allgemein öffentlicher Dateien – auch solcher mit Personenbezug – nicht generell aus. Man wird im Übrigen daraus schließen können, dass das, was der Bürger als potentielle Kontrollinstanz wissen kann, auch das Parlament wissen können muss.[16] Umgekehrt gilt diese Relation allerdings nicht, wohl aber finden sich dann in den allfälligen Abwägungsprozessen auf Verfassungsebene durchaus Anhaltspunkte, auch wenn das Gewicht der parlamentarischen Kontrolle in der Abwägung gegenüber den Rechten Dritter ein anderes ist.

Transparenz und Publizität der Staatsfunktionen, die Betonung von Öffentlichkeit als selbstverständlicher Teil des Demokratieprinzips, die Vervielfältigung von Kontrollanlässen und Perspektiven führen zu einem Dauerzustand an Kommunikation über öffentliche Angelegenheiten, der die Ausübung der bisherigen Rechte nicht unbeeinträchtigt lässt und lassen kann. Darin zeigt sich eine gewisse Abkehr von hierarchischen Repräsentationen, die das Umfeld kennzeichnen, und damit gewissermaßen eine heterarchische Form der

14 Die Entmediatisierung und Veränderung der Rollen von Bürger und Staatsfunktionen vor Erlass der Informationsfreiheitsgesetze werden systematisch entfaltet von *Masing*, VVDStRL 63 (2004), 377 ff.

15 BVerfG, Urt. v. 24.11.2010 – 1 BvF 2/05 – BVerfGE 128, 1, 49.

16 Zum IfG als Wertungsschwelle auch OVG Bln-Bbg, Beschl. v. 12.09. 2013 – OVG 6 S 46/13 – NVwZ 2013, 1501, 1502.

Öffentlichkeit, in die eingebettet die klassischen Instrumente der parlamentarischen Kontrolle wahrgenommen werden. Nicht umsonst prägt *Arno Scherzberg* im Zusammenhang mit der Öffentlichkeit der Verwaltung den Begriff der prozeduralisierten Volkssouveränität.[17] Sie ist gegenüber dem eher starr wirkenden Arrangement einer auf Staatsleitung ausgerichteten parlamentarischen Kontrolle, die ihre fest gefügten Formen hat (und derer sie auch bedarf), enorm vervielfältigt und zugleich verflüssigt.

II. Das Wissen des Parlaments

Ungeachtet dieser vielfältigen Formen der Rückkopplung zwischen der Öffentlichkeit der Staatsfunktionen und insbesondere medialen Formen von Öffentlichkeit wird man gleichwohl davon ausgehen können, dass in aller Regel das Wissen der Exekutive demjenigen des Parlaments überlegen ist.[18]

1. Die asymmetrische Verteilung des Wissens

Das folgt schon aus der auf Kontinuität und damit auch auf die Kumulation von Wissen angelegten, zugleich sehr ausdifferenzierten und damit auch spezialisierten Struktur sowie der Fähigkeit zur Ausbildung von Expertise jeder wie auch immer im Einzelnen organisierten Exekutive. Strukturell, wenn auch nicht notwendig in jedem Einzelfall, ist damit eine Informationsasymmetrie zwischen dem Parlament einerseits, der Regierung und der Exekutive andererseits angelegt. Auch wenn man nicht einem Gewaltenmonismus in Form eines umfassenden Vorrangs des Parlaments als unmittelbar demokratisch legitimiertem Organ der gewaltengeteilten Demokratie das Wort reden möchte, so ist doch nicht zu übersehen, dass die Informationsasymmetrie durchaus die Wahrnehmung der normativ dem Parlament zugeschriebenen Aufgaben der parlamentarischen Kontrolle der Regierung immer wieder in Frage stellen kann. Wie immer man zu dem Satz stehen mag, dass Wissen Macht ist, jedenfalls

17 *Scherzberg*, Öffentlichkeitskontrolle, in Hoffmann-Riem/Schmidt-Aßmann/Voßkuhle, Grundlagen des Verwaltungsrechts, Bd. III, 2013, § 49 Rdn. 14.

18 Vgl. dazu *Möllers*, DV Beiheft 9, 2010, 113, 120 ff.; vgl. auch zu den Informationsrechten als Ausbalancierung von Informationsasymmetrien BVerfG, Urt. v. 19.06.2012 – 2 BvE 4/11 – BVerfGE 131, 152, 203.

führt Nichtwissen schwerlich zu der Möglichkeit, die Kontrollaufgabe des Parlaments zu erfüllen. Beschreibt man dies als ein strukturelles Problem, dann kann man die Bedeutung der informationsgenerierenden Instrumente des Parlaments, jedenfalls soweit sie auf die parlamentarische Kontrolle der Regierung zielen, durchaus einordnen, ohne auf die immer wieder bemühte Neigung jeder Regierung abzustellen, politisch unliebsame Informationen nicht zu offenbaren. Die Neigung zur Abdunkelung von unliebsamen Entscheidungen ist ohnehin keine Besonderheit einer Regierung, sondern lässt sich jeder Organisationsform im Verhältnis zu ihrer Umwelt zuschreiben. Das ist bei Unternehmen, Kirchen und Hochschulen, um willkürlich nur einige zu nennen, gewiss nicht anders und mag dieses Problem zu entdramatisieren. Schon die Erhaltung von Organisationsgrenzen macht dies in gewissem Umfang nicht nur wahrscheinlich, sondern auch unvermeidlich. Die Auflösung eines jeden Informationsgefälles ebnet die Grenze zur Umwelt ein. Das kann nicht gewollt sein und findet etwa in dem Topos des Kernbereichs der exekutiven Eigenverantwortung seinen Niederschlag.

Allerdings sind die Regierung und die ihr unterstellte Verwaltung nicht Organisationsformen unter anderen, sondern in eine verfasste Beziehung zum Parlament eingebettet, die im Einzelfall erfordert, im Interesse einer wirksamen parlamentarischen Kontrolle, die Informationsasymmetrien aufzuheben. Hier haben die Informationsrechte des Parlaments, einschließlich der Untersuchungsrechte, und die Informationsrechte der Abgeordneten gegenüber der Regierung ihren Ort. Ihre besondere Bedeutung bekommen sie durch die Veränderung der Beziehungen zwischen Regierung und Parlament. Die Fähigkeit der von der Mehrheit getragenen Regierung, auch die Agenda des Parlaments zu bestimmen, die damit einhergehende Veränderung der parlamentarischen Kontrolle und der damit verbundene Bedeutungszuwachs von Minderheitenrechten und der Opposition,[19] sei sie nun eine eigenständige verfassungsrechtliche Größe oder nicht: all dies verlangt wirksame Informationsrechte.

2. Rechte des Parlaments und der Abgeordneten

Die umfassende Information über die zu verhandelnden Angelegenheiten hat für eine Debatte oder gar eine Entscheidung grundlegende Bedeutung. Ohne diese wird man kaum den Anforderungen einer demokratischen Willensbil-

19 *Huber*, Regierung und Opposition, HStR Bd. III, 2005, § 47 Rdn. 29 ff.

dung genügen können. Angesichts der vielen Funktionen des Parlaments ist der Umfang der erforderlichen Informationen allerdings nicht allein aus einer Kontrollperspektive des Regierungs- und Verwaltungshandelns zu bestimmen. Das Parlament ist zugleich und ganz wesentlich ein politisches Forum, ist Darstellung von Positionen und Interessen und damit Teil des komplexen öffentlichen politischen Diskurses, der eben nicht nur medial inszeniert und vermittelt ist, sondern in den Debatten des Parlaments mindestens idealiter auch ein Forum findet. Auch wenn dieser vielfach verschliffene Prozess der politischen Kommunikation zunächst durch das Prinzip der Öffentlichkeit geprägt ist, so ist Öffentlichkeit auch hier nicht ohne Ambivalenz, ohne Gegenrechte und Beschränkungen, die zur Geltung gebracht werden können und auch müssen. Folgerichtig ist dieser Kommunikationsprozess nicht notwendig in allen Teilen öffentlich. Für die Verhandlungen des Parlaments und die seiner Ausschüsse kann nicht zuletzt, um eine möglichst umfassende Information zu ermöglichen, die allgemeine Öffentlichkeit beschränkt werden.

Art. 38 GG ebenso wie die entsprechenden Regelungen in den Verfassungen der Länder gewährleisten dem Abgeordneten das Recht darauf, dass ihm grundsätzlich alle erforderlichen Informationen zur Verfügung stehen.[20] Dieses Recht findet seinen Niederschlag in verschiedenen, mehr oder weniger formalisierten Informationsrechten gegenüber der Regierung. Ihre Wurzel haben sie in den Rechten des Parlaments, also der Gewaltenteilung und -verschränkung, ebenso wie in den Rechten einzelner Abgeordneter. Entsprechend unterschiedlich sind sie in den Verfassungen ausgestaltet. In ihrer Summe sind sie auch eine Reaktion auf die asymmetrische Verteilung des Wissens zwischen der Regierung und dem Parlament, zumal den Abgeordneten der Opposition.[21] Während die Mehrheitsfraktionen eine Reihe von anderen informalen Mitteln der Informationsgenerierung haben und zudem kaum das Interesse an einer öffentlichkeitswirksamen Kontrolle der Regierung,[22] bedürfen die Rechte – zumal die der Minderheiten – einer Formalisierung im Interesse einer wirksamen parlamentarischen Kontrolle.

20 St. Rspr., vgl. BVerfG, Urt. v. 14.01.1986 – 2 BvE 14/83, 2 BvE 4/84 – BVerfGE 70, 324, 355.

21 ThürVerfGH, Urt.v. 12.11.2008 – 35/07 – DVBl 2009, 245, 246; BbgVerfG, Beschl. v. 16.11.2000 – 31/00 – DÖV 2001, 164, 165.

22 Allgemein dazu *Huber*, Regierung und Opposition, HStR Bd. III, 2005, § 47 Rdn. 37, 50, 54 ff.

Das Bundesverfassungsgericht verankert diese Rechte, etwa das Frage- und Informationsrecht der Abgeordneten, neuerdings in Art. 38 Abs. 1 S. 2 und Art. 20 Abs. 2 S. 2 GG als ein Recht des Bundestages gegenüber der Bundesregierung, an dem die einzelnen Abgeordneten und Fraktionen als Zusammenschlüsse von Abgeordneten nach Maßgabe der Ausgestaltung in der Geschäftsordnung teilhaben.[23] Darin kommt allerdings eine gewisse Mediatisierung des Abgeordneten zum Ausdruck, die von Art. 38 Abs. 1 S. 2 GG nicht unbedingt, jedenfalls aber nicht durchgängig, nahegelegt wird. Soweit verfassungsrechtlich Informationsrechte nicht explizit dem Parlament zugewiesen sind, sind diese zunächst einmal in dem Status des Abgeordneten verankert.[24] Bezogen auf die Informationsrechte ist insoweit von den gleichen Rechten der Abgeordneten auszugehen, die allerdings im Interesse der Funktionsfähigkeit des Parlaments Einschränkungen erfahren. Diese liegen etwa darin, dass bestimmte Informationsrechte, insbesondere solche, die umfan greiche Verpflichtungen der Regierung zur Folge haben, nur von einer gewissen Zahl von Abgeordneten oder Fraktionen wahrgenommen werden. Anders ist dies für die Einsetzung von Untersuchungsausschüssen und andere Informations- und Untersuchungsrechte, die von den Verfassungen als Rechte des Parlaments angelegt sind, ggf. aber minderheitenschützende Aspekte umfassen. An ihnen partizipieren die Abgeordneten nur nach Maßgabe der Geschäftsordnungen.

Die Verfassungen der neuen Länder fokussieren sich stärker auf die Rechte der einzelnen Abgeordneten. So ist insbesondere das Frage- und Informationsrecht der Abgeordneten in den Verfassungen der neuen Länder als Abgeordnetenrecht angelegt, nicht als das des Landtages, an dem die Abgeordneten partizipieren.[25] Freilich dürfte weithin Einigkeit darüber bestehen, dass diese Rechte der Aufgabenwahrnehmung durch Abgeordnete zugleich dem Parlament dienen und diesen damit eine wichtige Rolle bei der parlamentarischen Kontrolle der Regierung zukommt.[26] Die folgenden Ausführungen konzentrieren sich

23 BVerfG, Urt. v. 01.07.2009 – 2 BvE 5/06 – BVerfGE 124, 161, 188; für Untersuchungsausschüsse ähnlich, allerdings auch durch Art. 44 Abs. 1 S. 1 GG nahegelegt BVerfG, Beschl. v. 17.06.2009 – 2 BvE 3/07 – BVerfGE 124, 78, 114.

24 Vgl. *Trute*, v. Münch/Kunig, GG, Bd. I, 2012, Art. 38 Rdn. 92.

25 Vgl. dazu die Nachweise oben Fn. 5.

26 BayVerfGH, Entsch. v. 17.07.2001 – Vf. 56-IVa-00 – NVwZ 2002, 715, 716; BayVerfGH, Entsch. v. 26.07.2006 – Vf. 11-Iva – 05 – juris Rdn. 415 ff.; SächsVerfGH, Urt. v. 05.11.2010 – Vf. 35-I-10 – juris; st. Rspr. vgl. SächsVerfGH, Urt. v. 21.02.2013 – Vf. 34-I-12 – juris.

auch auf die Frage- und Informationsrechte der Abgeordneten, da diese – wenn auch mit Unterschieden in den einzelnen Ländern – einen nicht unerheblichen Teil der Auseinandersetzungen um die Wissensverteilung zwischen Parlament und Regierung ausmachen.

III. Die Antwortpflicht der Regierung im Rahmen ihrer Verantwortlichkeit

Fragerechte sind nur dann als Instrumente der parlamentarischen Kontrolle der Regierung wirksam, wenn auch eine Antwortpflicht der Regierung besteht.

1. Allgemein

Soweit es die formellen Informationsbeziehungen angeht, ist diese Antwortpflicht der Regierung zumindest im Ausgangspunkt unstrittig.[27] Sie ist in den Verfassungen der neuen Länder zum Teil auch explizit vorgegeben. So enthält die sächsische Verfassung in Art. 50 eine, allerdings nicht auf spezifische Instrumente bezogene Informationspflicht, die sich auf die Tätigkeit der Staatsregierung und auf die Erfüllung der Aufgaben des Landtages bezieht. Zudem enthalten auch die weiteren Vorschriften zum Teil explizite Pflichten zur Antwort wie etwa Art. 51 Abs. 1 S. 1 SächsVerf, eine Vorschrift, die auch weitere Qualifizierungen der Antwortpflicht enthält.[28] So sind Fragen von der Staatsregierung oder ihren Mitgliedern nach bestem Wissen unverzüglich und vollständig zu beantworten. Das setzt die Antwortpflicht in der Sache zunächst einmal voraus.

2. Der Verantwortungsbereich der Regierung als Grenze der Antwortpflicht

Indes steht zugleich außer Frage, dass auch die Antwortpflicht der Regierung Grenzen hat. Sind die Informationsrechte auch Teil der parlamentarischen Kontrolle der Regierung, so liegt es nahe, diese auf den Verantwortungsbereich der

27 BVerfG, Beschl. v. 18.07.1961 – 2 BvE 1/61 – BVerfGE 13, 123, 125; BVerfG, Beschl. v. 25.03.1981 – 2 BvE 1/79 – BVerfGE 57, 1, 5; jüngst BVerfG, Beschl. v. 01.07.2009 – 2 BvE 5/06 – BVerfGE 124, 161, 188.

28 Vgl. auch Art. 56 Abs. 2 BbgLV; Art. 53 Abs. 2 S. 1 VerfLSA; Art. 67 Abs. 1 ThürVerf.

Regierung zu begrenzen, denn nur soweit wie die Regierung ein bestimmtes Verhalten oder einen Zustand gegenüber dem Parlament verantworten muss, kann auch eine Informationsverpflichtung reichen.[29] Daran ändert im Grundsatz auch nicht, dass das Parlament nicht nur aus Gründen der parlamentarischen Kontrolle auf Informationen angewiesen ist, sondern auch zur Wahrnehmung seiner sonstigen Aufgaben.

Allerdings hat sich der Verantwortungsbereich der Regierung ebenso verändert wie der des Parlaments. Zum einen sind es gerade die Ausdifferenzierung und Pluralisierung der Verwaltung einschließlich der Privatisierung und Kooperationsvorgänge mit Privaten, die die exakte Reichweite dieses Verantwortungsbereichs unscharf werden lassen. Zum anderen sind das Parlament und die Regierung sowie die Exekutive gleichermaßen in Vorgänge der Europäisierung (und Internationalisierung) eingebunden, so dass auch insoweit der Gegenstand in gewisser Weise durch Entgrenzungen unscharf zu werden droht.

3. Veränderte Modalitäten der Aufgabenwahrnehmung

Insoweit stellt sich die Frage, wie weit das eigentlich als selbstverständlich vorausgesetzte Arrangement der Verantwortlichkeit der Regierung gegenüber dem Parlament unter diesen Bedingungen reicht.

a) Ausdifferenzierung der Verwaltung und Kooperation mit Privaten

Allerdings ist die Ausdifferenzierung der Verwaltung und die Frage nach der Reichweite der parlamentarischen Verantwortlichkeit der Sache nach nichts Neues.[30] Verselbständigte Verwaltungseinheiten rechtsfähiger oder nichtrechtsfähiger Art, mehr oder weniger „ministerialfreie" Stellen, Selbstverwaltungseinheiten, Organisationsformen des Privatrechts: all dies umschreibt neben den klassischen Formen kommunaler Selbstverwaltung die Realität der heutigen ausdifferenzierten Verwaltung,[31] die durch die föderalen Brechungen und

29 BVerfG, Beschl. v. 01.07.2009 – 2 BvE 5/06 – BVerfGE 124, 161, 188 f.

30 Vgl. die ausführliche Darstellung in BayVerfGH, Entsch. v. 26.07.2006 – Vf. 11-IVa-05 – VerfGHE BY 59, 144, 179 ff.

31 *Trute*, Die demokratische Legitimation der Verwaltung, in: Hoffmann-Riem/Schmidt-Aßmann/Voßkuhle (Hrsg.), Grundlagen des Verwaltungsrechts, Bd. I, 2012, § 6 Rdn. 60 ff.

Verbindungen noch verstärkt wird. Für die Untersuchungsausschüsse hat sich hier schon lange eine breit gefächerte Diskussion ergeben, deren Ergebnisse durchaus in Teilen umstritten sind.[32] Dabei kann dem Grundsatz nach darauf abgestellt werden, dass sich die Reichweiten der Fragerechte mit dem Kontroll- und Verantwortungsbereich decken.[33] Indes kommt es häufig nicht nur darauf an, wie der Kontroll- und Verantwortungsbereich geschnitten ist, sondern auch darauf, welche Informationen die Regierung hat, selbst wenn sie für das Verhalten Bestimmter nicht im eigentlichen Sinne verantwortlich ist.[34] Es kann sehr wohl ein legitimes Interesse des Parlaments sein, wissen zu wollen, welche Erkenntnisse die Regierung über einen bestimmten Sachbereich hat, ohne dass sie etwa im Wege der Rechts- oder Fachaufsicht hier konkrete Änderungen vornehmen und insoweit auch verantworten kann. Parlamentarische Kontrolle der Regierung ist eben mehr als Gesetzmäßigkeitskontrolle.[35] Freilich sind verfassungsrechtliche Grenzen der Aufgaben, etwa in föderaler Hinsicht, insofern zu wahren, nicht aber notwendigerweise die konkrete gesetzliche Ausgestaltung der Wahrnehmung einer Aufgabe.

Besondere Probleme ergeben sich insoweit für das Zusammenwirken mit privaten Akteuren, wie es im Zuge der Privatisierung in vielfältigen Kooperationsformen stattfindet. Das ist für verschiedene Felder der Verwaltung durchdekliniert und im Grunde zum Gemeingut geworden.[36] Staatliche und private Akteure unterliegen jeweils einem unterschiedlichen Rechtsregime, hinter dem eben unterschiedliche – auch verfassungsrechtliche – Prinzipien stehen. Die gemeinsame Aufgabenerledigung verzahnt beide Rechtsregime miteinander mit

32 Vgl. dazu *Schulte*, in: v. Mangoldt/Klein/Starck, GG, 2010, Bd. II, Art. 44 Rdn. 8 ff.

33 So durchgängig BayVerfGH, Entsch. v. 26.07.2006 – Vf. 11-IVa-05 – VerfGHE BY 59, 144, 179 ff., allerdings insoweit auch zwischen Rechts- und Fachaufsicht differenzierend. Das verengt den Gegenstand, denn natürlich kann es Aufgabe sein, gerade von dem bisherigen Zuschnitt von Fach- und Rechtsaufsicht abzuweichen. Auch insoweit zeigt sich, dass die Informationsbedürfnisse zur sachgerechten Ausübung der Aufgaben des Parlaments weiter gezogen sein können.

34 So für Kenntnisse der Bundesregierung über das Wirken ausländischer Geheimdienste in Deutschland BVerfG, Beschl. vom 01.07.2009 – 2 BvE 5/06 – BVerfGE 124, 161, 196 f.

35 Zutreffend VerfG LSA, Urt. v. 17.01.2000 – LVG 6/99 – NVwZ 2000, 671, 672.

36 *Schulze-Fielitz*, Grundmodi der Aufgabenwahrnehmung, in: Hoffmann-Riem/Schmidt-Aßmann/Voßkuhle (Hrsg.), Grundlagen des Verwaltungsrechts Bd. I, 2012, §12 Rdn. 64 ff.

der naheliegenden Gefahr, durch die Anwendung des einen zu Lasten des anderen entweder private Freiheit zu konstitutionalisieren oder staatliche Kompetenzausübung zu privatisieren. Dies hat auch für die parlamentarische Verantwortlichkeit der Regierung durchaus Probleme. So stellt sich die Frage, ob etwa auf an sich gebotene Kontroll- und Einflussrechte öffentlicher Akteure zugunsten privater Akteure verzichtet werden kann oder ob das institutionelle Arrangement, welches das Zusammenwirken beider regelt, so ausgestaltet werden muss, dass auch die grundlegenden verfassungsrechtlichen Anforderungen, etwa der parlamentarischen Kontrolle, erfüllt werden können.[37]

Es liegt auf der Hand, dass damit auf den ersten Blick die Möglichkeit der Ausübung parlamentarischer Kontrolle begrenzt wird.[38] Für die Regierungen mag es naheliegen, davon auszugehen, dass es Sinn dieser Art von institutionellen Arrangements ist, die privaten Ressourcen zu nutzen und sie nicht einem staatlichen Regime zu unterwerfen. Dies gilt schon für den häufigen Fall der Beleihung, mehr noch aber für andere, weniger staatsnahe Formen kooperativer Aufgabenwahrnehmung.[39] Ein Beispiel dafür sind die privaten Schulen, die teilweise schon von Verfassungs wegen in die Erfüllung des Bildungsauftrags eingebunden sind,[40] jedenfalls aber als genehmigte Ersatzschulen Gegenstand des Fragerechts sein können.[41] Die Reichweite wird allerdings je nach Fall unterschiedlich sein.

Schon aus Gründen demokratischer Legitimation ist allerdings sicherzustellen, dass die Ausdifferenzierungen nicht zu einer Entlassung aus dem parlamentarischen Kontrollzusammenhang führen. Sowenig wie die Verschleifungen im Bundesstaat eine exakte Grenzziehung dort möglich machen, wo kooperiert

37 Eher auf die formale Situation abstellend BayVerfGH, Entsch. vom 26.07.2006 – Vf. 11-IVa-05 – VerfGHE BY 59, 144, 182 mit der Einschränkung, dass Private insoweit in der Regel nicht Gegenstand der Fragerechte sein können.

38 Vgl. die Konstellation in SächsVerfGH, Urt. v. 29.01.2004 – Vf. 62-I-02 – SächsVBl. 2004, 186.

39 *Trute*, Die demokratische Legitimation der Verwaltung, in: Hoffmann-Riem/Schmidt-Aßmann/Voßkuhle (Hrsg.), Grundlagen des Verwaltungsrechts, Bd. I, 2012, § 6 Rdn. 89 ff.

40 Vgl. SächsVerfGH, Urt. v. 15.11.2013 – Vf. 25-II-12 – (Freie Schulen).

41 VG Stuttgart, Beschl. v. 12.10.2010 – 12 K 3829/10 – juris Rdn. 5 mit der allerdings missverständlichen Annahme, dass allein schon Rechtsbeziehungen ausreichen könnten, a. a. O., Rdn. 7.

wird,[42] und entsprechend eine Auskunft über das vorhandene Wissen ermöglichen und erfordern können, sowenig lässt sich in diesem Kooperationsspektrum eine scharfe Trennung von Handlungsbeiträgen und dem entsprechenden Wissen vornehmen.[43] Vielmehr erfordert das Demokratieprinzip unter dem Stichwort der demokratischen Legitimation der Verwaltung, dass die Möglichkeiten der parlamentarischen Kontrolle erhalten bleiben[44] und damit auf das Kooperationsspektrum erstreckt werden. Alles andere liefe auf die Schaffung kontrollfreier Bereiche hinaus.

Allerdings kann das entsprechende Instrumentarium jeweils unterschiedlich ausgestaltet werden im Hinblick auf die Nähe zur staatlichen Funktionsausübung und den Gefährdungen, die mit diesem institutionellen Arrangement verbunden sind. Insoweit werden die entsprechenden Informationsrechte vorbehalten werden müssen. Dabei ist allerdings zu berücksichtigen, dass die Privaten auch in Kooperation mit dem Staat von ihren Grundrechten Gebrauch machen.[45] Deswegen führt noch nicht allein die Tatsache einer Kooperation zu entsprechenden Informationsrechten, die etwa Betriebs- und Geschäftsgeheimnisse verfügbar machen oder über die Wahrnehmung der Aufgaben ohne weiteres zu berichten erlauben oder verpflichten. Vielmehr bedarf es der gesetzlichen oder vertraglichen Nachführung dieser Informationsmöglichkeiten. Erforderlichenfalls kann mit einer verfassungskonformen Interpretation geholfen werden, die diese Informations- und Durchführungsbefugnisse sicherstellt,[46]ggf. durch die Annahme vertraglicher Nebenpflichten. Wo diese Möglichkeit nicht besteht, endet die Informationserhebungsbefugnis der Regierung und entsprechend auch der parlamentarische Kontrollzusammenhang. Aus den verfassungsrechtlichen Informationspflichten folgt das Instrumentarium daher nicht per se, sondern nur dann, wenn es entsprechend den Anfor-

---

42 Vgl. dazu BVerfG, Beschl. vom 01.07.2009 – 2 BvE 5/06 – BVerfGE 124, 161, 196.

43 *Trute*, Die demokratische Legitimation der Verwaltung, in: Hoffmann-Riem/Schmidt-Aßmann/Voßkuhle (Hrsg.), Grundlagen des Verwaltungsrechts, Bd. I, 2012, § 6 Rdn. 90.

44 Vgl. dazu jüngst für den Fall des Beliehenen BVerfG,Urt. v. 18.01.2012 – 2 BvR 133/10 – BVerfGE 130, 76, 123.

45 Vgl. zum gesamten Komplex auch BVerfG, 17.12.2002 – 1 BvL 28/95, 1 BvL 29/95, 1 BvL 30/95 – BVerfGE 106, 275, 305 f.; BVerfG Urt. v. 18.01.2012 – 2 BvR 133/10 – BVerfGE 130, 76, 123 ff.; BremStGH, Urt. v. 15.01.2002 – St 1/01 – NVwZ 2003, 81, 84 f.; NdsStGH, Urt. v. 05.12.2008 – StGH 2/07 – NdsVbl 2009, 77, 84.

46 BVerfG, Urt. v. 18.01.2012 – 2 BvR 133/10 – BVerfGE 130, 76, 127 f.

derungen des Demokratieprinzips auch umgesetzt wird. An der Verfassungswidrigkeit eines Kooperationsarrangements, das diesen Anforderungen nicht genügt, ändert dies indes nichts.

b) Europäisierung

Im Ergebnis Ähnliches gilt für die Bestimmung der Reichweite der Verantwortlichkeit der Regierung im Kontext der Europäisierung. Auch insoweit verschieben sich staatsrechtlich als selbstverständlich unterstellte Verantwortungszusammenhänge. Es gehört zu den Gemeinplätzen der Debatte um die Rolle des Staates, dass der Nationalstaat klassischer Prägung durch die Europäisierung und Internationalisierung nachhaltig verändert wird. Nimmt man die Europäisierung als Beispiel für die Entgrenzung, dann fällt normativ auf, dass die Perspektive lange Zeit durch den Blick auf das Verhältnis von nationaler Politik und europäischer Politik und der rechtlichen Verfassung der jeweiligen Ebene bestimmt worden ist. Dem entspricht das sog. Trennungsprinzip, nach dem die Verwaltungsräume in Europa im Grundsatz ungeachtet aller politischen Verflechtungen getrennt sind.[47]

aa) Trennungsprinzip

Das Trennungsprinzip geht von getrennten Ebenen aus, denen eine ebenenspezifische Verantwortlichkeit entspricht. So wird etwa das Recht der EU entweder durch die Unionsorgane im Wege des direkten Vollzugs oder durch die mitgliedstaatlichen Verwaltungen im Wege des indirekten Vollzugs „ausgeführt". Als Kern des Europäischen Verwaltungsraums muss bei genauerer Betrachtung allerdings das Zusammenspiel von EU-Administration und mitgliedstaatlichen Verwaltungen in je unterschiedlich dichter vertikaler wie horizontaler Verknüpfung unter dem Dach der Europäischen Union angesehen werden.[48] Das mitgliedstaatliche Verwaltungsrecht, das Eigenverwaltungsrecht der EU-Administration sowie das Unionsverwaltungsrecht werden in diesem Verwaltungsraum aufgabenspezifisch zu Regelungsstrukturen verknüpft, in denen die Verwaltungsträger untereinander und gegenüber dem Bürger handeln. Da-

47 Dazu *Schmidt-Aßmann,* Das allgemeine Verwaltungsrecht als Ordnungsidee, 2004, Rdn. 377 ff.

48 *Schmidt-Aßmann/Schöndorf-Haubold (Hrsg.),* Der europäische Verwaltungsverbund, 2005.

mit aber erodiert die Trennungsperspektive. Ähnliches gilt für die Rechtsprechung[49] und auch die Parlamente,[50] wenn auch in je unterschiedlicher Dichte. Konnte man lange Zeit von einer klaren Zuordnung von Verantwortungsbeiträgen ausgehen – hier die nationale Seite, dort die europäische Ebene –, verschleifen sich heute die Beiträge und ihre Zurechenbarkeit als selbstverständlicher Teil der verfassungsrechtlichen Ordnung.

bb) Das Netzwerk der Parlamente

Dabei sind die möglichen Verbindungen europäischer und mitgliedstaatlicher Verwaltung durchaus vielfältig, und man wird zwischen den Aspekten der politischen Teilhabe an der Ausübung der Staatsgewalt durch den Rat und den Verschleifungen der mitgliedstaatlichen und europäischen Verwaltungen unterscheiden müssen. Ein gutes Beispiel des ersteren ist die Tatsache, dass die mitgliedstaatlichen Parlamente durch die Zusammenarbeit der Parlamente in der EU infolge des Vertrages von Lissabon mitregieren und in ihrem wohl wichtigsten Aspekt an der Rechtsetzung der EU mitwirken. Diese Kooperationsaufgabe von mitgliedstaatlichen Parlamenten und Europäischem Parlament[51] umfasst sowohl das Primärrecht, wie auch das Sekundär- und Tertiärrecht der EU.[52] Diese Kooperationspflichten sind mit eigenen Informationsquellen verbunden, die nicht über die parlamentarische Kontrolle der Regierung laufen.[53] Allerdings beschränkt sich dies auf die nationalen Parlamente, also den deutschen Bundestag. Vermittelt über die Begleitgesetze zum Vertrag von Lissabon wird allerdings der Bundesrat in diese Kooperation einbezogen.[54] Daran können wiederum die Informationsinstrumente der Länderparlamente ansetzen, wenn

49 Vgl. dazu *Albers,* VVDStRL 71 (2012), 257, 287 ff. und *Schönberger,* VVDStRL71 (2012), 296 ff.

50 *Mellein,* Subsidiaritätskontrolle durch nationale Parlamente, 2007, S. 39 ff.

51 *Huber,* in: Streinz (Hrsg.), EUV, AEUV, 2012, Art. 12 Rdn. 8.

52 Vgl. Art. 48 Abs. 4 UAbs. 2, 49 Abs. 2 S. 2 EUV, Art. 25 Abs. 2 S. 2, 218 Abs. 8 UAbs. 2 S. 2, 223 Abs. 1 UAbs. 2 S. 2, 262 S. 2, 311 Abs. 3 S. 3 AEUV sowie Art. 48 Abs. 7 UAbs. 3 EUV und Art. 81 Abs. 3 UAbs. 3 AEUV; vgl. dazu *Weber,* DÖV 2011, 497 ff.

53 Ausführliche Darlegung etwa bei *Mellein,* Subsidiaritätskontrolle durch nationale Parlamente, 2007; *dies.,* EuR Beilage 2011, 13 ff.

54 Dazu der Überblick bei *Huber,* in: Streinz (Hrsg.), EUV, AEUV, 2012, Art. 12 Rdn. 9 ff., 28 ff.

auch stark mediatisiert. Darüber hinaus finden sich eigenständige Informationsrechte, die sich ebenfalls direkt aus dem Europarecht ergeben, wie etwa die Informationsrechte bezogen auf den Raum der Freiheit, der Sicherheit und des Rechts.[55] Zum Teil finden sie sich auf der Ebene des Sekundärrechts in Ausführung von Gestaltungsaufträgen des Primärrechts.[56] Darin kommt zum Ausdruck, dass die vorherige vertikale Architektur der Beziehungen zwischen der EU und den Mitgliedstaaten durch eine netzwerkartige Struktur der Parlamente ergänzt wird, der eigenständige Informationsrechte entsprechen, die sich auch und teilweise explizit auf die Kontrolle der Verwaltung beziehen.[57] Eher schrittweise wird damit wiederum die Transparenz der Verwaltungen des europäischen Verwaltungsraumes verstärkt. Damit werden, wie sich auch an Art. 12 lit. a EUV zeigt, zunehmend eigene, nicht durch die nationale Regierung mediatisierte, unionsrechtliche Informationsrechte der Parlamente geschaffen.[58]Dies modifiziert die Konzeption parlamentarischer Kontrolle und ebenso die der durch sie vermittelten Kontrolle der Exekutive – eine noch zu wenig beachtete Modifikation der bisherigen Kontrollzüge.[59] Die darin zum Ausdruck kommende Verstärkung der Legitimationszüge und – damit verbunden – der Transparenz ist ein wichtiges Element, das bei der Auslegung von Informationskompetenzen der Parlamente zu berücksichtigen ist. Dabei ist ebenfalls bedeutsam, dass diese Informations- und Kontrollkompetenzen nicht (notwendig) auf ex-post Kontrollen abstellen, sondern gleichsam prozessual und begleitend sein können, wie im Verfahren der sekundären und tertiären Gesetzgebung. Dies wird insbesondere bei der Einbeziehung der Länder über den Bundesrat infolge der Begleitgesetze zum Vertrag von Lissabon eine Rolle spielen können.[60] Insoweit wird also die parlamentarische Kontrolle über die europäischen Verfahren ausgeweitet und über eigene Informationsrechte hinaus werden auch begleitende Einflussmöglichkeiten etabliert.

55 Vgl. etwa Art. 12 lit. c EUV, Art. 70 S. 2, 71 S. 4 AEUV.

56 Vgl. Art. 85 Abs. 3, 88 Abs. 2 AEUV hinsichtlich Eurojust bzw. Europol.

57 Vgl. dazu Art. 12 lit. c EUV; Einzelheiten in dem Protokoll Nr. 1 zum Vertrag von Lissabon über die Rolle der nationalen Parlamente in der Europäischen Union, (http://www.bundestag.de/bundestag/europa_internationales/international/gasp_gsvp/Protokoll_Nr1.pdf<06.12.13>).

58 *Huber*, in: Streinz (Hrsg.), EUV, AEUV, 2012, Art. 12 Rdn. 31.

59 Vgl. dazu auch *Mellein*, EuR Beilage 2011, 13, 33 ff.

60 Zu den praktischen Defiziten vgl. deutlich *Huber*, in: Streinz (Hrsg.), EUV, AEUV, 2012, Art. 12 Rdn. 42.

cc) *Europäisierte Verwaltungen*

Auch die zunehmende Integration der europäisierten Verwaltungen erfordert eine Erweiterung. Ein Beispiel, das allerdings nicht die Landesverwaltungen betrifft, ist die Mitgliedschaft von Vertretern in den Komitologie-Ausschüssen der EU, die nach der Reform allerdings klarer strukturiert und an den unterschiedlichen Rechtsakten orientiert sind.[61] In der Folge sind die Ausschüsse nicht mehr im Rahmen der delegierten Rechtsakte nach Art. 290 AEUV, sondern nur noch im Rahmen der Durchführungsrechtsakte nach Art. 291 Abs. 2 AEUV tätig. Die frühere Beteiligung von Rat und Europäischem Parlament kann bestenfalls noch informell gewährleistet werden. Zwar ist die Verantwortlichkeit im Mehrebenensystem damit klarer geworden. Indes sind die mitgliedstaatlichen Vertreter aber nicht in systematischer Weise an die nationalen Parlamente rückgebunden, sondern nur an die nationalen Exekutiven. Der Verantwortungszusammenhang könnte an sich durch eine verstärkte Einbindung der nationalen Parlamente gestärkt werden,[62] wie es der Lage in Art. 12 EUV entspricht. Dies kann insofern partiell zumindest berücksichtigt werden, als es bei der Reichweite der Informationsrechte des Parlaments gegenüber der Regierung in Rechnung gestellt wird und diese auch die Informationen über den Ausschuss und die dort vertretenen Positionen nicht nur des deutschen Vertreters umfassen.

Ohnehin wird zunehmend deutlich, dass die bisherigen Modelle der parlamentarischen Kontrolle der Exekutive in dem sich ausbildenden europäischen Verwaltungsverbund unzureichend auf diese Form der mehr oder weniger integrierten Verwaltung abgestimmt sind. Für sie ist es oftmals kennzeichnend, dass die mitgliedstaatlichen Verwaltungseinheiten in der Sache unterschiedlich intensiv aus den mitgliedstaatlichen Kontroll- und Verantwortungszügen herausgelöst und zu einem horizontal und vertikal integrierten Verbund zusammengefügt werden. Dies gilt weniger noch für Formen der geteilten Verwaltung, wie sie für den Europäischen Ausrichtungs- und Garantiefonds für die Landwirtschaft (Abteilung Garantie), die Strukturfonds und in Teilen der Forschungsförderung bestehen. Ungeachtet ihrer komplexen Struktur, bei der die Kommission Mitgliedstaaten Haushaltsvollzugsaufgaben überträgt, ohne freilich aus der obersten Verantwortung für den Haushaltsvollzug entlassen zu werden, lässt sich hier eine einiger-

61 Ausführlich dazu *Pilniok/Westermann*, VerwArch (2012), 379 ff.

62 Dafür dezidiert *Pilniok/Westermann*, VerwArch (2012), 379, 396.

maßen sinnvolle Zuordnung von Kontrollbefugnissen und damit auch von Informationsrechten sicherstellen, die dann allerdings auch über die nationalen Grenzen hinaus in den unionalen Verwaltungsraum reichen. Schon in der Planungsphase erfolgt eine enge Kooperation von nationalen und unionalen Verwaltungsstellen, die zumindest Informationsrechte des Parlaments über geplante Maßnahmen erforderlich macht.[63] Wiewohl in seiner Architektur außerordentlich komplex angelegt, zeigt sich in diesem Bereich sehr deutlich, dass die von der Sache her gebotene und legitime Kooperation von Mitgliedstaaten und EU-Administration nicht in einem Geflecht organisierter Unverantwortlichkeit enden muss, sondern durchaus zu einer durch das Recht strukturierten Kooperation mit klaren Verantwortlichkeiten ausgeformt werden kann.

Schwieriger ist die Situation in den Formen integrierten Verwaltens im europäischen Regulierungsverbund, da oftmals die Regierung ebenfalls keine hinreichenden Informationsmöglichkeiten in Bezug auf das Handeln im Verwaltungsverbund hat. Die Verselbständigung von nationalen Verwaltungseinheiten und ihre Ausrichtung an einem europäisierten Gemeinwohl ist in diesen Zusammenhängen nachgerade Programm. Entsprechend sind die Informationsmöglichkeiten der Regierung reduziert und einer parlamentarischen Kontrolle damit ebenfalls partiell entzogen – zumindest ist diese erschwert.[64] Schon aus Legitimationsgründen wird insoweit verbreitet für eine Verstärkung der parlamentarischen Kontrolle der verselbständigten Verwaltungseinheiten votiert[65] – im Einklang mit der Legitimationskonzeption, wie sie etwa der EuGH im Zusammenhang mit den Datenschutzbeauftragten betont hat.[66] Entsprechende

63 Ausführlich *Schöndorf-Haubold*, Die Strukturfonds der europäischen Gemeinschaft, 2006. Zu den Informationspflichten im Kontext der sachgerechten Wahrnehmung des Budgetrechts bei Maßnahmen nach dem Strukturfonds vgl. SächsVerfGH, Urt. v. 23.04.2008 – Vf. 87-I-06 – NVwZ–RR 2008, 585; das Budgetrecht stärker betonend BVerfG,Urt. v. 12.09.2012 – 2 BvE 6/12, 2 BvR 1390/12, 2 BvR 1421/12, 2 BvR 1438/12, 2 BvR 1439/12, 2 BvR 1440/12 – BVerfGE 132, 195, 241 f.; die Notwendigkeit von Unterrichtungspflichten im Kontext des Art. 23 Abs. 2 GG betont BVerfG, Urt. v. 19.06.2012 – 2 BvE 4/11 – BVerfGE 131, 152, 202 ff.

64 Ausführlich zu den Legitimationsproblemen und den möglichen institutionellen Reformen in diesem Kontext jüngst *Westermann*, Legitimation im europäischen Verwaltungsverbund, Diss. Hamburg 2013.

65 *Westermann*, Legitimation im europäischen Verwaltungsverbund, Diss. Hamburg 2013, 5. Teil mit ausführlichen Nachweisen

66 EuGH,Urt. v. 09.03.2010 – Rs C-518/07, Slg 2010 I-01885 = EuGH, MMR 2010, 352 ff. (Kommission/Bundesrepublik Deutschland); dazu *Bull*, EuZW 2010, 488 ff.;

Ansätze gibt es bei den Agenturen auf der Unionsebene, und dementsprechend spricht viel dafür, den Verwaltungsverbünden Formen einer Verwaltungskontrolle durch die jeweiligen Parlamente an die Seite zu stellen. Diesen würden dann, wie es auch im europäischen Kontext der Fall ist, direkte Berichts- und Informationsrechte entsprechen.[67] Auch insoweit zeigt sich wiederum eine Entwicklung, die die klassischen Formen der parlamentarischen Kontrolle modifiziert und durch direkte Informationsrechte ergänzt oder perspektivisch ergänzen könnte, die eine notwendige Kompensation der Veränderung der Architektur von Staatlichkeit sind.

IV. Grenzen der Antwortpflicht

Darüber hinaus werden der Antwortpflicht durch weitere Gegenrechte Grenzen gesetzt. Sie wird – zum Teil verfassungsrechtlich explizit,[68] zum Teil hergeleitet[69] – durch den Kernbereich exekutiver Eigenverantwortung, Rechte Dritter und Belange des Geheimschutzes, zum Teil auch durch ihr entgegenstehende gesetzliche Regelungen begrenzt.[70]

Epiney, AJP 2010, 659 ff.; *Frenzel*, DÖV 2010, 925 ff.

67 Zur Architektur und zur Abstimmung im Konzert der Parlamente (vgl. oben III. 3. b) bb)) wiederum *Westermann*, Legitimation im europäischen Verwaltungsverbund, Diss. Hamburg 2013, 5. Teil.

68 Vgl. Art. 51 Abs. 2, 54 Abs. 4 SächsVerf; Art. 67 Abs. 3 ThürVerf.

69 BVerfG, Urt. v. 17.07.1984 – 2 BvE 11/83, 2 BvE 15/83 – BVerfGE 67, 100, 139; BVerfG,Urt. v. 14.01.1986 – 2 BvE 14/83, 2 BvE 4/84 – BVerfGE 70, 324, 358; BVerfG, Beschl. v. 30.03.2004 – 2 BvK 1/01 – BVerfGE 110, 199, 214 ff.; BVerfG, Beschl. v. 17.06.2009 – 2 BvE 3/07 – BVerfGE 124, 78, 120 ff.; BVerfG, Beschl. v. 01.07.2009 – 2 BvE 5/06 – BVerfGE 124, 161, 189; HmbVerfG, Urt. v. 21.12.2010 – HVerfG 1/10 – juris Rdn. 88 = NordÖR 2011, 77 ff. = NVwZ RR 2011, 267 ff.

70 Vgl. Art. 51 Abs. 2, 54 Abs. 4 SächsVerf. Aus den Materialien zur Sächsischen Verfassung ergibt sich nicht, warum diese Formulierung gewählt worden ist. Sie ist auf gemeinsamen Vorschlag der Berater H.-P. Schneider und H. v. Mangoldt auf der 7. Klausurtagung aufgenommen und später ebenfalls in Art. 51 Abs. 2 übernommen worden, soweit es um die Gegenrechte geht, vgl. *Schimpff/Rühmann (Hrsg.)*, Die Protokolle des Verfassungs- und Rechtsausschusses zur Entstehung der Verfassung des Freistaates Sachsen, Bd. I, 1997, S. 493, 500.

1. Die Abwägung von parlamentarischen Kontrollrechten und entgegenstehenden Rechten

Das Gewicht der unterschiedlichen Rechtsgüter wird etwa durch Art und Bedeutung des mit der parlamentarischen Anfrage verfolgten Ziels, des Gegenstandes, der Schutzwürdigkeit und Schutzbedürftigkeit der entsprechenden Informationen und der Nähe zum gubernativen Entscheidungsprozess bestimmt.[71] Diese Gewichtung ist indes schon deshalb nicht einfach, weil die Bewertung des Gewichts der Informationsinteressen an sich nicht Sache der Gerichte ist. Grundsätzlich ist es Aufgabe des Abgeordneten, selbst zu entscheiden, welche Informationen er für die Erfüllung seiner Aufgaben benötigt.[72] Dies folgt letztlich aus seinem Status als Abgeordneter. Damit ist es nicht verträglich, auf die Bedeutung des Ziels abzustellen. Ebenso wenig dürfte es angezeigt sein, einen Einschätzungsspielraum der Staatsregierung in der Beantwortung der Frage zu etablieren, der substantiell ist und über die Fragen der Formulierung hinausgeht.[73] Noch weniger scheint eine Bewertung der Antwort nach Maßgabe ihrer Zielrichtung angezeigt. Weder die Regierung noch das Verfassungsgericht sind legitimiert, Ziel und Art der Kontrolle zu bewerten, auch nicht im Hinblick auf den Zeitablauf.[74]

Ungeachtet dessen wären an sich sehr differenzierende Ergebnisse der allfälligen Abwägungsprozesse zu erwarten. In der Sache allerdings wird man – zumal in der neueren Rechtsprechung – faktisch eher von einem Regel-Ausnahme-Verhältnis sprechen können.[75]Angesichts der grundlegenden Bedeutung

71 VG Stuttgart, Beschl. v. 12.10.2010 – 12 K 3829 – juris Rdn. 6.

72 ThürVerfGH, Urt. v. 12.11.2008 – 35/07 – DVBl 2009, 245, 246, VerfG MV, Urt. v. 19.12.2002 – LVerfG 5/02 – NJW 2003, 815, 817 (ablehnend für die Bewertung durch die Regierung).

73 In dieser Richtung BayVerfGH, Entsch. v. 17.07.2001 – IVa 56/00 – VerfGHE BY 54, 62, 75.

74 Dezidiert anders BayVerfGH, Entsch. v. 17.07.2001 – Vf. 56-IVa-00 – VerfGHE BY 54, 62, 75 f.; vgl. aber BVerfG, Beschl. v. 01.07.2009 – 2 BvE 5/06 – BVerfGE 124, 161, 197, wo auch länger zurückliegende Fragegegenstände nicht etwa als außerhalb des Fragerechts des Abgeordneten liegend angesehen wurden. In der Sache zurückhaltender formuliert jetzt auch BayVerfGH, Entsch. v. 26.07.2006 – Vf. 11-IVa-05 – VerfGHE BY 59, 144, 185.

75 Der Sache nach legen einige der Verfassungsgerichte in der konkreten Abwägung ein solches Regel-Ausnahme-Verhältnis zugrunde, vgl. etwa BayVerfGH, Entsch. v. 26.07.2006 – Vf. 11-IVa-05 – VerfGHE BY 59, 144, 182 ff.; BbgVerfG, Beschl.

der parlamentarischen Kontrolle erscheint jede Abweichung als die Einräumung eines begrenzten kontrollfreien Raumes. Dieser aber ist in der repräsentativen Demokratie zunächst einmal begründungsbedürftig.[76] Der Ausnahme tragen dann die Vorbehalte Rechnung, die damit nur dann einschlägig sind, wenn sie das Gewicht der parlamentarischen Kontrolle überwiegen, nicht schon dann, wenn sie betroffen sind oder Grundrechte einschlägig sind.

2. Das informationelle Selbstbestimmungsrecht

Es dürfte zu den gesicherten Erkenntnissen der langjährigen Debatte um das informationelle Selbstbestimmungsrecht gehören, dass es keinen einfachen Zusammenhang zwischen dem Demokratieprinzip, der Öffentlichkeit und Transparenz einerseits und dem Grundrecht auf informationelle Selbstbestimmung anderseits gibt. Vielmehr ist die Berufung von Stellen der öffentlichen Verwaltung auf das informationelle Selbstbestimmungsrecht Dritter ein immer wieder erprobtes Mittel, um eine gewisse Intransparenz zu erzeugen. Dies mag nichts an der Berechtigung ändern, das informationelle Selbstbestimmungsrecht zu einem Gegenrecht der parlamentarischen Auskunftsrechte zu machen, wie es verbreitet in den Verfassungen geschieht oder doch zumindest in der Rechtsprechung als solches anerkannt ist. Jedenfalls gehört es in der forensischen Praxis der Auskunftsrechte und -pflichten zu den wohl am häufigsten geltend gemachten Gegenrechten, wobei es, wenn es nicht schon an der mangelhaften Erfüllung der Begründungspflicht scheitert, auf der Verfassungsebene zu einer Abwägung mit dem verfassungsrechtlich ausdrücklichen oder doch aus den Rechten der Abgeordneten abgeleiteten Auskunftsrecht kommt.

a) Gesetzesvorbehalt

Indes wirft dies als Vorfrage auf, ob und in welchem Umfang denn überhaupt Informationen Dritter, die unter das informationelle Selbstbestimmungsrecht fallen, aufgrund einer Anfrage weitergegeben werden dürfen. Zunächst einmal gilt

v. 16.11.2000 – 31/00 – juris Rdn. 53: In Zweifelsfällen hat das höhere Gewicht des parlamentarischen Fragerechts Vorrang. Umgekehrt befürwortet *Burkholz*, VerwArch 1993, 203, 224 f., 229 noch den Vorrang der Grundrechte, in der Tendenz eher auch *Kestler*, ZParl 2001, 258 ff.

76 Systematisch entfaltet von VerfG MV, Urt. v. 19.12.2002 – LVerfG 5/02 – NJW 2003, 815, 817; VerfGH NW, Urt. v. 04.10.1993 – VerfGH 15/92 – DÖV 1994, 210, 214.

die im Zusammenhang mit Untersuchungsausschüssen stets getroffene Aussage, wonach die Bestimmungen des Strafprozessrechts, die für Untersuchungsausschüsse sinngemäß anzuwenden sind, grundsätzlich eine ausreichende Grundlage für die Grundrechtseingriffe darstellen, die mit einer Beweiserhebung verbunden sein können.[77] Allerdings ist die Konstruktion vielschichtiger und – zumal vor dem Hintergrund von Skandal-Enqueten – durchaus zweifelhaft.[78] Die Rechtsprechung nimmt unterdessen die grundrechtsbeschränkenden Wirkungen auf und geht davon aus, das informationelle Selbstbestimmungsrecht dürfe nur im überwiegenden Interesse der Allgemeinheit und unter Beachtung des Grundsatzes der Verhältnismäßigkeit eingeschränkt werden und diese Einschränkung dürfte nicht weiter gehen, als es zum Schutz öffentlicher Interessen unerlässlich ist.[79] Daraus wird man jedenfalls schließen können, dass die im Kontext einer Beweiserhebung herangezogenen, dem informationellen Selbstbestimmungsrecht unterliegenden Daten nur auf gesetzlicher Grundlage erhoben werden dürfen.[80] Selbst wenn sie erhoben und verwendet werden dürfen, bedarf es im Einzelfall einer genauen Bestimmung des Gewichts des Eingriffs im Lichte der Zwecke der Maßnahme. Ähnliches ergibt sich wohl aus den Aussagen des Bundesverfassungsgerichts zur Kenntnisnahme von Daten, die aus einer Telefonüberwachung stammen, im Kontext des Art. 44 Abs. 2 S. 2 GG.[81] Das mag man nun lesen als Absicherung der mit der zwangsweisen Erhebung oder Zweckänderung einhergehenden Eingriffswirkungen. Aber ebenso gut könnte es als eine Aussage zu gesetzlichen Grundlagen der Zweckbindung/-änderung angesehen werden, die allerdings erhebliche Konsequenzen für die

77 BVerfG, Beschl. v. 17.06.2009 – 2 BvE 3/07 – BVerfGE 124, 78, 125.

78 *Masing*, Parlamentarische Untersuchungen privater Sachverhalte, 1998, S. 210 ff.

79 BVerfG,Beschl. v. 17.06.2009 – 2 BvE 3/07 – BVerfGE 124, 78, 125; BVerfG, Beschl. v. 01.10.1987 – 2 BvR 1178/86 – BVerfGE 77, 1, 46 f.; BVerfG, Urt. v. 17.07.1984 – 2 BvE 11/83 – BVerfGE 67, 100, 143; BVerfG, Urt. v. 15.12.1983 – 1 BvR 209/83 – BVerfGE 65, 1, 44.

80 Aufgeworfen als Problem auch bei *Kestler*, ZParl 2001, 258, 266, der allerdings auf das allgemeine Persönlichkeitsrecht ausweichen möchte. Das kann indes angesichts der Tatsache, dass z. B. der Name unstrittig ein personenbezogenes Datum darstellen dürfte, kaum überzeugen, wie auch die Zuordnung von Privatsphäre zum informationellen Selbstbestimmungsrecht und die Darstellung zum allgemeinen Persönlichkeitsrecht nicht überzeugen kann; vgl. zu den beiden Sequenzen *Trute*, Verfassungsrechtliche Grundlagen, in: Roßnagel (Hrsg.), Handbuch Datenschutzrecht, 2003, S. 157, 164 ff.

81 BVerfG, Beschl. v. 17.06.2009 – 2 BvE 3/07 – BVerfGE 124, 78,127.

parlamentarischen Anfragen an die Regierung hätte. Denn insoweit fehlte es an einer Regelung, die dem Art. 44 Abs. 2 GG gleich käme und man wäre darauf verwiesen, es entweder den entsprechenden Vorschriften zu den parlamentarischen Anfragen zu entnehmen oder aber die Auskunftspflicht deutlich zu begrenzen.

Allerdings enthalten die Datenschutzgesetze des Bundes und der Länder verbreitet Klauseln, wonach es nicht als eine Zweckänderung gilt, wenn die Verarbeitung oder Nutzung der Daten für die Ausübung von Aufsichts- und Kontrollbefugnissen erfolgt.[82] Diese sind allerdings zunächst einmal bezogen auf die Verwaltungskontrolle innerhalb des Verwaltungsaufbaus.[83] Indes wird allgemein darauf verwiesen, dass das Demokratieprinzip der Begründung kontrollfreier Räume widerspreche.[84] Genau dieses würde aber der Fall sein, wenn der Zusammenhang parlamentarischer Kontrolle subspecie des Demokratieprinzips nicht bis zum Parlament weitergeführt würde. Denn auch dadurch werden kontrollfreie Räume begründet. Zudem zeigt die Aufnahme der Rechnungsprüfung, die auch den Rechnungshof umfassen soll, an, dass es nicht nur um Kontrollen innerhalb eines Weisungszusammenhangs innerhalb der Verwaltung gehen soll und immerhin eine Stelle mit aufgenommen wurde, die für das Parlament prüft. Daher spricht einiges dafür, dass sich unter diese Vorschriften auch die Ausübung verfassungsrechtlicher Kontrollbefugnisse des Parlaments subsumieren lässt, jedenfalls in verfassungskonformer Interpretation zur Erhaltung der parlamentarischen Kontrolle der Regierung. Aber dies würde nicht die Frage beantworten, ob die entsprechenden Regelungen konstitutiv oder deklaratorisch sind. Darüber hinaus wäre dies nur für diejenigen Informationen beantwortet, die dem Datenschutzgesetz unterfallen. Insofern bleibt die Frage offen, ob es denn unabhängig von einer gesetzlichen Grundlage zu einer Auskunft kommen kann, wenn grundrechtlich geschützte Informationen betroffen sind.

Insoweit könnte zum einen davon ausgegangen werden, dass eine verfassungsunmittelbare Verpflichtung besteht. Für die Untersuchungsausschüsse ist zum

---

82 Vgl. § 14 Abs. 3 BDSG; § 14 Abs. 3 SächsDSG; § 13 Abs. 3 HmbDSG, § 10 Abs. 3 DSG-LSA, § 20 Abs. 3 ThürDSG, § 13 Abs. 3 BbgDSG, § 10 Abs. 4 DSG M-V.

83 Vgl. *Giesen/Bannasch/Naumann/Mauersberger/Dehoust*, Kommentar zum Sächsischen Datenschutzgesetz, 2011, § 13 Rdn. 30.

84 *Giesen/Bannasch/Naumann/Mauersberger/Dehoust*, Kommentar zum Sächsischen Datenschutzgesetz, 2011 § 13 Rdn. 31.

Teil davon ausgegangen worden, dass etwa Art. 44 Abs. 1 S. 1 GG bereits ein entsprechendes Erhebungsrecht enthält, mit der Folge, dass es dann im Grunde zu einer verfassungsunmittelbaren Abwägung zwischen einem dem parlamentarischen Kontrollrecht zuzurechnenden Fragerecht und den betroffenen Grundrechten kommt, dies mit der Folge, dass letztlich nur im Einzelfall abgesehen werden kann, ob eine Information preiszugeben ist oder nicht.[85] Dafür spricht auch der Text. Dies lässt sich am Beispiel des Art. 51 Abs. 2 SächsVerf zeigen: Danach kann die Staatsregierung Fragen ablehnen, wenn eines der Gegenrechte entgegensteht. Einer solchen Formulierung bedürfte es nicht, wenn stets bei entgegenstehenden Rechten eine Beantwortung nicht zulässig wäre. Das ist ersichtlich nicht gemeint gewesen. Davon gehen offenbar auch diejenigen Entscheidungen aus, die auf Verfassungsebene angesiedelte Konflikte zwischen dem Auskunftsanspruch und dem jeweils einschlägigen Grundrecht annehmen,[86] ohne das Erfordernis einer gesetzlichen Grundlage zu thematisieren.

b) Juristische Personen als Träger des Grundrechts

Häufig werden es Unternehmen, Vereinigungen und andere juristische Personen sein, die unmittelbar oder mittelbar Gegenstand von Auskunftsbegehren sind.[87] Dabei wird es in der Regel um Betriebs- und Geschäftsgeheimnisse gehen, deren Offenbarung vermieden werden soll. Diese sind an sich von der grundrechtlich geschützten Berufsfreiheit umfasst und in diesem Rahmen auch gegen die unbefugte Offenbarung geschützt.[88] Werden Betriebs- und Geschäftsgeheimnisse durch den Staat offengelegt oder verlangt dieser deren Offenlegung, ist Art. 12 Abs. 1 GG in seinem Schutzbereich berührt. Als Betriebs- und

85 Zu der normativ wenig strukturierten Abwägung und den Konsequenzen für den Grundrechtsschutz vgl. *Masing*, Parlamentarische Untersuchungen privater Sachverhalte, 1998, S. 210 ff.

86 Vgl. etwa VerfG MV, Urt. v. 19.12.2002 – LVerfG 5/02 – NJW 2003, 815 ff., allerdings diese Frage aufwerfend und explizit offenlassend; BayVerfGH, Entsch. v. 26.07.2006 – Vf. 11-IVa-05 – VerfGHE BY 59, 144, 182 ; VG Stuttgart Beschl. v. 12.10.2010 – 12 K 3829 – juris Rdn. 6.

87 Zur Reichweite der staatlichen Verantwortung vgl. oben III. 3. a); zum verwaltungsgerichtlichen Rechtsschutz von Unternehmen gegenüber der Offenlegung von Informationen im Rahmen von Abgeordnetenanfragen vgl. auch VG Stuttgart Beschl. v. 12.10.2010 – 12 K 3829.

88 BVerfG, Beschl. v. 14.03.2006 – 1 BvR 2087, 2111/03 – BVerfGE 115, 205, 229; BVerfG, Urt. v. 24.11.2010 – 1 BvF 2/05 – BVerfGE 128, 1, 56.

Geschäftsgeheimnisse werden dabei alle auf ein Unternehmen bezogene Tatsachen, Umstände und Vorgänge verstanden, die nicht offenkundig, sondern nur einem begrenzten Personenkreis zugänglich sind und an deren Nichtverbreitung der Rechtsträger ein berechtigtes Interesse hat. Hieran knüpfen dann eine Reihe von Abwägungsgesichtspunkten an, die denen des informationellen Selbstbestimmungsrechts vergleichbar sind.

In diese an sich klare Abgrenzung der grundrechtlichen Ansprüche kommt eine gewisse Unübersichtlichkeit dadurch, dass das Bundesverfassungsgericht das informationelle Selbstbestimmungsrecht neuerdings auch juristischen Personen zuerkennen möchte.[89] Anknüpfend an Art. 19 Abs. 3 GG unterscheidet es, durchaus im Einklang mit der Literatur, zunächst danach, ob sie ihrem Wesen nach an Eigenschaften, Äußerungsformen oder Beziehungen anknüpfen, die nur natürlichen Personen wesenseigen sind oder ob es um Aspekte geht, die auch korporativ ausgeübt werden können.[90] Für das allgemeine Persönlichkeitsrecht sei die Lage zumindest ambivalent, da juristische Personen etwa den Schutz des Rechts am gesprochenen Wort beanspruchen können, jedenfalls soweit es hierfür auf einen besonderen personalen Kommunikationsgehalt nicht ankommt.[91] Daran anknüpfend wird das informationelle Selbstbestimmungsrecht für Korporationen auf Gefährdungen oder Verletzungen der grundrechtlich geschützten Freiheit bezogen, d. h. auf informationelle Maßnahmen, die sich einschüchternd auf die Ausübung von Grundrechten auswirken, wobei durchaus zu berücksichtigen sei, dass juristische Personen in der Regel nur im Rahmen ihrer Zweckbestimmung geschützt seien.[92] In dem Fall war allein die wirtschaftliche Tätigkeit relevant und nur insoweit konnte das informationelle Selbstbestimmungsrecht einschlägig sein.

Das geringste der Probleme mag dabei sein, dass die Datenschutzgesetze auf natürliche Personen zugeschnitten sind und juristische Personen explizit von ihrem Geltungsbereich ausnehmen.[93] Das liegt schon an der Konzeption personenbezogener Daten, die ihrem Schutzkonzept zugrunde liegt. Immerhin wird

---

89 BVerfG, Beschl. v. 13.06.2007 – BVerfGE 118, 168, 202 ff. Zurückhaltend demgegenüber SächsVerfGH, Urt. v. 21.02.2013 – Vf. 34-I-12; Urt. v. 21.02.2013 – Vf. 52-I-12 .

90 BVerfG, Beschl. v. 13.06.2007 – 1 BvR 1550/03 – BVerfGE 118, 168, 203.

91 BVerfG, Beschl. v. 09.10.2002 – 1 BvR 1611/96 – BVerfGE 106, 28, 43 f.

92 BVerfG, Beschl. v. 13.06.2007 – 1 BvR 1550/03 – BVerfGE 118, 168, 203 f.

93 Vgl. etwa § 3 Abs. 1 BDSG; § 3 Abs. 1 SächsDSG.

man darin ein Indiz für das bisherige Verständnis sehen können, auch wenn die Datenschutzgesetze nicht abschließend den Bereich des informationellen Selbstbestimmungsrechts umfassen.

Darüber hinaus wird der Schutz der wirtschaftlichen Tätigkeit vorerst über die Berufsfreiheitsgarantie geleistet. Soweit es am Markt tätige Unternehmen betrifft, sind diese zunächst einmal strategische Akteure am Markt.[94] Wenn für diese in rechtlich relevanter Weise Einschüchterungseffekte eine Rolle spielen, verursachen diese eine Einschränkung ihres strategischen Verhaltensspielraums am Markt und vermögen daher (möglicherweise) einen rechtfertigungsbedürftigen Eingriff darstellen. Auf diese Weise kann an einen die Grundrechtsdogmatik strukturierenden Sachbereich angeknüpft werden; eines Rückgriffs auf ein ohnehin in vielerlei Hinsicht unterdeterminiertes und in seiner exakten Konzeption und Reichweite immer wieder umstrittenes Grundrecht auf informationelle Selbstbestimmung bedarf es nicht. Für andere juristische Personen kommen andere Grundrechte in Betracht, die Vereinigungsfreiheit, Religionsfreiheit, Wissenschaftsfreiheit, um nur einige zu nennen. Mit ihrem jeweiligen Normbereich liegt ein die Reichweite strukturierender Kontext vor, der die allfälligen Abwägungsprozesse eher mit einem gewissen Halt versehen kann, als das informationelle Selbstbestimmungsrecht. Nicht jede wirkliche oder vermeintliche Schutzlücke verlangt zudem schon nach grundrechtlichem Schutz. Der Rekurs auf das informationelle Selbstbestimmungsrecht müsste die Konturen der Grundrechte als strukturierte Gewährleistungen bestimmter und damit auch begrenzter Normbereiche weiter abschleifen als nötig. Mit der weiteren Aussage, der Schutz der Betriebs- und Geschäftsgeheimnisse reiche nicht weiter als der des informationellen Selbstbestimmungsrechts,[95] wird allerdings der Versuch einer Strukturierung beider Grundrechte zugunsten des informationellen Selbstbestimmungsrechts aufgegeben.

Aber nicht nur insoweit ergeben sich Bedenken. Das informationelle Selbstbestimmungsrecht ist im personalen Kontext entstanden und sollte auf diesen bezogen bleiben, um nicht seinerseits noch weiter an Konturen zu verlieren. Denn seine Ratio ist der Schutz der kommunikativen Selbstbestimmung, der Erhalt der Selbstdarstellung und Selbstbestimmung, angesichts der Ge-

94 Allgemein dazu *Broemel*, Strategisches Verhalten in der Regulierung, 2010.

95 BVerfG, Beschl. v. 13.06.2007 – 1 BvR 1550/03 – BVerfGE 118, 168, 204; BVerfG, Urt. v. 24.11.2010 – 1 BvF 2/05 – BVerfGE 128, 1, 57.

fährdung dieser durch die umfassende Erhebung und Verarbeitung von Daten. In Anbetracht der Vielzahl von Umwelten, in denen der Einzelne sich bewegt und bewegen muss und in denen er sich mehr oder weniger konsistent darstellen muss, ist es Aufgabe des informationellen Selbstbestimmungsrechts, genau diese Fähigkeit gegenüber informationellen Gefährdungen zu schützen.[96] Der Bezugspunkt des informationellen Selbstbestimmungsrechts liegt also in der Persönlichkeitsbildung und -darstellung und findet daher keine Entsprechung bei juristischen Personen.[97]

3. Der Kernbereich der Exekutive

Eine häufig geltend gemachte Grenze der Antwortpflicht stellt die Berufung auf den Kernbereich der exekutiven Eigenverantwortung dar, der seit dem Flick-Untersuchungsausschuss der verfassungsrechtlichen Erhellung bedarf. In dieser Entscheidung war er noch als Ausnahmefall angesehen worden; mittlerweile hat er sich, gemessen an der Zahl der darauf bezogenen Antwortverweigerungen, zu einem veritablen Gegenrecht entwickelt. Diese Figur soll ihrer ursprünglichen Intention nach, auch dort, wo eine Antwortpflicht verfassungsrechtlich ausdrücklich vorgesehen ist, einen Initiativ- und Beratungsbereich der Regierung gegenüber dem Parlament absichern. Er soll die Regierung vor dem Mitregieren des Parlaments schützen und damit funktional die Gewaltenteilung absichern.[98] Geschützt werden soll sowohl die Willensbildung im Kabinett als auch diejenige bei der Vorbereitung von Ressort- und Kabinettsentscheidungen, die sich vornehmlich in ressortübergreifenden und internen Abstimmungsprozessen vollziehen.[99] Limitiert ist sie grundsätzlich in zeitlicher Hinsicht insofern, als

---

96 Dazu *Trute*, Verfassungsrechtliche Grundlagen, in: Roßnagel (Hrsg.), Handbuch des Datenschutzrechts, 2003, S. 167.

97 Dezidiert in diesem Sinne *Masing*, Parlamentarische Untersuchungen privater Sachverhalte, 1998, S. 135 ff.

98 BVerfG, Urt. v. 19.06.2012 – 2 BvE 4/11 – BVerfGE 131, 152, 206; BVerfG, Urt. v. 30.03.2004 – 2 BvK 1/01 – BVerfGE 110, 199, 214; BVerfG, Urt. v. 17.07.1984 – 2 BvE 11/83 – BVerfGE 67, 100, 139; ThürVerfGH, Urt. v. 12.11.2008 – 35/07 – DVBl 2009, 245, 247; SächsVerfGH, Urt. v. 23.04.2008 – Vf. 87-I-06 – juris Rdn. 115; BbgVerfG, Beschl. v. 16.11.2000 – LVG 31/100 – juris Rdn. 52; VerfG Hamburg, Urt. v. 20.5.2003 – LVG 9/02 – juris Rdn. 75.

99 BVerfG,Urt. v. 30.03.2004 – 2 BvK 1/01 – BVerfGE 110, 199, 214; BVerfG, Urt. v. 17.07.1984 – 2 BvE 11/83 – BVerfGE 67, 100, 139; ThürVerfGH, Urt. v. 12.11.2008 – 35/07 – DVBl 2009, 245, 247 f.; zu dem Kernbereich gehört für den ThürVerfGH auch

sich die Kontrollkompetenz des Parlaments grundsätzlich nur auf abgeschlossene Vorgänge erstrecken kann, also vor allem die Intervention in laufende Verhandlungen und Entscheidungsprozesse verhindern soll.[100] Auch wenn es selbst an dieser Formulierung Zweifel geben mag, so ist sie in ständiger Rechtsprechung und in den Verfassungen der neuen Länder teilweise auch verfassungstextlich letztlich – wenn auch nicht unbedingt im Detail – vorgegeben. Indes hat das Bundesverfassungsgericht auch die nachträgliche Kundgabe aufgrund möglicher Vorwirkungen begrenzt, weil auch diese dazu führen könnten, dass die selbständige Funktion der Regierung im Rahmen der Gewaltenteilung begrenzt wird.[101] Nun mag es in der Tat zum einen aufgrund der verfassungsrechtlichen Lage des zu beurteilenden Falles naheliegen, selbst in abgeschlossenen Fällen im Einzelfall legitime Geheimhaltungsgründe anzuerkennen.[102] Für die aber muss umso mehr gelten, was schon im Urteil zum Untersuchungsausschuss gelten sollte: Angesichts der Bedeutung des parlamentarischen Kontrollrechts und der Verfahrensmöglichkeiten dürften sich nur unter besonderen Umständen Gründe finden lassen, der parlamentarischen Kontrolle Vorgänge zu entziehen.[103] Indes droht dieser Ausnahmecharakter durch Veralltäglichung der Berufung auf das Vorliegen von Geheimhaltungsinteressen auch in marginalen Fällen in der Rechtsprechung des Bundesverfassungsgerichts in einem allgemeinen Abwägungsmechanismus unterzugehen. Dafür ist die Entscheidung zu Art. 23 Abs. 3 LV Schl.-Holst. ein prägnantes Beispiel. Ungeachtet der auch vom Gericht konstatierten internationalen und nationalen Entwicklung des allgemeinen Transparenzgedankens wird ausdrücklich ein Übergewicht des parlamenta-

---

die Frage, ob eine Regierung sich in einer Frage festlegen will oder nicht; ThürVerfGH, Urt. v. 04.04.2003 – VerfGH 8/02 – ThürVBl 2003, 178, 183; das mag als genuin politische Frage zweifelhaft sein, sich nicht festlegen zu wollen, zumal die Regierung sicherlich auch antworten könnte, ohne damit gegen die Antwortpflicht zu verstoßen.

100 BVerfG, Urt. v. 30.03.2004 – 2 BvK 1/01 – BVerfGE 110, 199, 215; BVerfG, Urt. v. 17.07.1984 – 2 BvE 11/83 – BVerfGE 67, 100, 139; HessStGH, Urt. v. 24.11.1966 – P. St. 414 – DÖV 1967, 51, 55 f.; BremStGH, Entsch. v. 01.03.1989, – St 1/88 – NVwZ 1989, 953, 956.

101 BVerfG, Urt. v. 30.03.2004 – 2 BvK 1/01 – BVerfGE 110, 199, 215 unter Berufung auf BVerfG, Urt. v. 17.07.1984 – 2 BvE 11/83 – BVerfGE 67, 100, 139.

102 Zu Art. 23 Abs. 3 S. 1 LV Schl.-Holst vgl. BVerfG, Urt. v. 30.03.2004 – 2 BvK 1/01 – BVerfGE 110, 199, 216 ff.; verallgemeinert dann in BVerfG, Urt. v. 17.06.2009 – 2 BvE 3/07 – BVerfGE 124, 78, 121 f.

103 BVerfG, Urt. v. 17.07.1984 – 2 BvE 11/83 – BVerfGE 67, 100, 139.

rischen Informationsinteresses auch bei abgeschlossenen Vorgängen verneint.[104] Der Fall selbst vermittelt freilich hinreichend gute Gründe, warum diese Vorwirkungen – wenn man sie denn überhaupt anerkennen will – nur höchst ausnahmsweise zum Tragen kommen können. Schon die teilweise vorgetragenen Argumente, ihre Offenlegung lasse Rückschlüsse auf die Durchsetzungsfähigkeit einzelner Minister zu, ist nicht ernsthaft als Grund für ein Verweigerungsrecht zu erwägen. Auch die mögliche Rekonstruktion eines Entscheidungsprozesses kann darunter nicht fallen. Es ist ja geradezu Sinn der parlamentarischen Kontrolle, mit ihrer Hilfe auch Vorwirkungen für künftige Entscheidungen zu erzeugen. Dagegen schützt der Gewaltenteilungsgrundsatz gerade nicht, einmal abgesehen davon, dass in Zeiten von Social Media eine Reihe der strittigen Aspekte von den Beteiligten nur allzu bereitwillig dem Publikum schon während des Geschehens offenbart werden dürfte.

V. Prozedurale Anforderungen

Die Berufung auf Ausnahmen ist begründungsbedürftig, wie es die verfassungsrechtliche Rechtsprechung stets sowohl bei Untersuchungsausschüssen wie auch parlamentarischen Anfragen vorsieht,[105] bei den Untersuchungsausschüssen aber auch die einfach-gesetzliche Ausgestaltung.[106] Dies folgt, wo es nicht explizit festgelegt ist, schon aus dem Gebot wechselseitiger Rücksichtnahme zwischen Verfassungsorganen.[107] Sie muss in der Weise ausgeübt worden sein, dass nachvollziehbar dargelegt wird, aus welchen Gründen die Regierung davon ausgeht, bestimmte Informationsverlangen des Parlaments, der Fraktionen oder der Abgeordneten nicht erfüllen zu müssen. Dies dient dem Ziel festzustellen, ob das Parlament die Ablehnung akzeptiert oder nicht; es

104 BVerfG, Urt. v. 30.03.2004 – 2 BvK 1/01 – BVerfGE 110, 199, 220 f.

105 ThürVerfGH, Urt. v. 12.11.2008 – 35/07 – DVBl 2009, 245, 247; BayVerfGH, Entsch. v. 17.07.2001 – Vf. 56-IVa-00 – VerfGHE BY 54, 62, 74.

106 Vgl. BVerfG, Urt. v. 17.06.2009 – 2 BvE 3/07 – BVerfGE 124, 78, 128; BVerfG, Beschl. v. 01.07.2009 – 2 BvE 5/06 – BVerfGE 124, 161, 188.

107 BVerfG, Beschl. v. 01.07.2009 – 2 BvE 5/06 – BVerfGE 124, 161, 193.

dient ebenso der Suche nach Möglichkeiten, ungeachtet der Geheimhaltungsbedürftigkeit trotzdem eine Information zu ermöglichen.[108]

Gemessen an der Zahl der Verfahren entwickelt sich die Begründungspflicht mehr und mehr zu dem eigentlichen Feld der Auseinandersetzungen.[109] Sie ermöglicht der Regierung ohne tiefgreifende Festlegungen die Ablehnung und erlaubt es den Gerichten, ohne grundlegende Auseinandersetzungen mit den eigentlichen Gründen der Ablehnung, eine Verletzung der Begründungspflichten und damit der Informationspflichten festzustellen. Dabei wird man freilich, auch angesichts der Vielzahl der Anfragen, die Anforderungen insgesamt nicht überspannen dürfen.

Darüber hinaus sind, nach der insoweit einhelligen Rechtsprechung, bei der Geltendmachung von Gegenrechten prozedurale Anforderungen und Kooperationspflichten zu beachten, die die Spannung von entgegenstehenden Rechten auf Vertraulichkeit, informationelle Selbstbestimmung und Geheimnisschutz einerseits, und die legitimen Fragerechte des Parlaments andererseits abspannen sollen. Dazu gehören Verfahren, die die Öffentlichkeit auf Seiten des Parlaments begrenzen und ggf. Mitteilungen nur unter Anwendung der Geheimschutzordnung ermöglichen. Diese Rechtsprechung findet seit der Entscheidung

108 Im Einzelnen variieren die Anforderungen an die Begründungspflicht. Der Sächsische Verfassungsgerichtshof geht in ständiger Rechtsprechung davon aus, dass dem Antragsteller innerhalb der von der Geschäftsordnung vorgesehenen Antwortfrist die wesentlichen Gründe dargelegt werden müssen, um sogleich die Frage nach dem weiteren Vorgehen einschätzen zu können. Auch eine Nachschiebung von Gründen im verfassungsgerichtlichen Verfahren sei nicht möglich; vgl. Sächs VerfGH, Urt. v. 05.11.2010 – Vf. 35-I-10; Beschl. vom 29.09.2011 – Vf. 44-I-11; Urt. v. 21.02.2013 – Vf. 34-I-12; Urt. v. 21.02.2013 – Vf. 52 -I-12. Demgegenüber gehen andere Gerichte davon aus, es bedürfe einer Nachfrage des Abgeordneten; vgl. etwa BayVerfGH, Entsch. v. 26.07.2006 – Vf. 11-IVa-05 – VerfGHE BY 59, 144, 194; übereinstimmend wohl VerfGMV, Urt. v. 19.12.2002 – LVerfG 5/02 – NJW 2003, 815, 817 ff.; demgegenüber geht das Bundesverfassungsgericht offenbar davon aus, dass auch die im gerichtlichen Verfahren noch geltend gemachten Gründe gewürdigt werden können und dies ggf. die Einschränkung nachträglich rechtfertigen könne; vgl. BVerfG, Beschl. v. 01.07.2009 – 2 BvE 5/06 – BVerfGE 124, 161, 198 bezüglich der Geltendmachung eines Missbrauchs.

109 Der ThürVerfGH trennt zwischen der formell ausreichenden Begründung und der materiell verfassungsrechtlichen Tragfähigkeit der Gründe, vgl. ThürVerfGH, Urteil v. 12.12.2008 – 35/07 – DVBl 2009, 245, 247.

zum Flick-Untersuchungsausschuss[110] auch auf die Fragerechte der Abgeordneten und Fraktionen Anwendung. Dazu ist bei dem Rekurs auf informationelle Selbstbestimmungsrechte Dritter mit der Möglichkeit der Anonymisierung von Namen zu rechnen, soweit die Nennung nicht notwendig zur Erfüllung der Frage erforderlich ist, oder – wo dies der Fall ist – die Namen nur vertraulich mitgeteilt werden, wobei für die schriftliche Antwort aber eine Anonymisierung erfolgt. Soweit ersichtlich, sind prozedurale Anforderungen in der Sache eher selten praktisch geworden,[111] weil die Regierungen in entsprechenden Fällen stets die Auskunftserteilung abgelehnt haben, ohne sich der Mühe einer differenzierteren Begründung zu unterziehen. Allerdings erhöhen diese Voraussetzungen die Anforderungen an eine Ablehnung und stützen die These, dass selbst dort, wo nicht explizit von einem Regel-Ausnahme-Verhältnis ausgegangen wird,[112] es in der Tendenz auf ein solches zuläuft.

110 BVerfG, Urt. v. 17.07.1984 – 2 BvE 11/83 – BVerfGE 67, 100, 134 ff.; SächsVerfGH, Urt. v. 16.04.1998 – Vf. 14-I-97; Urt. v. 29.01.2004 – Vf. 62-I-02; Urt. v. 19.07.2012 – Vf. 102-I-11.

111 Anschauungsmaterial für den Bundestag enthält *Kestler*, ZParl 2001, 258, 268 ff. mit hier freilich nicht immer geteilten Abwägungsergebnissen.

112 Vgl. dazu oben bei Fn. 75.

Die Verfassungsgerichte der neuen Länder

*Sebastian von Ammon**

I. Entstehung

1. Nach der Wiederherstellung der Einheit Deutschlands und der wiedererlangten Staatlichkeit gaben sich die Länder Brandenburg, Mecklenburg-Vorpommern, Sachsen, Sachsen-Anhalt und Thüringen Verfassungen, die den in Art. 28 Abs. 1 Satz 1 GG genannten Grundsätzen des republikanischen, demokratischen und sozialen Rechtsstaats entsprechen. In Ausgestaltung ihres Staatsorganisationsrechts bestimmten die Verfassungsgeber, Landesverfassungsgerichte zu errichten. Mit dieser Festlegung entschieden sie sich gegen die in Art. 99 GG vorgesehene Möglichkeit, die Zuständigkeit zur Klärung landesinterner Verfassungsstreitigkeiten dem Bundesverfassungsgericht zu übertragen. Gleichzeitig wiesen sie den noch zu gründenden Gerichten umfassende Aufgaben zu. Deren Kompetenz als „Hüter der Landesverfassung" wurde nicht auf die Entscheidung staatsrechtlicher Fragen, wie die Lösung von Konflikten zwischen Verfassungsorganen, beschränkt. Vielmehr wurde den Verfassungsgerichten aller neuen Länder eine spezifisch individualrechtsschützende Funktion übertragen, indem das Recht des Bürgers zur Erhebung einer Landesverfassungsbeschwerde in den Verfassungen verankert wurde[1].

2. Die Grundsatzentscheidung für eine eigenständige Landesverfassungsgerichtsbarkeit setzten die Gesetzgeber durch den Erlass entsprechender Organisations- und Verfahrensgesetze um. Zwischen März 1993 und November 1994 traten in den neuen Ländern die Verfassungsgerichtsgesetze in Kraft, die sowohl

---

* Der Verfasser ist Referent beim Thüringer Verfassungsgerichtshof.

1 Art. 6 Abs. 2 Satz 1 i. V. m. Art. 113 Nr. 4 BbgLV; Art. 53 Nr. 6 und 7 Verf M-V; Art. 81 Abs. 1 Nr. 4 SächsVerf; Art. 75 Nr. 6 Verf LSA; Art. 80 Abs. 1 Nr. 1 ThürVerf; siehe hierzu auch unten III 3.

die verfassungsrechtlichen Vorgaben zur Zusammensetzung und den Zuständigkeiten der Gerichte konkretisierten als auch das Verfahrensrecht regelten[2]. Mit den darauf folgenden Wahlen der ersten Mitglieder war die Phase der Konstituierung abgeschlossen; das Verfassungsgericht des Landes Brandenburg in Potsdam, das Landesverfassungsgericht Mecklenburg-Vorpommern in Greifswald, der Verfassungsgerichtshof des Freistaates Sachsen in Leipzig, das Landesverfassungsgericht Sachsen-Anhalt in Dessau-Roßlau und der Thüringer Verfassungsgerichtshof mit Sitz in Weimar konnten ihre Tätigkeit aufnehmen.

II. Gerichtsverfassung

1. Die Landesverfassungsgerichte besitzen wie das Bundesverfassungsgericht den Status eines *Verfassungsorgans*. Diese Stellung wird ihnen in den Verfassungen zum Teil ausdrücklich oder durch die Nennung in einem eigenen Abschnitt zuerkannt[3], im Übrigen ergibt sie sich aus der Befugnis, über Verfassungsorganstreitigkeiten und die Gültigkeit von Gesetzen verbindlich zu entscheiden[4].

2. Die Gerichte weisen in ihrer *Zusammensetzung* eine ähnliche Struktur auf. Ihnen gehören einschließlich der Präsidenten jeweils eine ungerade Zahl von Mitgliedern an (sieben in Mecklenburg-Vorpommern und Sachsen-Anhalt, neun in Brandenburg, Sachsen und Thüringen), die nach Gruppen unterschieden werden. Die Verfassungsgerichtsgesetze Brandenburgs, Mecklenburg-Vorpommerns und Thüringens differenzieren hierbei zwischen Mitgliedern aus dem Kreis der Berufsrichter, solchen mit der Befähigung zum Richteramt und Mitgliedern, die diese Voraussetzung nicht erfüllen müssen. Das Verfassungsgericht des Landes Brandenburg und der Thüringer Verfassungsgerichtshof

2 Sächsisches Verfassungsgerichtshofsgesetz vom 18.2.1993 (GVBl. S. 177, 495); Verfassungsgerichtsgesetz Brandenburg vom 8.7.1993 (GVBl. I, S. 322); Landesverfassungsgerichtsgesetz Sachsen-Anhalt vom 23.8.1993 (GVBl. S. 441); Thüringer Verfassungsgerichtshofsgesetz vom 28.6.1994 (GVBl. S. 781); Landesverfassungsgerichtsgesetz Mecklenburg-Vorpommern vom 19.7.1994 (GVBl. S. 734).

3 Art. 112 Abs. 1 BbgLV; Art. 52 Abs. 1 Verf M-V; Art. 79 Abs. 1 ThürVerf; Art. 74 ff. Verf LSA [Dritter Abschnitt: Landesverfassungsgericht].

4 Vgl. Art. 81 Abs. 1 Nr. 1, 2 und 3 SächsVerf und *Starck*, Landesverfassungsgerichtsbarkeit, Teilband 1, 1983, S. 155 ff.

setzen sich aus diesen drei Gruppen zu gleichen Teilen zusammen. Am Landesverfassungsgericht Mecklenburg-Vorpommern müssen insgesamt vier Mitglieder die Befähigung zum Richteramt haben[5].

Die Verfassungsgerichtsgesetze Sachsens und Sachsen-Anhalts kennen nur Berufsrichter und andere Mitglieder. Am Sächsischen Verfassungsgerichtshof stellen die Berufsrichter mit fünf von neun Mitgliedern die Mehrheit, während in Sachsen-Anhalt drei der (sieben) Mitglieder aus der Gruppe der Präsidenten der Gerichte des Landes und der Vorsitzenden Richter an den obersten Landesgerichten zu bestimmen sind. Zu den weiteren Mitgliedern dieses Gerichts gehört mindestens ein auf Lebenszeit ernannter Universitätsprofessor des Rechts[6].

Hinsichtlich des Amtes des Präsidenten und des Vizepräsidenten bestehen in den Verfassungsgerichtsgesetzen jeweils Sonderregelungen. In Brandenburg setzen diese Ämter ein berufsrichterliches Hauptamt oder die Befähigung zum Richteramt bzw. den Abschluss als Diplomjurist voraus. In Mecklenburg-Vorpommern ist der Präsident aus dem Kreis der Präsidenten der Gerichte und der Vorsitzenden Richter der oberen Landesgerichte, der Vizepräsident aus dem Kreis der Berufsrichter zu wählen. Nach einer ähnlichen Regelung im Verfassungsgerichtsgesetz Sachsen-Anhalts sind beide Ämter den Präsidenten der Gerichte und den Vorsitzenden Richtern an den obersten Landesgerichten vorbehalten. Am Sächsischen Verfassungsgerichtshof müssen der Präsident und der Vizepräsident Berufsrichter sein, während das Thüringer Verfassungsgerichtshofsgesetz, das die Stellung eines Vizepräsidenten nicht kennt, eine entsprechende Bestimmung nur für das Amt des Präsidenten vorsieht[7].

3. Die Tätigkeit an den Landesverfassungsgerichten ist ein *Wahlamt*. Die Richter werden von den Landtagen mit einer qualifizierten Mehrheit von zwei Dritteln der Abgeordneten gewählt[8]. Die Voraussetzungen der Wählbarkeit sind

---

5 § 2 Abs. 1 Sätze 1 u. 2 VerfGGBbg (unter Gleichstellung von *Diplomjuristen* und Mitgliedern mit der Befähigung zum Richteramt); § 2 Abs. 2 VerfGG M-V; § 2 Abs. 1 ThürVerfGHG.

6 § 2 Abs. 1 Satz 1 SächsVerfGHG; § 3 Abs. 1 Satz 1, § 4 Abs. 1 Satz 1 VerfGG LSA.

7 § 2 Abs. 1 Satz 3 VerfGGBbg; § 2 Abs. 3 VerfGG M-V; § 2 Abs. 1 Satz 2 SächsVerfGHG; §§ 4, 5 Abs. 1 VerfGG LSA; § 1 Abs. 1 Satz 2, § 7 Satz 2 ThürVerfGHG.

8 § 4 Satz 4 VerfGGBbg; § 4 Abs. 1 VerfGG M-V; § 3 Abs. 3 Satz 1 SächsVerfGHG; § 3 Abs. 1 Satz 3 VerfGG LSA; § 3 Abs. 1 Satz 2 ThürVerfGHG.

weitgehend übereinstimmend geregelt. Mitglied eines Verfassungsgerichts kann nur werden, wer das passive Wahlrecht zum jeweiligen Landtag oder zum Bundestag besitzt[9]. Die vorgeschlagenen Mitglieder müssen in der Regel mindestens 35 Jahre alt sein[10]. Des Weiteren sind die Inkompatibilitäten zu beachten, die im Hinblick auf das Amt bestehen. Die Verfassungsrichter dürfen keinem anderen Verfassungsorgan des Bundes oder eines Landes angehören[11]. Beamte und sonstige Angehörige des öffentlichen Dienstes des Landes können nicht Mitglied eines Verfassungsgerichts sein, eine Ausnahme gilt nur für Richter und Hochschullehrer[12]. Schließlich hat die Mehrzahl der Verfassungsgerichtsgesetze ausdrücklich bestimmt, dass eine frühere Tätigkeit für das Ministerium für Staatssicherheit/Amt für nationale Sicherheit der DDR oder Verstöße gegen die Grundsätze der Menschlichkeit und Rechtsstaatlichkeit die Wählbarkeit ausschließen[13].

4. Die Richter der Verfassungsgerichte sind *ehrenamtlich* tätig; soweit sie als berufsrichterliche Mitglieder ein richterliches Hauptamt innehaben, üben sie ihre Tätigkeit am Verfassungsgericht als Nebenamt aus[14]. Ihre Amtsdauer differiert in den einzelnen Ländern erheblich. In Thüringen scheiden die Mit-

9 § 3 Abs. 1 VerfGGBbg, § 2 Abs. 3 Satz 1 SächsVerfGHG (Wählbarkeit zum Bundestag); § 3 Abs. 1 Satz 1 VerfGG M-V, § 5 Abs. 1 Satz 2 VerfGG LSA, § 4 Abs. 1 ThürVerfGHG (Wählbarkeit zum Landtag).

10 § 3 Abs. 1 VerfGGBbg, § 3 Abs. 1 Satz 1 VerfGG M-V, § 2 Abs. 3 Satz 1 SächsVerfGHG, § 4 Abs. 1 ThürVerfGHG; § 5 Abs. 1 Satz 2 VerfGG LSA bestimmt ein Mindestalter von 40 Jahren.

11 Vgl. § 3 Abs. 2 VerfGGBbg u. § 4 Abs. 2 Satz 1 ThürVerfGHG; § 3 Abs. 2 VerfGG M-V, § 2 Abs. 3 Satz 2 SächsVerfGHG u. § 5 Abs. 2 VerfGG LSA erweitern die Unvereinbarkeitsregelungen auf die Zugehörigkeit zu einem Organ der Europäischen Union.

12 Vgl. § 3 Abs. 3 VerfGG M-V; § 5 Abs. 3 VerfGG LSA; § 4 Abs. 2 Satz 2 ThürVerfGHG; das SächsVerfGHG enthält keine entsprechende Bestimmung, § 3 Abs. 3 Satz 2 VerfGGBbg verschärft dagegen die Inkompatibilitätsregelung, indem sie nicht auf Angehörige des öffentlichen Dienstes des *Landes* beschränkt wird.

13 Vgl. § 3 Abs. 4 VerfGG M-V; § 2 Abs. 4 SächsVerfGHG; § 6 Abs. 1 VerfGG LSA (Sollvorschrift); ähnlich § 6 Abs. 3 Nr. 3 ThürVerfGHG (Abberufung aus dem Amt bei festgestellter Zusammenarbeit mit den Staatssicherheitsdiensten der DDR).

14 So ausdrücklich § 5 Abs. 2 SächsVerfGHG; ohne Differenzierung zwischen Neben- und Ehrenamt. § 8 Abs. 2 VerfGG M-V, § 8 Abs. 1 VerfGG LSA und § 9 Abs. 1 Satz 1 ThürVerfGHG; den ehrenamtlichen Charakter der Tätigkeit eines Richters am Verfassungsgericht Brandenburg belegt die Entschädigungsregelung in § 9 VerfGGBbg.

glieder des Verfassungsgerichts bereits nach fünf Jahren aus ihrem Amt aus, während sie in Mecklenburg-Vorpommern auf die Dauer von zwölf Jahren gewählt werden. In Sachsen-Anhalt beträgt die Amtszeit sieben und in Sachsen neun Jahre, Brandenburg hat sich für eine Amtsdauer von zehn Jahren entschieden[15]. Auch die Frage nach der Zulässigkeit einer weiteren Amtszeit wird in den Verfassungsgerichtsgesetzen unterschiedlich beantwortet. In Brandenburg und Mecklenburg-Vorpommern ist die Wiederwahl eines Verfassungsrichters ausdrücklich ausgeschlossen, während Mitglieder des Verfassungsgerichts Sachsen-Anhalt einmalig wiedergewählt werden können. In Sachsen und Thüringen bestehen im Hinblick auf eine erneute Amtszeit keine Beschränkungen[16]. Neben dem Ausscheiden aus dem Amt wegen Ablaufs der Amtszeit enthalten die Verfassungsgerichtsgesetze weitere Tatbestände, nach denen das Amt endet. Hierzu zählen insbesondere die Abberufung aus dem Amt auf eigenen Antrag, die dauernde Dienstunfähigkeit oder der Verlust der Wählbarkeitsvoraussetzungen[17]. Zudem gilt in der überwiegenden Zahl der Länder eine Altersgrenze von 68 bzw. 70 Jahren[18].

5. Die gesetzlichen Regelungen zur Gerichtsverfassung können durch *Geschäftsordnungen* ergänzt werden[19]. Von ihrer Satzungsautonomie haben alle Verfassungsgerichte Gebrauch gemacht und weitere Bestimmungen zu ihrer Organisation und Verwaltung sowie den gerichtlichen Verfahrensabläufen getroffen[20].

---

15 § 6 Abs. 2 VerfGGBbg; § 5 Abs. 1 Satz 1 VerfGG M-V; § 3 Abs. 3 Satz 1 SächsVerfGHG; § 3 Abs. 1 Satz 2 VerfGG LSA; § 3 Abs. 1 Satz 1 ThürVerfGHG.

16 § 4 Satz 2 VerfGGBbg; § 5 Abs. 1 Satz 3 VerfGG M-V; § 3 Abs. 1 SächsVerfGHG; § 3 Abs. 3 Satz 4 VerfGG LSA; § 3 Abs. 2 Satz 1 ThürVerfGHG.

17 § 6 VerfGGBbg, § 6 VerfGG M-V, § 6 SächsVerfGHG, § 10 f. VerfGG LSA, § 6 ThürVerfGHG.

18 § 6 Abs. 2 Satz 1 VerfGGBbg, § 6 Abs. 1 Satz 1 VerfGG M-V und § 4 Abs. 1 ThürVerfGHG setzten die Altersgrenze auf *68* Jahre fest; § 6 Abs. 1 Nr. 5 und Nr. 6 SächsVerfGHG bestimmen, dass Berufsrichter mit dem Erreichen der Altersgrenze im Hauptamt und nicht berufsrichterliche Mitglieder mit Vollendung des *70.* Lebensjahrs aus ihrem Amt ausscheiden.

19 § 10 VerfGGBbg; § 12 Abs. 4 VerfGG M-V; § 10 Abs. 2 SächsVerfGHG; § 15 VerfGG LSA; § 10 Abs. 2 ThürVerfGHG.

20 Geschäftsordnung des Verfassungsgerichts des Landes Brandenburg vom 17.12.1998 (GVBl. 1999 I, S. 2), zuletzt geändert durch Beschluss vom 15.1.2009 (GVBl. I, S. 14); Geschäftsordnung des Landesverfassungsgerichts Mecklenburg-Vorpommern vom

III. Zuständigkeiten

Die Verfassungsgerichte der neuen Länder haben im Wesentlichen dieselben Kompetenzen. Diese werden bereits in den Verfassungen festgelegt und in den Verfassungsgerichtsgesetzen wiederholt[21].

1. Zum Kernbestand verfassungsgerichtlicher Zuständigkeiten gehört in allen Ländern die Entscheidungskompetenz über *Organstreitigkeiten*. In diesen kontradiktorischen Verfahren streiten Landesorgane oder andere Beteiligte, die durch die Verfassung oder in den Geschäftsordnungen des Landtags oder der Landesregierung mit eigenen Zuständigkeiten ausgestattet sind, um die Abgrenzung ihrer in der Verfassung festgelegten Rechte und Pflichten[22].

2. Ebenso sind in den Zuständigkeitskatalogen die Verfahren aufgeführt, die der objektiven Rechtsfeststellung dienen[23].

a) Mit der *abstrakten Normenkontrolle* wird Landesrecht auf seine förmliche und sachliche Vereinbarkeit mit der Landesverfassung überprüft. Das Verfahren findet auf Antrag der Landesregierung oder eines Quorums von Mitgliedern des Landtags statt, das in Brandenburg und Thüringen ein Fünftel, in Sachsen sowie Sachsen-Anhalt ein Viertel und in Mecklenburg-Vor-

---

20.12.1995 (GVBl. 1996, S. 12); Geschäftsordnung des Verfassungsgerichtshofs des Freistaates Sachsen vom 14.10.1993 (GVBl., S. 1134), zuletzt geändert durch Beschluss vom 26.4.2013 (GVBl., S. 327); Geschäftsordnung des Landesverfassungsgerichts Sachsen-Anhalt vom 17.1.1994 (GVBl. S. 543), zuletzt geändert durch Beschluss vom 22.5.1998 (GVBl. S. 278); Geschäftsordnung des Thüringer Verfassungsgerichtshofs vom 21.11.2005 (GVBl. S. 411).

21 Vgl. Art. 113 BbgLV, § 12 VerfGGBbg; Art. 53 Verf M-V, § 11 VerfGG M-V; Art. 81 SächsVerf, § 7 SächsVerfGHG; Art. 75 Verf LSA, § 2 VerfGG LSA; Art. 80 ThürVerf, § 11 ThürVerfGHG.

22 Vgl. Art. 113 Nr. 1 BbgLV, § 12 Nr. 1, §§ 35 ff. VerfGGBbg; Art. 81 Abs. 1 Nr. 1 SächsVerf, § 7 Nr. 1, §§ 17 ff. SächsVerfGHG; Art. 80 Abs. 1 Nr. 3 ThürVerf, § 11 Nr. 3, §§ 38 ff. ThürVerfGHG; nach Art. 53 Nr. 1 Verf M-V, § 11 Abs. 1 Nr. 1, §§ 35 ff. VerfGG M-V fallen unter den Begriff der anderen Beteiligten nur diejenigen, die in der Geschäftsordnung des *Landtags* mit eigenen Rechten ausgestattet sind.

23 Zur Systematisierung verfassungsrechtlicher Streitigkeiten: *Benda/Klein*, Verfassungsprozessrecht, 3. Aufl. 2012, Rn. 410 ff.

pommern ein Drittel der Mitgliederzahl beträgt. In Thüringen sind zusätzlich die Landtagsfraktionen, unabhängig von ihrer Größe, antragsberechtigt[24].

b) Das Verfahren der *konkreten Normenkontrolle* ist bereits bundesrechtlich in Art. 100 Abs. 1 GG verankert. Danach ist ein Gericht verpflichtet, das Landesverfassungsgericht anzurufen, wenn es ein entscheidungserhebliches Landesgesetz mit der Landesverfassung für unvereinbar hält. Diese Pflicht zur Vorlage und zur Aussetzung eines Prozesses wird in den Verfassungsgerichtsgesetzen wiederholt[25].

c) Mit der *Prüfung der Zulässigkeit eines Volksbegehrens* oder *eines Volksantrags* wird den in den Landesverfassungen enthaltenen Formen der direkten Demokratie ein entsprechendes verfassungsgerichtliches Verfahren zugeordnet[26]. Im Wege einer „vorbeugenden" abstrakten Normenkontrolle wird der zur Abstimmung gestellte Gesetzentwurf auf seine Übereinstimmung mit höherrangigem Recht überprüft und so verhindert, dass verfassungswidrige Regelungen Gegenstand eines anschließenden Volksentscheids werden können[27].

3. Die *Verfassungsbeschwerde* ermöglicht dem Einzelnen, eine Verletzung seiner in der jeweiligen Landesverfassung gewährten Grundrechte abzuwehren. Dieser subjektive Rechtsschutz gegenüber hoheitlichen Beeinträchtigungen wird in den Ländern in unterschiedlicher Form gewährt. In Sachsen-Anhalt ist die Verfassungsbeschwerde als reine *Rechtssatzverfassungsbeschwerde* ausgestaltet, sodass ihr statthafter Gegenstand auf Landesgesetze beschränkt ist[28]. Die Verfassungsgerichtsgesetze Brandenburgs, Sachsens und Thüringens eröffnen den außerordentlichen Rechtsbehelf der Verfassungsbeschwerde gegen alle Akte der öffentlichen Gewalt, sodass mit der sogenannten *Urteilsverfassungsbeschwerde* auch Entscheidungen der Landesgerichte angegriffen wer-

---

24 § 39 VerfGGBbg; § 40 Abs. 1 VerfGG M-V; § 21 SächsVerfGHG; § 39 VerfGG LSA; § 42 ThürVerfGHG.

25 § 42 Abs. 1 VerfGGBbg; § 43 Abs. 1 VerfGG M-V; § 25 SächsVerfGHG; § 42 Abs. 1 VerfGG LSA, § 45 Abs. 1 ThürVerfGHG.

26 Vgl. Art. 75 ff. BbgLV i. V. m. § 60 VerfGGBbg; Art. 60 Verf M-V i.V.m § 50 VerfGG M-V; Art. 71 Abs. 2 Satz 3 SächsVerf i. V. m. § 33 SächsVerfGHG (Überprüfung der Zulässigkeit eines Volksantrags); Art. 81 Verf LSA i.V.m § 52 VerfGG LSA; Art. 81 f. ThürVerf i. V. m. § 49 ThürVerfGHG.

27 Vgl. z. B. ThürVerfGH, LVerfGE 12, 405 [423]; 18, 609 [619 ff.].

28 § 47 VerfGG LSA.

den können[29]. Einen dritten Weg wählte das Verfassungsgerichtsgesetz Mecklenburg-Vorpommerns, das zwischen Rechten unterscheidet, die sich aus einer Bezugnahme auf die im Grundgesetz enthaltenen Gewährleistungen ergeben, und denjenigen, die in der Landesverfassung ausdrücklich in eigenen Artikeln geschützt sind. Während im erstgenannten Fall nur die Rechtssatzverfassungsbeschwerde statthaft ist, kann bei einer Verletzung spezifischer Landesgrundrechte die Verfassungsbeschwerde gegen jeden Akt der öffentlichen Gewalt erhoben werden[30].

Die Frage nach dem Verhältnis der Landes- zur Bundesverfassungsgerichtsbarkeit wird in den Verfassungsgerichtsgesetzen ebenfalls nicht einheitlich beantwortet. Während *§ 45 Abs. 1 VerfGGBbg* und *§ 58 Abs. 3 VerfGG M-V* die Subsidiarität der Landesverfassungsbeschwerde ausdrücklich festschreiben, enthalten die übrigen Verfassungsgerichtsgesetze insoweit keine Regelung.

4. Mit der *kommunalen Verfassungsbeschwerde* können Gemeinden und Gemeindeverbände eine Verletzung ihres in der Landesverfassung gewährten Rechts auf Selbstverwaltung geltend machen. Statthafter Gegenstand dieser Verfahren, die im Sächsischen Verfassungsgerichtshofsgesetz als *Normenkontrollen auf kommunalen Antrag* bezeichnet werden, sind allein Landesgesetze, nur in Thüringen können auch sonstige Akte der Landesgewalt angegriffen werden[31].

5. Unter dem Begriff der *sonstigen Verfahren* lassen sich die Streitfälle zusammenfassen, die über die genannten Verfahrensarten hinaus den Landesverfassungsgerichten zur Entscheidung zugewiesen sind. Hierzu zählen unter anderem Wahlprüfungsangelegenheiten[32] sowie die Prüfung der Verfassungs-

---

29 § 45 Abs. 1 VerfGGBbg; § 52 ff., §§ 58 ff. VerfGG M-V; § 27 Abs. 1 SächsVerfGHG; § 31 Abs. 1. ThürVerfGHG.

30 Vgl. § 11 Abs. 1 Nr. 8, § 52 Abs. 1 VerfGG M-V einerseits und § 11 Abs. 1 Nr. 9, § 58 Abs. 1 VerfGG M-V andererseits.

31 § 12 Nr. 5, § 51 VerfGGBbg; § 11 Abs. 1 Nr. 10, §§ 52 ff. VerfGG MV; § 7 Nr. 8, § 36 SächsVerfGHG (Normenkontrolle auf kommunalen Antrag); § 2 Nr. 8 , § 51 VerfGG LSA; § 11 Nr. 2, § 31 ff. ThürVerfGHG.

32 § 12 Nr. 7, § 59 VerfGGBbg; § 11 Nr. 5, § 49 VerfGG M-V; § 7 Nr. 5, § 32 SächsVerfGHG; § 2 Nr. 1, § 34 VerfGG LSA; § 11 Nr. 8, § 48 ThürVerfGHG.

mäßigkeit eines parlamentarischen Untersuchungsauftrags[33]. Zudem hat der Landesgesetzgeber die Möglichkeit, die Zuständigkeiten des Verfassungsgerichts durch Gesetz zu erweitern[34]. Entsprechende Bestimmungen außerhalb der Verfassungsgerichtsgesetze finden sich zum Beispiel in den Untersuchungsausschussgesetzen[35] und den Gesetzen zur Regelung des Verfahrens der Volksgesetzgebung[36].

IV. Prozessrecht

In den Verfassungsgerichtsgesetzen wird das Verfahrensrecht in weitem Umfang übereinstimmend geregelt.

1. Die Verfahren vor den Landesverfassungsgerichten sind nach denselben Grundsätzen durchzuführen: Es gilt das *Antragsprinzip*, d. h. die Gerichte werden nicht von sich aus tätig, sondern nur auf einen schriftlichen und mit einer Begründung versehenen Antrag hin[37]. Es besteht weder ein Vertretungszwang[38] noch eine Verpflichtung zur Zahlung von Gerichtskosten; vom Prinzip der *Kostenfreiheit* wird nur bei unzulässigen und offensichtlich unbegründeten

---

33 § 11 Nr. 4, §§ 46 ff. VerfGG M-V; § 2 Nr. 5, §§ 44 ff. VerfGG LSA; § 11 Nr. 7, §§ 50 ff. ThürVerfGHG.

34 Art. 113 Nr. 5 BbgLVerf; Art. 53 Nr. 9 Verf M-V; Art. 81 Abs. 1 Nr. 6 SächsVerf; Art. 75 Nr. 8 Verf LSA; Art. 80 Abs. 2 ThürVerf.

35 Vgl. § 2 Abs. 3 Satz 2 UAGBbg (Beschwerde gegen die Ablehnung der Einrichtung eines Untersuchungsausschusses); § 23 Abs. 2 UAG M-V (Entscheidung über die Rechtmäßigkeit der Ablehnung eines Vorlageersuchens); § 30 Abs. 2 ThürUAG (Beschwerde gegen Entscheidungen der ordentlichen Gerichte im Untersuchungsverfahren).

36 Vgl. § 7 Abs. 3, §§ 11, 22, 53 VAGBbg; §§ 11, 23 und 44 SächsVVG; § 12 Abs. 1, § 17 Abs. 4 und 27 Abs. 4 ThürBVVG; eine weitere Kompetenzzuweisung enthält *§ 31 Thüringer Verfassungsschutzgesetz*, nach dem aus Anlass von Streitigkeiten über Rechte und Pflichten aus diesem Gesetz der Verfassungsgerichtshof entscheidet.

37 § 20 Abs. 1 VerfGGBbg; § 19 Abs. 1 VerfGG M-V; § 10 SächsVerfGHG i. V. m. § 18 BVerfGG; § 16 VerfGG LSA; § 18 Abs. 1 ThürVerfGHG.

38 Vgl. § 19 VerfGG Bbg; §17 ThürVerfGHG; anders im Fall einer mündlichen Verhandlung: § 18 Abs. 1 Satz 2 VerfGG M-V; § 10 Abs. 1 SächsVerfGHG i. V. m. § 22 Abs. 1 Satz 1 Halbsatz 2 BVerfGG; § 18 Abs. 1 Satz 2 VerfGG LSA.

Anträgen oder im Fall des Rechtsmissbrauchs eine Ausnahme gemacht[39]. Für die Erforschung des Sachverhalts gilt die *Untersuchungsmaxime*; die Verfassungsgerichte haben den relevanten Prozessstoff selbst zu ermitteln und gegebenenfalls hierüber Beweis zu erheben[40]. Die Streitsache ist aufgrund mündlicher Verhandlung zu entscheiden, soweit die Beteiligten nicht ausdrücklich auf sie verzichten oder für bestimmte Verfahrensarten eine Ausnahme vom *Mündlichkeitsgrundsatz* vorgesehen ist[41].

2. Auch im Weiteren unterscheiden sich die Verfassungsgerichtsgesetze nur in Einzelheiten. Die *allgemeinen Verfahrensvorschriften* umfassen Regelungen, die ähnlich auch in den fachgerichtlichen Prozessordnungen zu finden sind, wie etwa zum Ausschluss und der Ablehnung von Richtern, dem Erlass einstweiliger Anordnungen oder zur Aussetzung von Verfahren[42]. Diese Bestimmungen werden durch *besondere Verfahrensvorschriften* ergänzt. Dort werden die spezifischen Zulässigkeitsvoraussetzungen zu den einzelnen Verfahrensarten (vgl. oben III.) festgelegt und bestimmt, wer den Verfahren beitreten kann und wem das Verfassungsgericht jeweils Gelegenheit zur Äußerung zu geben hat[43].

Ebenfalls weitgehend übereinstimmend sind in den Verfassungsgerichtsgesetzen die Regelungen enthalten, die sich aus den Besonderheiten verfassungsgerichtlicher Verfahren ergeben. Zu den spezifisch verfassungsprozessualen Normen zählt vor allem die Anordnung, dass die Entscheidungen der Verfassungsgerichte Gesetzeskraft haben, soweit eine Norm für mit der Verfassung

39 Vgl. § 32 VerfGGBbg; § 33 VerfGG M-V; § 28 ThürVerfGHG; anders § 16 Abs. 1 Satz 1 SächsVerfGHG, der die Anwendung der Vorschriften des BVerfGG über die Erhebung von Gebühren ausdrücklich ausschließt, und § 32 VerfGG LSA, der ebenfalls keine Ausnahme von der Kostenfreiheit vorsieht.

40 Vgl. § 23 VerfGGBbg; § 22 VerfGG M-V; § 10 SächsVerfGHG i. V. m. § 26 BVerfGG; § 22 VerfGG LSA; § 21 ThürVerfGHG.

41 § 20 S. 3, § 21 Abs. 1 VerfGG M-V; § 10 SächsVerfGHG i.V.m § 25 Abs. 1 BVerfGG; § 26 Abs. 1 und 2 VerfGG LSA; § 20 Abs. 1 ThürVerfGHG; § 22 Abs. 1 VerfGGBbg lässt eine weitere Ausnahme vom Mündlichkeitsgrundsatz durch einstimmigen Beschluss des Verfassungsgerichts zu.

42 Vgl. §§ 14 f., 30 f. VerfGGBbg; §§ 14 f., 30 f. VerfGG M-V; §§ 11, 15 SächsVerfGHG; §§ 19 f., 30 Abs. 1 VerfGG LSA; §§ 13 f., 26 f. ThürVerfGHG.

43 §§ 35 ff. VerfGGBbg; §§ 36 ff. VerfGG M-V; §§ 17 ff. SächsVerfGHG; §§ 34 ff. VerfGG LSA; §§ 31 ff. ThürVerfGHG.

unvereinbar oder nichtig erklärt wird[44]. Auch die Möglichkeit, den Grundsatz des Beratungsgeheimnisses zu durchbrechen, gehört zu den Eigenheiten des Verfassungsprozessrechts. Die Verfassungsgerichtsgesetze der neuen Länder haben mit Ausnahme Sachsens insoweit die entsprechenden Regelungen des Bundesverfassungsgerichtsgesetzes übernommen, nach denen in der Entscheidung das Stimmverhältnis mitgeteilt werden kann und ein Richter das Recht hat, seine abweichende Meinung zu der Entscheidung oder deren Begründung in einem Sondervotum bekannt zu geben[45].

3. Im Übrigen haben die Landesgesetzgeber auf eine eigenständige detaillierte Kodifizierung des Prozessrechts verzichtet und stattdessen in Form von Generalklauseln die entsprechende Geltung Bundesverfahrensrechts angeordnet. So verweist *§ 10 Abs. 1 SächsVerfGHG* auf die allgemeinen Vorschriften des Bundesverfassungsgerichtsgesetzes, während *§ 13 VerfGG M-V* auf die Verwaltungsgerichtsordnung Bezug nimmt. Eine ähnliche Regelung enthalten *§ 13 Abs. 1 VerfGGBbg* und *§ 33 Abs. 2 VerfGG LSA*, die neben der Verwaltungsgerichtsordnung die Zivilprozessordnung als subsidiär anzuwendendes Verfahrensrecht anführen. *§ 12 Satz 1 ThürVerfGHG* nennt zusätzlich die Strafprozessordnung und ermächtigt den Verfassungsgerichtshof im Übrigen, das Verfahren nach freiem Ermessen zu gestalten. Hinsichtlich der Öffentlichkeit, der Sitzungspolizei, der Gerichtssprache, der Beratung und der Abstimmung verweisen die Verfassungsgerichtsgesetze mit Ausnahme Brandenburgs auf die Titel 14 bis 16 des Gerichtsverfassungsgesetzes[46].

---

44 § 29 VerfGGBbg; § 29 VerfGG M-V; § 14 SächsVerfGHG; § 30 VerfGG LSA; § 25 ThürVerfGHG.

45 Vgl. § 30 Abs. 2 BVerfGG; § 27 Abs. 2 VerfGGBbg; § 27 Abs. 4 Satz 2 und Abs. 5 VerfGG M-V; § 28 Abs. 2 VerfGG LSA; § 24 Abs. 2 Sätze 1 u. 2 ThürVerfGHG; anders § 13 SächsVerfGHG, der die Anwendung des § 30 Abs. 2 BVerfGG ausdrücklich ausschließt.

46 § 13 VerfGG M-V; § 10 Abs. 1 SächsVerfGHG i. V. m. § 17 BVerfGG; § 33 Abs. 1 VerfGG LSA; § 12 Satz 2 ThürVerfGHG.

Statistiken

Verfassungsgericht des Landes Brandenburg

Verfahren von November 1993 bis einschließlich Juni 2013

Anhängig wurden insgesamt:		**Erledigt** wurden insgesamt:		**Noch anhängig** sind:		
1809		**1768**		**41**		
davon:		davon:		davon:		
1123	(62 %)	1089*	(60,2 %)	34	(83 %)	Verfassungsbeschwerden einschließlich Anträge auf einstweiligen Rechtsschutz
631	(35 %)	626	(34,6 %)	5	(12 %)	Kommunale Verfassungsbeschwerden
35	(1,9 %)	35	(2 %)	0	(0 %)	Organstreitverfahren
9	(0,5 %)	7	(0,4 %)	2	(5 %)	Abstrakte Normenkontrollverfahren
5	(0,3 %)	5	(0,3 %)	0	(0 %)	Konkrete Normenkontrollverfahren
6	(0,3 %)	6	(0,3 %)	0	(0 %)	Sonstige (Wahlanfechtungen, Prüfung der Zulässigkeit eines Volksbegehrens, Prüfung der Verfassungswidrigkeit eines Untersuchungsausschusses)

* davon zumindest teilweise erfolgreich: 32 = 3 %

Eingänge nach Verfahrensarten

Jahr	Verfassungsbeschwerdeverfahren einschließlich Anträge auf einstweiligen Rechtsschutz	Kommunale Verfassungsbeschwerden	Organstreitverfahren	Abstrakte Normenkontrollverfahren	Konkrete Normenkontrollverfahren	Sonstige (Wahlanfechtungen, Volksbegehren, Untersuchungsausschüsse)	Gesamt
1993	6	6	1	0	0	1	14
1994	11	1	2	3	0	0	17
1995	20	3	0	1	2	0	26
1996	48	1	9	0	0	0	58
1997	38	6	2	1	0	0	47
1998	49	5	1	1	0	0	56
1999	45	5	0	0	0	0	50
2000	62	0	2	0	0	3	67
2001	55	24	1	0	0	0	80
2002	47	63	3	0	1	0	114
2003	50	480	1	0	1	0	532
2004	59	11	2	0	0	0	72
2005	71	15	0	0	0	0	86
2006	61	0	2	0	0	0	63
2007	82	3	0	0	0	0	85
2008	78	0	4	1	0	0	83
2009	61	2	3	0	0	0	66
2010	85	0	0	0	1	2	88
2011	75	5	0	0	0	0	80
2012	84	1	2	1	0	0	88
2013*	36	0	0	1	0	0	37
Summe	**1123**	**631**	**35**	**9**	**5**	**6**	**1809**

* Stand: 30.06.

Landesverfassungsgericht Mecklenburg-Vorpommern

Verfahren von 1994 bis einschließlich Juni 2013

Anhängig wurden insgesamt:		**Erledigt** wurden insgesamt:		**Noch anhängig** sind:		
218		**212**		**6**		
davon:		davon:		davon:		
112	(51,38 %)	112	(52,83 %)	0	(0 %)	Verfassungsbeschwerden einschließlich Anträge auf einstweiligen Rechtsschutz
62	(28,44 %)	62	(29,25 %)	0	(0 %)	Kommunale Verfassungsbeschwerden
40	(18,35 %)	34	(16,04 %)	6	(100 %)	Organstreitverfahren
3	(1,38 %)	3	(1,41 %)	0	(0 %)	Abstrakte Normenkontrollverfahren
1	(0,45 %)	1	(0,47 %)	0	(0 %)	Konkrete Normenkontrollverfahren
0	(0 %)	0	(0 %)	0	(0 %)	Sonstige (Wahlanfechtungen, Prüfung der Zulässigkeit eines Volksbegehrens, Prüfung der Verfassungswidrigkeit eines Untersuchungsausschusses)

Eingänge nach Verfahrensarten

Jahr	Verfassungsbeschwerdeverfahren einschließlich Anträge auf einstweiligen Rechtsschutz	Kommunale Verfassungsbeschwerden	Organstreitverfahren	Abstrakte Normenkontrollverfahren	Konkrete Normenkontrollverfahren	Sonstige (Wahlanfechtungen, Volksbegehren, Untersuchungsausschüsse)	Gesamt
1994/1995	2	3	1	0	0	0	6
1996	2	0	2	0	0	0	4
1997	1	0	1	0	0	0	2
1998	6	15	1	0	0	0	22
1999	4	2	1	0	0	0	7
2000	1	0	1	0	0	0	2
2001	2	0	0	0	0	0	2
2002	8	1	3	0	0	0	12
2003	8	0	1	0	0	0	9
2004	13	5	2	2	0	0	22
2005	7	8	0	0	0	0	15
2006	9	10	1	1	0	0	21
2007	6	2	0	0	0	0	8
2008	6	1	1	0	0	0	8
2009	2	0	3	0	1	0	6
2010	16	10	12	0	0	0	38
2011	12	4	2	0	0	0	18
2012	5	1	2	0	0	0	8
2013*	2	0	6	0	0	0	8
Summe	**112**	**62**	**40**	**3**	**1**	**0**	**218**

* Stand: 30.06.

Verfassungsgerichtshof des Freistaates Sachsen

Verfahren von Juli 1993 bis einschließlich Juni 2013

Anhängig wurden insgesamt:		**Erledigt** wurden insgesamt:		**Noch anhängig** sind:		
2107		**2072**		**35**		
davon:		davon:		davon:		
1781	(84,53 %)	1752*	(84,56 %)	29	(82,86 %)	Verfassungsbeschwerden einschließlich Anträge auf einstweiligen Rechtsschutz
196	(9,30 %)	196	(9,46 %)	0	(0 %)	Normenkontrollverfahren auf kommunalen Antrag
89	(4,22 %)	84	(4,05 %)	5	(14,28 %)	Organstreitverfahren
13	(0,62 %)	12	(0,58 %)	1	(2,86 %)	Abstrakte Normenkontrollverfahren
4	(0,19 %)	4	(0,19 %)	0	(0 %)	Konkrete Normenkontrollverfahren
24	(1,14 %)	24	(1,16 %)	0	(0 %)	Sonstige (Wahlanfechtungen, Prüfung der Zulässigkeit eines Volksbegehrens, Prüfung der Verfassungswidrigkeit eines Untersuchungsausschusses)

* davon zumindest teilweise erfolgreich: 147 = 8,39 %

Eingänge nach Verfahrensarten

Jahr	Verfassungsbeschwerdeverfahren einschließlich Anträge auf einstweiligen Rechtsschutz	Normenkontrollverfahren auf kommunalen Antrag	Organstreitverfahren	Abstrakte Normenkontrollverfahren	Konkrete Normenkontrollverfahren	Sonstige (Wahlanfechtungen, Volksbegehren, Untersuchungsausschüsse)	Gesamt
1993	17	4	3	1	0	1	26
1994	45	7	2	1	0	1	56
1995	20	2	1	0	1	0	24
1996	38	0	0	2	0	0	40
1997	56	1	2	1	0	0	60
1998	58	136	1	0	0	6	201
1999	62	20	1	2	0	1	86
2000	88	0	3	1	0	4	96
2001	83	11	1	0	0	1	96
2002	62	0	4	0	0	0	66
2003	82	1	6	0	0	0	89
2004	121	5	1	1	1	0	129
2005	92	0	2	0	0	7	101
2006	113	0	7	0	0	1	121
2007	146	0	8	0	0	1	155
2008	166	5	10	1	0	0	182
2009	128	3	6	0	0	0	137
2010	113	0	9	1	0	1	124
2011	154	1	7	1	1	0	164
2012	94	0	12	1	1	0	108
2013*	43	0	3	0	0	0	46
Summe	**1 781**	**196**	**89**	**13**	**4**	**24**	**2 107**

* Stand: 30.06.

Landesverfassungsgericht Sachsen-Anhalt

Verfahren von Dezember 1993 bis einschließlich Juni 2013

Anhängig wurden insgesamt:		**Erledigt** wurden insgesamt:		**Noch anhängig** sind:		
524		**500**		**24**		
davon:		davon:		davon:		
212	(40,88 %)	212*	(42,4 %)	1	(4,17 %)	Verfassungsbeschwerden einschließlich Anträge auf einstweiligen Rechtsschutz
295	(55,89 %)	272	(54,4 %)	22	(91,66 %)	Kommunale Verfassungsbeschwerden
8	(1,52 %)	7	(1,40 %)	1	(4,17 %)	Organstreitverfahren
0	(0 %)	0	(0 %)	0	(0 %)	Abstrakte Normenkontrollverfahren
3	(0,57 %)	3	(0,60 %)	0	(0 %)	Konkrete Normenkontrollverfahren
6	(1,14 %)	6	(1,20 %)	0	(0 %)	Sonstige (Wahlanfechtungen, Prüfung der Zulässigkeit eines Volksbegehrens, Prüfung der Verfassungswidrigkeit eines Untersuchungsausschusses)

* davon zumindest teilweise erfolgreich: 12 = 5,66 %

Eingänge nach Verfahrensarten

Jahr	Verfassungs-beschwerde-verfahren einschließlich Anträge auf einstweiligen Rechtsschutz	Kommunale Verfassungs-beschwerden	Organstreit-verfahren	Abstrakte Normenkontroll-verfahren	Konkrete Normenkontroll-verfahren	Sonstige (Wahlanfech-tungen, Volks-begehren, Untersuchungs-ausschüsse)	Gesamt
1993	2	0	0	0	0	0	2
1994	15	6	0	0	0	0	21
1995	6	8	1	0	0	0	15
1996	2	1	1	0	0	0	4
1997	9	12	0	0	0	0	21
1998	11	1	0	0	0	0	12
1999	11	0	2	0	0	1	14
2000	8	0	0	0	0	1	9
2001	12	1	0	0	1	0	14
2002	4	0	0	0	0	0	4
2003	12	0	0	0	0	0	12
2004	6	4	0	0	0	1	11
2005	16	4	1	0	0	0	21
2006	4	4	1	0	0	1	10
2007	4	4	0	0	0	0	8
2008	15	173	1	0	0	0	189
2009	10	7	0	0	0	0	17
2010	22	59	0	0	0	0	81
2011	27	11	0	0	0	2	40
2012	13	0	1	0	2	0	16
2013*	3	0	0	0	0	0	3
Summe	**212**	**295**	**8**	**0**	**3**	**6**	**524**

* Stand: 30.06.

Thüringer Verfassungsgerichtshof

Verfahren von September 1995 bis einschließlich Juni 2013

Anhängig wurden insgesamt:		**Erledigt** wurden insgesamt:		**Noch anhängig** sind:		
596		**563**		**32**		
davon:		davon:		davon:		
508	(85,23 %)	483*	(85,79 %)	23	(71,87 %)	Verfassungsbeschwerden einschließlich Anträge auf einstweiligen Rechtsschutz
49	(8,22 %)	45	(7,99 %)	5	(15,62 %)	Kommunale Verfassungsbeschwerden
14	(2,34 %)	13	(2,31 %)	1	(3,12 %)	Organstreitverfahren
14	(2,34 %)	12	(2,13 %)	2	(6,25 %)	Abstrakte Normenkontrollverfahren
4	(0,67 %)	3	(0,53 %)	1	(3,12 %)	Konkrete Normenkontrollverfahren
7	(1,17 %)	7	(1,24 %)	0	(0 %)	Sonstige (Wahlanfechtungen, Prüfung der Zulässigkeit eines Volksbegehrens, Prüfung der Verfassungswidrigkeit eines Untersuchungsausschusses)

* davon zumindest teilweise erfolgreich: 23 = 4,76 %

Eingänge nach Verfahrensarten

Jahr	Verfassungsbeschwerdeverfahren einschließlich Anträge auf einstweiligen Rechtsschutz	Kommunale Verfassungsbeschwerden	Organstreitverfahren	Abstrakte Normenkontrollverfahren	Konkrete Normenkontrollverfahren	Sonstige (Wahlanfechtungen, Volksbegehren, Untersuchungsausschüsse)	Gesamt
1995	7	10	2	1	0	2	22
1996	31	1	0	1	0	1	34
1997	18	21	0	0	0	0	39
1998	12	1	1	1	0	0	14
1999	6	0	2	1	0	0	9
2000	24	1	1	0	0	0	26
2001	17	1	0	1	0	1	20
2002	17	1	1	1	0	0	20
2003	35	1	0	1	0	0	37
2004	36	0	0	0	0	0	36
2005	34	2	1	0	1	0	38
2006	48	0	1	1	1	1	52
2007	35	0	2	0	1	0	38
2008	52	1	1	1	0	0	55
2009	50	2	1	2	0	0	55
2010	24	2	0	1	0	1	28
2011	20	0	1	1	0	1	23
2012	24	4	0	0	1	0	31
2013*	18	1	0	1	0	0	19
Summe	**508**	**49**	**14**	**14**	**4**	**7**	**596**

* Stand: 30.06.

Die Mitglieder der Verfassungsgerichte der neuen Länder

Verfassungsgericht des Landes Brandenburg, Potsdam

Von links nach rechts: Andreas Dresen, Dr. Ulrich Becker, Vizepräsidentin Kerstin Nitsche, Sigrid Partikel, Präsident Jes Albert Möller, Kristina Schmidt, Dr. Dirk Lammer, Dr. Christine Fuchsloch, Andreas Dielitz

Landesverfassungsgericht Mecklenburg-Vorpommern, Greifswald

Von links nach rechts: Prof. Dr. Wolfgang Joecks, Mathias Wähner, Vizepräsident Burkhard Thiele, Präsidentin Hannelore Kohl, Hans Josef Brinkmann, Sven Nickels, Jörg Bellut

Verfassungsgerichtshof des Freistaates Sachsen, Leipzig

Von links nach rechts: Hans Dietrich Knoth, Prof. Dr. Christoph Degenhart, Prof. Dr. Andrea Versteyl, Dr. Matthias Grünberg, Präsidentin Birgit Munz, Prof. Dr. Hans-Heinrich Trute, Vizepräsident Dr. Jürgen Rühmann, Ulrich Hagenloch, Prof. Dr. Uwe Berlit

Landesverfassungsgericht Sachsen-Anhalt, Dessau-Roßlau

Hintere Reihe von links nach rechts: Prof. Dr. Winfried Kluth, Vizepräsident Lothar Franzkowiak, Dr. Günther Zettel; vordere Reihe von links nach rechts: Dr. Friederike Stockmann, Präsident Winfried Schubert, Anneliese Bergmann, nicht abgebildet: Richterin des Landesverfassungsgerichts Traudel Gemmer

Thüringer Verfassungsgerichtshof, Weimar

Hintere Reihe von links nach rechts: Petra Pollak, Prof. Dr. Manfred Baldus, Prof. Dr. Hartmut Schwan, Prof. Dr. Walter Bayer, Prof. Dr. Matthias Ruffert, Dr. Wolfgang Habel; vordere Reihe von links nach rechts: Dr. Iris Martin-Gehl, Präsident Joachim Lindner, Elke Heßelmann